KB058347

설득의 심리학 3

설득의 심리학 3 YES를 끌어내는 설득의 60가지 비밀 (10주년 기념 전면 개정판)

YES! 10th Anniversary Edition
by Noah J. Goldstein Ph.D., Steve J. Martin and Robert B. Ciandini Ph.D.
© Noah J. Goldstein, Steve J. Martin and Robert B. Cialdini 2007, 2013, 2017
All rights reserved
Korean translation copyright © 2023 by Book21 Publishing Group
Korean translation rights arranged with Andrew Nurnberg Associates Ltd. through EYA Co.,Ltd.

이 책의 한국어판 저작권은 EYA Co.,Ltd를 통해 Andrew Nurnberg Associates Ltd.와 독점계약한
㈜북이십일에 있습니다.
저작권법에 의하여 한국 내에서 보호를 받는 저작물이므로 무단전재 및 복제를 금합니다.

설득의 심리학

YES를 끌어내는 설득의 60가지 비밀

YES! 10TH ANNIVERSARY EDITION

3

로버트 치알디니 지음 | 윤미나·김혜린·이주현 옮김

10주년 기념
전면 개정판

21세기북스

상대로부터 Yes를 끌어내는 설득의 과학의 10주년

이 책의 초판이 출간된 지 10년, 어떻게 보면 짧다고 할 수 있는 그 시간 동안 많은 일이 있었다.

미국에서는 '예스 위 캔Yes we can'이라는 선거 구호가 수백만 미국 국민에게 '할 수 있다'라는 자신감을 심어주었으며, 이와 함께 지역사회 운동가이자 로스쿨 교수였던 사람이 미국 최고위직에 입성했다. 미국 최초의 흑인 대통령이 등장한 것이다. 물론 이 책을 쓰는 동안 미국에서는 결이 전혀 다른 대통령이 새로 취임하며 또 다른 전환점을 맞이했다.

중동에서는 정부의 행보와 통치에 실망하고 불만을 품은 시민들이 변화를 촉구하며 반대 시위를 일으켰고, 이 움직임은 혁명의 물결이 되어 이 지역을 휩쓸었다.

동유럽의 국경에 변화가 일어났을 뿐만 아니라 서유럽에서 발생한 충격적인 테러 공격 및 대량 이민자 문제에 이르기까지, 유럽에도 적지 않은 사건이 일어났다. 영국은 EU 탈퇴 여부를 두고 실시된 국민투표에서 놀라울 정도로 많은 사람이 탈퇴에 찬성하여 결국 EU를 떠나기도 했다.

또한 전 세계 경제는 지난 10년간 장기적이고 고통스러운 경기 침체를 겪었다. 금융 시장은 난기류에 휘청이다가 급락하기를 반복했고, 초기의 그런 추세 속에서 버티던 신흥개발국들도 지금은 허리띠를 꽉 졸라매는 실정이다.

그러는 동안 세계 인구는 거의 10억 명이 증가했다. 단순히 인구만 늘어난 게 아니라 사람이 서로를 연결하는 관계성도 확장되었다. 지난 10년간 우리가 정보를 얻고, 소비하고, 처리하고, 따르는 방식은 몰라볼 정도로 달라졌다. 우리는 트위터와 스냅챗으로 소통하고, 페이스북에서 상태를 업데이트한다. 또한 없는 시간을 쪼개가며 끊임없이 친구들에게(오히려 낯선 사람들에게 더 많이) 우리 삶을 전시하고 있다. 바쁜 현실 속에서도 사람들은 이동 시간을 짬짬이 활용하여 끝도 없이 게시물을 올려 타인의 관심을(실제로 관심 있는 사람은 대부분은 광고업자지만) 얻으려 한다.

이러한 현상을 배경으로 설득의 과학, 더 포괄적으로는 행동과학을 다룬 연구가 폭발적으로 늘어나고 있다. 전 세계 학자들은 인간의 행동과 결정에 영향을 미치는 요소에 관한 새로운 통찰과 이해를 내놓고 있다. 중요한 사실은 그중 많은 과학적 진보와 통찰이 사실상 이론에만 머물지는 않는다는 점이다. 실제로 많은 연구 결과들은 실용적이고 유의미한 성과를 내고 있으며, 결국 정부와 기업 모두 이를 적극적으로 받아들이기 시작했다. 제품을 판매하거나 국민이 세금을 내도록 설득할 때 혹은 친사회적 활동을 장려하거나 수백만 달러에 달하는 상업적 수

입을 창출할 때도 마찬가지다. 설득의 과학(관련 분야인 사회심리학, 행동경제학, 뉴로 마케팅까지)을 적용하려는 움직임은 다양한 분야에서 뿌리를 내렸고, 이제는 비주류 활동이라고 부를 수 없을 만큼 확고한 경향으로 자리 잡았다.

이렇듯 '새로운' 진보와 통찰이 널리 퍼지며 해당 주제를 다룬 책도 다양하게 나왔는데 왜 굳이 10년 전에 출판된 책의 개정 증보판을 읽어야 할까 의문을 가지는 사람도 있을 것이다. 이런 질문에 대해서 다음의 세 가지 이유를 들 수 있다.

우선 많은 변화 속에서도 변치 않은 것이 있다. 지난 10년간 행동과학자들이 괄목할 만한 발전을 이루었지만, 성공적으로 영향력을 미치고 사람들을 설득하는 기본 원리는 이전과 다르지 않다. 분명 우리는 10년 사이에 상당한 정치적, 사회적, 기술적인 변화를 겪었지만, 그런 변화를 처리하고 반응하는 데 사용되는 '인지적 하드웨어(두뇌)' 자체는 변하지 않았기 때문이다. 여러모로 우리는 앞선 세대와 같은 처리 기관을 공유하는 셈이다. 물론 지금은 다들 스마트폰을 하나씩(어떤 사람은 하나 이상) 가지고 다양한 기반 서비스를 활용하여 남들과 소통하고 순식간에 정보를 얻을 수 있지만, 우리가 무엇인가에 영향을 받거나 설득당하는 방식은 수백 년 전의 사람들과 거의 다를 바 없다.

1761년 2월 8일 일요일, 런던에 지진이 발생했다. 그리고 첫 번째 지진 후 정확하게 4주 만에 두 번째 지진이 발생했다. 요즘 측정 기준으로 보면 당시 진도는 경미한 수준에 불과했다. 두 번 다 겨우 몇 분 정도만 지속되었고 피해도 대체로 가벼운 수준이라 사소한 흔들림을 겪은 몇 사람을 제외하면 그 지진은 런던 시민 대다수에 거의 영향을 주지 않았다. 다만 한 사람은 커다란 충격을 받았다.

라이프 가드 근위 기병대 소속이었던 윌리엄 벨은 미미했던 두 번의 지진이 분명 앞으로 닥칠 더 큰 지진의 전조라고 믿었다. 다시 한 달 후에는 지진이 도시를 완전히 파괴할 것이라 예상한 벨은 곧 다가올 위험을 사람들에게 경고하기 시작했다. 그는 마치 홀린 사람처럼 이리저리 거리를 내달리며 자신이 깨달은 미래를 알리려 했으나 몇몇 가족이 달아날 채비를 했을 뿐, 그의 말에 동요하는 사람은 거의 없었다.

그런데 사람들 사이에서 이상한 현상이 나타나기 시작했다. 그가 예측한 지진 발생일이 가까워오면서 벨의 예측을 믿는 소수가 다수로 바뀐 것이다. 처음에는 얼마 되지 않던 사람들이 점점 늘어나 런던 시민의 대세를 이루더니, 불행한 결말이 기다리는 도시를 벗어나기 위해 바삐 움직이기 시작했다. 불확실한 상황에 여전히 주저하던 방관자들도 빠르게 시류를 따르기 시작했으며 이후 회의론자들까지 그 무리에 합류했다.

스코틀랜드의 언론인 찰스 맥케이Charles Mackay는 《대중의 미망과 광기Memoirs of Extraordinary Popular Delusions and the Madness of Crowds》라는 저서를 통해 사람들의 행동을 이렇게 기록했습니다.

무시무시한 운명의 날이 다가오며 흥분은 더 짙어졌다. 수많은 사람들이 그저 남을 따라 주변 20마일 이내의 모든 마을에 피신한 채 런던의 종말을 기다리고 있었다. 이즐링턴, 하이게이트, 햄프스티드, 해로, 그리고 블랙히스에는 공포에 빠진 피난민들이 턱없는 가격을 지불하고서라도 안전한 도피처를 구하기 위해 몰려들어 인산인해를 이루었다. … 헨리 8세 시대에 있었던 공황 사태가 그랬듯 두려움이 전염되기 시작했다. 한 주 전만 해도 예언을 비웃던 수백 명의 사람들이 막상 짐을 싸 들고 서둘러 달아나는 이웃의 모습을 보자 똑같은 행동을 했던 것이다. 강이 제일 안전하리라는 믿음 때문인지 항구의 모든 상선은 사람으로 가득 찼다. 그들은 4일 밤부터 5일까지 한숨도 자지 못하고 혹시 세인트폴 대성당이 무너지지는 않을지, 웨스트민스터 사원이 바람에 흔들리다가 먼지구름을 일으키며 쓰러지지는 않을지 걱정했다.

세 번째 지진이 일어났어야 할 1761년 4월 5일 일요일은 아무런 사건 없이 지나갔다. 다음날 시민들은 런던으로 돌아가 일상생활을 되찾았고, 벨은 그날 이후 사람들의 경멸과 분노를 사며 곧장 런던 정신병원에 수감되었다.

벨의 행동이 처음 사건을 일으켰다고 말할 수는 있지만, 오직 벨의 경고 때문에 그토록 많은 사람이 재산을 챙겨 가족들과 런던을 떠난 것은 아니었다. 런던 시민들은 주변 이웃이 집을 버리고 떠나는 모습을 보고 난 다음에야 자신들도 달아나기로 마음먹었다. 불확실한 환경에서 어떻게 해야 옳은지 알 수 없는 상황이라면, 처지가 비슷한 누군가가 움직이기만 해도 똑같이 행동하기 마련이다.

21세기의 우리는 18세기 런던 시민들에게 일어난 일을 경솔한 군중 심리의 결과라고 쉽게 비웃을 수 있겠지만, 그렇게 조롱하기보다 지혜롭게 생각해볼 필요가 있다. 화면에서 버튼을 클릭하는 것만으로도 즉

각 정보를 얻을 수 있는 정보 과잉의 시대에도 사람들은 가장 원시적인 영향력에 손쉽게 넘어가버린다. 이제는 집을 버리고 달아나는 대신 레스토랑이나 영화관으로 몰려다닌다. 음식평론가나 영화평론가의 추천을 참고해서 행동하는 것이 아니라 주변 사람의 의견이나 다른 이의 '좋아요'를 보고 같은 장소에 가고, 같은 행동을 한다. 물론 250여 년 전의 런던 지진 사건과 비교할 만한 것은 아닐지 몰라도 같은 현상은 요즘도 계속 일어나고 있다. 아니, 오히려 더 주기적으로 발생한다고 할 수 있다.

이 책의 초판이 출간된 2007년(미국 출간일 기준) 이후 인터넷을 등에 업은 대중의 쏠림현상 때문에 적어도 11차례 이상 재난 예언이 전 세계를 뒤흔들기도 했다. 2012년 마야 종말론과 2016년 종말론이 그 예이다. 특히 2016년 종말론은 일반적인 지진이 아닌 거대 지진이 세계를 멸망시킨다고 예언했다는 점에서 과거의 런던 사건과 흡사해 보이기도 한다.

새로운 기술, 언제든 접근할 수 있는 정보가 우리에게 커다란 혜택을 가져다주었다는 사실은 분명하다. 다만 우리가 그런 데이터를 처리하기 위해 사용하는 인지 기관은 예전과 크게 변하지 않았다는 사실을 기억해야 한다. 인정하기 힘든 일이지만, 250년 전의 사람들처럼 우리 역시 기본적이며 때로는 알아차리기 힘든 설득의 원칙에 영향을 받고 있다.

독자들이 개정 증보판에 주목해야 하는 두 번째 이유는 유명한 데에는 이유가 있기 때문이다. 새로운 서문을 쓰고 있는 지금, 이 책은 75만부 이상 판매되었고, 27개국에서 번역되었으며 수없이 많은 신문 기사와 블로그, 대중매체, 방송에 소개되었다. 기업 및 모든 분야의 공공기관에서 이 책이 제시하는 통찰을 적용하기도 했다. 온라인 애니메이션의 조회수는 수백만('설득의 과학science of persuasion'을 검색하면 누구나 볼 수 있다)에 달한다. 어떻게 해야 할지 몰랐던 18세기 런던 시민들처럼, 이 책을 구매할지 말지 고민 중인 사람도 자신과 비슷한 독자들이 벌써 많이들 구매해서 갖고 있다는 사실을 알면 생각이 달라질 것이다.

셋째, 오랜 독자와 새로운 독자 모두 이 책을 즐길 수 있도록 개정 증보판에는 새로운 통찰, 최신 콘텐츠를 수록했다. 10주년 기념 개정 증보판에는 기존의 50개 챕터와 더불어 초판 발간 이후 1년에 한 가지씩 총 10개의 새로운 챕터를 추가했다.

우리는 새로운 책을 만들면서 많은 독자들의 사랑을 받았던 초판 내용을 과도하게 수정하지 않기 위해 최선을 다했다. 새로운 챕터 및 기존 챕터에 추가된 내용도 이전처럼 빠르고 쉽게 이해할 수 있도록 구성했다. 물론 그렇다고 해서 새로운 내용이 사실과 근거에 기반하지 않았다는 말은 아니다. 발표된 연구 논문을 중심으로 과학적으로 검증된 내용만 소개하겠다는 우리 의도는 변하지 않았고, 이 책도 그런 노력을 바탕으로 하고 있다. 다만 성공적인 설득의 '과학'이라는 이론에서 '실천'으로 주안점을 옮겼을 뿐이다.

따라서 이 책을 다시 읽을 독자와 새로 읽게 될 독자가 모두 직업적으로나 개인적으로 더욱 설득력 있는 삶을 살며 그 혜택을 누릴 수 있기를 기대한다.

노아 J. 골드스타인

스티브 J. 마틴

로버트 B. 치알디니

추천의 글

이기려면 '설득의 SHOW'를 하라

'설득의 기술'은 비즈니스뿐만 아니라 모든 인간관계에서 요구되고 있다. 그런 만큼 상호적인 속성을 내포하고 있다. 상호적인 속성이란 상대를 설득해야 하는 것은 물론 상대에게 설득당하지 않는 것을 의미한다. 그러나 우리는 '설득의 기술'에 과학적인 메커니즘이 존재한다는 사실을 인지하지 못한 채 열정을 낭비한다. 즉, 효과적인 방법을 몰라 고비용 저효율의 설득 기술을 구사하고 있는 것이다.

그렇다면 성공적인 '설득'이란 무엇인가? 한마디로 정의하자면, 쉽고 명쾌하게 상대방을 자신의 뜻대로 움직이게 만드는 것, 즉 상대로부터 공감을 100퍼센트 이끌어내는 것이다.

그러나 실제 그 단순한 공식을 실행하기 위해서 설득의 현장에 있는 사람들(대표적으로 마케터나 영업자들)은 그야말로 머릿속까지 바짝바짝 타들어간다.

내겐 오랜 세월 마케팅 현장에서 고군분투하면서 나름대로 얻은 실전 전략들이 있다. 그리고 지금껏 그 현장 감각을 나름의 이론과 원칙으로 만들어 여러 사람들과 공유하고, 그것을 실제현장에서 잘 활용해왔다고 자부한다. 또한 소비자를 설득하는 데 도움이 되는 도서들도 상당수 섭렵했다. 그러나 아직까지 많은 부분에서 부족함을 느껴왔던 것이 사실이다. 실제 마케팅 전략회의에서는 모든 것이 가설과 추론, 직감에 의존하는 측면이 강하다. 그래서 아무리 베테랑 마케터라고 할지라도 하나의 전략을 수립했을 때 그 결과를 확신하기란 쉬운 일이 아니다. 명확하고 확실한 이론으로 뒷받침하기가 어렵기 때문이다. 그러다 보니 마케팅 기법과 인간 심리에 관해 쏟아지는 수많은 경험적 노하우들에 대해 과연 무조건 믿을 만한 것인가 하는 의문이 들기도 한다.

그런 점에서 《설득의 심리학 3》는 그간 나 자신이 마케팅 현장에서 이룬 성공을 기반으로 나름 확신하고 있지만 드러내놓고 강조하기는 애매했던 마케팅 전략을 과학적으로 명확히 입증해주는 매우 신뢰할 만한 책이다. 대중적인 심리학이나 흔해 빠진 '개인적인 경험'에 의존하는 대신 과학적으로 탄탄한 근거를 가진 설득의 전략들을 소개하고 있어 읽자마자 '그래, 이거군, 아, 맞아' 하는 탄성이 절로 나올 정도였다.

전작 《설득의 심리학 1》에서 사람의 마음을 사로잡는 일곱 가지 원칙으로 마케팅 영역에 새로운 통찰을 선사한 바 있는 로버트 치알디니 박사는 이번 책에서 최신 심리학 실험 결과를 토대로 비즈니스 현장에서 일상생활에 이르기까지 모든 이들에게 실제로 도움이 되는 '과학적으로 입증된 설득의 기술'을 제시하고 있다.

그럼 잠깐 《설득의 심리학 1》에서 말하는 일곱 가지 원칙을 살펴보자.

　우선 사회적 증거 원칙이 있다. 이것은 다수의 행동을 따르는 심리경향을 일컫는 말로, '가장 많이 팔린' 상품은 '더 많이' 팔릴 것을 예측할 수 있게 하는 원칙이다. 그리고 상호성 원칙은 호의에는 호의로 보답하고자 하는 의무감에 호소하는 것으로, 이에 따르면 소비자들이 어떤 상품의 샘플을 받았을 때 그 상품을 구입할 가능성이 더 높아진다고 한다. 일관성 원칙은 책임과 가치에 어긋나지 않는 일관된 행동양식으로, 내가 선택한 상품과 서비스가 최고라고 믿고 싶어 한다는 것이다. 호감 원칙은 마음에 드는 사람의 뜻에 따르려는 심리성향으로, 잘생긴 피의자일수록 무죄판결을 받을 가능성이 높다는 예가 있다. 희소성 원칙은 자원이 적을수록 더 간절히 갖고 싶은 욕망으로, 한정판매나 백화점 세일 마지막 날에 사람이 몰리는 현상을 설명한다. 그리고 권위 원칙은 전문가들의 방향 제시에 대한 의존 심리로서 권위 있는 상을 받은 상품, 큰 체구, 높은 직책, 우아한 옷차림에 약한 인간 심리를 말한다. 마지막으로 연대감 원칙은 '우리'라는 집단에 속한 사람들에게 더 많은 호감과 신뢰감을 느끼는 경향을 의미한다.

　이제 이 책에서 인상적인 예를 몇 가지 들어보겠다. 아무래도 내 눈에는 실제 광고 전략 사례가 눈에 많이 들어온다.

　정확한 메시지를 강조하는 것의 사례로서 저자는 '에너자이저 텔레비전 광고'를 들고 있다. 타사 제품 광고에 갑자기 에너자이저 토끼가 화면에 등장하면서 다음과 같은 내레이션이 깔린다. "아직도… 아직도… 아직도 움직입니다. 역시 에너자이저보다 오래가는 건 없습니다."

이 에너자이저 광고는 초기에 대중과 비평가들의 큰 환호를 받았다. 그런데 한 가지 문제가 있었으니 이 광고를 그해 최고의 광고로 선택한 시청자들 중 그것이 에너자이저의 경쟁사인 듀라셀의 광고라고 확신한 사람들이 무려 40퍼센트에 달했다는 사실이다. 에너자이저 토끼와 듀라셀 토끼는 분명히 다른 모습인데도 소비자가 인지한 것은 텔레비전에 나와 끊임없이 북을 치는 분홍색 토끼 듀라셀이었다. 실제로 에너자이저 광고가 인기를 얻은 직후 정작 시장점유율이 높아진 브랜드는 듀라셀이었고 에너자이저는 약간 줄었다. 연구 결과는 명백했다. 에너자이저는 매장 디스플레이와 실제 제품 포장에 기억 보조 장치를 심어뒀어야 했다. 예를 들어 에너자이저 토끼의 이미지에 "아직도… 아직도… 아직도 움직입니다….''라는 문구를 덧붙였더라면 소비자들의 잘못된 기억을 교정하고, 그들이 엉뚱한 제품을 선택하지 않게 할 수 있었을 것이다.

브랜드 이미지를 확립하려고 노력하는 회사들이 점점 많아지는 오늘날의 광고시장에서 광고주들은 고심에 차서 자신의 회사 이미지를 정성들여 홍보하지만, 문제는 현대를 살아가는 소비자들의 기억은 비슷비슷한 수십만 가지 연상들로 얽혀 있어 한 광고에 집중하지 않는다는 것이다. 따라서 적어도 구매 시점에 텔레비전 광고에서 받은 잠재 이미지를 상품과 연결시키는 힌트 없이는 광고 효과를 볼 수 없다. 그러니까 대규모 광고 전략을 수립할 경우에는 소비자들이 구매 결정을 할 때 매장 내에서 보는 제품 포장과 디스플레이에 광고의 본질적인 이미지, 캐릭터, 슬로건을 반드시 통합해야 한다는 것이다. 매체 광고에 등장하는 핵심적인 특징과 일치하도록 디스플레이와 포장을 바꾸려면 당장은 돈이 많이 들겠지만, 그것은 선택이 아니라 필수라는 것을 이 사례가 잘 알려준다.

그리고 〈타임〉이 훗날 '마케팅 역사상 10년에 한 번 나올까 말까 한 대실수'라고 명명한 코카콜라 회사의 마케팅 대실수담은 무척 흥미롭다. 코카콜라는 많은 사람들이 펩시의 단맛을 더 좋아한다는 조사 결과를 바탕으로, 전통적인 콜라 제조 공식을 버리고 단맛을 더 강화해 '뉴콜라'를 만들기로 결정했다. 그런데 그 방침이 알려지자 미국 전역에서 수만 명의 콜라 마니아들이 벌떼처럼 일어나 새로운 콜라를 욕하고 옛날 콜라를 돌려달라고 요구했다.

심지어 '옛 콜라를 사랑하는 미국인들의 모임'이라는 것까지 만들어 사법적·입법적으로 가능한 모든 수단을 동원하고 시민운동을 벌이면서 기존의 콜라를 부활시키기 위해 불철주야 노력했다. 그런데 아이러니하게도 블라인드 테스트 결과 대부분의 사람들은 오리지널 콜라보다 뉴콜라를 더 좋아하고, 나아가 두 콜라의 차이를 구별조차 할 수 없다는 사실이 증명됐다. 여기서 주목할 점은 사람들이 '더 좋아하는 것'은 그들이 '잃어버린 것'에 비하면 별로 가치가 없다는 사실이다. 당시 코카콜라의 도널드 키우 사장은 오리지널 콜라에 대한 소비자들의 한결같은 충성심에 대해 그것은 경이로운 미스터리이자 엄청난 수수께끼라고 말했다. 그러나 이 책에서 연구자들은 그것은 미스터리도 수수께끼도 아니라고 자신 있게 말한다.

코카콜라는 시장조사에 돈을 아끼지 않는다고 한다. 그들은 새로운 제품을 출시할 경우 기꺼이 수백만 달러를 써서 시장을 정확하게 분석한다. 뉴콜라를 출시하기로 결정 내리기 전에 그들은 1981년에서 1984년까지 25개 도시의 20만 명을 대상으로 새로운 배합과 기존의 배합을 매우 신중하게 실험했다. 대부분 블라인드 테스트로 치러진 실험 결과 오리지널 콜라보다 뉴콜라가 더 좋다고 답한 사람은 45~55퍼센트로 나타났다. 그런데 개중에는 표시를 한 샘플을 가지고 실시한 실험도 있었다. 다시 말해 어떤 것이 오리지널 콜라이고 어떤 것이 뉴콜라인지 참가자들에게 미리 알려주고 시작한 실험이 있었다는 이야기다. 그 조건에서 뉴콜라에 대한 선호도는 6퍼센트 더 증가했다.

그런데 막상 뉴콜라를 출시하자 사람들은 오리지널 콜라에 열광적인 선호를 표시했다. 이 사실을 어떻게 설명할 수 있을까? 이 혼란스러운 문제를 해결할 수 있는 유일한 방법은 희소성 원칙을 적용하는 것이다. 테스트 당시 사람들이 살 수 없었던 것은 뉴콜라였다. 따라서 어떤 샘플이 어떤 콜라인지 아는 상태에서 사람들은 테스트 당시 희소성이 큰 쪽에 강한 선호를 표시했던 것이다. 그러나 나중에 회사가 기존의 배합을 버리고 새로운 배합 방식을 도입하자 사람들이 가질 수 없게 된 것은 오리지널 콜라였고, 때문에 사람들은 그게 더 좋아진 것이다. 상당한 전략적 교훈을 주는 사례가 아닐 수 없다.

세상을 바라보는 방식을 변화시킨 놀라운 책

자, 이제 이 책의 장점을 이해하겠는가.

글의 첫머리에서 말했듯이 '성공적인 설득'이라는 정의는 단순명쾌하지만, 인간의 심리와 복잡하게 얽혀 있는 '설득의 기술'을 간단히 공식화하는 것은 상당히 힘들다. 그런데 이 책은 '설득의 과학화'를 이뤘다고 할 수 있다. 심리학의 원칙, 심리학 영역에 놓여 있던 설득의 영향력을 과학의 영역으로 끌어내 연구자들의 통계와 수치로 그 효능을 알려주고 있다.

행복은 우리 뜻대로 해낼 수 있는 것과 그렇지 못한 것을 구분하는 능력에 비례한다는 말이 있긴 있지만, 뒤집어 생각해보면 설득할 수 있는 능력을 갖게 된다는 것은 그런 구분 능력을 더욱 선명하게 만드는 일이기에 또한 행복을 성취하는 능력이 되기도 한다.

그럼 다시 눈에 띄는 사례를 보자.

보통 마케팅의 기본은 대중의 상식에 반하지 않는 것이라고 생각하기 쉬운데, '소비자는 항상 타협안을 찾는다' 편(65쪽 참조)을 보면, 상식과 과학의 차이가 얼마나 큰지를 느낄 수 있다.

미국 주방용품 매장인 윌리엄스 소노마는 신제품을 들여놓자마자 기존 베스트셀러 제품의 매출이 거의 두 배로 늘어나 당황했다고 한다. 이 사실을 분석한 결과 소비자들은 어떤 제품을 선택할지 고려할 때 '타협안'을 선호하는 경향이 있다는 것을 밝혀냈다. 구매자들은 두 가지 제품 중에서 선택해야 한다면 덜 비싼 제품을 골라 타협하는 경우가 많다. 그러나 그보다 더 비싼 제3의 제품이 나온다면 타협안은 제일 저렴한 제품이 아니라 중간 가격의 제품으로 이동한다. 즉, 비싼 제품을 먼저 제시하면 중간급 제품의 인기가 더 올라간다.

여기서 한 가지 주의할 점은 회사가 이런 전략을 채택했는데 최고가 버전의 매출이 예기치 않게 하락할 경우 해당 버전을 아예 제품군에서 빼버리고 싶은 유혹을 느끼게 된다. 그러나 연구 결과가 암시하듯이 다른 고급 제품으로 대체하지 않고 무조건 없애버리면, 다음 가격대 제품 군에서부터 부정적인 도미노 현상이 일어나서 매출 하락 현상이 전 제품군으로 번질 수 있다.

한편 일관성 원칙을 설명하는 사례로서 영화 〈스타워즈〉 시리즈의 마지막 에피소드인 '제다이의 귀환'에서 루크 스카이워커가 다스 베이더에게 말하는 장면이 인용된다. "나는 당신 안에 아직 선함이 남아 있다는 걸 알아. 당신 안에는 선한 것이 있어. 나는 느낄 수 있어." 이런 단순한 말로 다스 베이더가 선한 쪽으로 넘어오게 설득했다는 것인데, 수많은 사회심리학 연구들은 이것이 가능한 일이라고 말한다. 한 사람에게 어떤 특색, 태도, 신념 등과 같은 라벨을 붙인 다음 그 라벨에 어울리는 요구를 하면 요구가 이뤄질 가능성이 높다는 것이다.

회사와 고객의 관계 또한 이 방식을 사용하면 더 굳건해질 수 있다. 비행을 마치면 승무원은 이렇게 말한다. "여러분께서 선택할 항공사가 많다는 것을 알고 있습니다. 저희를 선택해주셔서 감사합니다." 승무원은 그렇게 많은 항공사 중에서 우리가 그 항공사를 선택한 데에는 그럴 만한 타당한 이유가 있다는 것을 암시하고 있다. 즉 항공사에 대한 믿음을 갖도록 라벨링된 승객들은 스스로 자신의 선택과 항공사에 대해 더 큰 신뢰를 느끼게 된다. 마찬가지로 거래를 결심한 고객에게 이 기술을 활용하면, 고객의 결정은 선택한 회사를 신뢰한다는 의미이고 회사는 고객의 이런 신뢰가 깨지지 않도록 노력할 것이라는 메시지를 전달할 수 있다. 이것 또한 실전에서 유용한 사례다.

〈타임〉이 '세상을 바라보는 방식을 변화시킨 놀라운 사고방식의 책'

이라고 극찬한 이 책은 지난 50여 년간 이룩한 설득심리학의 연구 성과를 비즈니스 현장에서 응용할 수 있도록 친절하게 가이드하고 있다. 그런 의미에서 마케터뿐만 아니라 대한민국 모든 직장인들이 이 책을 통해 설득의 과학적 기반을 마련할 수 있기를 간절히 바란다.

조서환

KTF 부사장

아시아 태평양 마케팅포럼 회장

경영학박사

차례

PART 3 일관성 원칙

PART 4 호감 원칙

PART 5 희소성 원칙

PART 6 권위 원칙

프롤로그

설득은 마음을 움직이는 과학이다

영국에 헨리 영맨이라는 코미디언이 '호텔'을 소재로 자주 하는 농담이 있다. "뭐 그런 호텔이 다 있어! 수건을 슬쩍하려고 가방에 넣었는데 말이야. 수건이 너무 크고 푹신해서 가방을 겨우 잠갔지 뭐야!"

요즘 호텔 손님들은 헨리 영맨과는 좀 다른 종류의 도덕적 딜레마에 처하게 됐다. 객실에 있는 수건을 슬쩍할 것이냐 말 것이냐의 문제는 호텔에 묵는 동안 수건을 '재사용'할 것이냐 말 것이냐의 문제로 바뀌었다. 환경을 생각하는 호텔들이 손님들에게 수건 재사용을 요청하고 있기 때문이다. 자원을 보존하고 에너지를 절약하는 데 동참해달라는 취지에서 비롯된 이런 요청은 보통 카드 형태로 객실 내 화장실에 놓인다.

호텔 손님들의 성향이 저마다 다르고 동기부여 요인이 셀 수 없이 많은 상황에서 손님들에게 '수건 재사용'을 요청하는 카드가 설득력을 가지려면 카드에 뭐라고 써야 할까? 답을 확인하기 전에(답은 PART 1과 PART 2에 나온다) 먼저 이런 카드 메시지를 만드는 사람들이 손님들에게 참여를 부탁하기 위해 보통 어떤 방법을 사용하는지 알아보자.

대사 한 줄만 바꿔도 결과가 뒤집힌다

우리는 전 세계 다양한 종류의 호텔을 대상으로 '수건 재사용'을 요청할 때 어떤 내용을 카드에 쓰는지 조사해봤다. 대부분의 호텔이 환경보호의 중요성에 초점을 맞춰 수건을 재사용하도록 권장하고 있었다. 수건을 재사용하면 자원을 보존하고 환경파괴 및 고갈을 막을 수 있다는 식이었다. 이 내용과 더불어 설득력을 더하기 위해 환경 관련 사진, 이를테면 무지개나 빗방울, 열대우림, 순록 등의 사진을 제시하기도 했다.

이런 카드를 기획·제작하는 한 업체는 메시지에 노출된 호텔 손님들 대부분은 숙박 기간 동안 적어도 한 번 이상 수건을 재사용했다고 확인해줬다. 이 내용이 적힌 카드가 이끌어내는 참여율은 과히 나쁘지 않은 수준일 것이다. 그러나 우리 같은 심리학자들의 눈에는 그런 카드가 이런저런 가정과 이론을 적용해볼 수 있는 기회로 보인다. '메시지를 이렇게 바꾸면 사람들의 참여율이 어떻게 달라질까', '재사용률을 획기적으로 높이기 위해 어떤 심리적 기제를 활용할 수 있을까' 등의 연구열을 자극하는 것이다. 그래서 우리는 갖가지 생각들을 실제 실험에 적용해보기로 했다. 그 결과 요청방식을 살짝 바꾸기만 해도 훨씬 더 훌륭한 성과를 얻을 수 있다는 사실을 알게 됐다.

물론 이와 같은 환경 캠페인의 효과를 높이기 위해 무엇을 어떻게 해야 할 것인지 판단하는 일은 그리 간단하지 않다. 그러나 확실한 것은 성공확률이 입증된 설득 전략을 알기만 한다면 누구든지 다른 사람을 설득하는 능력을 향상시킬 수 있다는 사실이다. 앞으로 보게 되겠지만,

메시지를 조금만 바꿔도 별 힘 들이지 않고 몰라보게 설득력을 높일 수 있다. 우리가 실시한 연구와 다른 여러 과학자들이 실시한 연구를 바탕으로, 우리는 이런 사실을 입증해주는 수십 가지 사례를 제시할 것이다. 그 과정에서 연구 결과 뒤에 숨어 있는 원칙에 대해서도 토론할 것이다.

이 책의 목적은 사람의 마음을 움직여 태도나 행동을 바꿀 목적으로 사용되는 여러 방법들이 심리학적으로 어떤 작용을 하고 어떤 결과를 불러오는지를 알게 하는 것이다. 우리는 효과적이고 도덕적인 설득 전략을 다양하게 제시할 뿐 아니라 의사 결정에 부정적인 영향을 미치는 미묘하지만 식별이 가능한 요인들에 대해서도 다룰 것이다. 물론 그것을 피하는 방법 또한 설명할 것이다.

무엇보다도 대중적인 심리학이나 흔해 빠진 '개인적인 경험'에 의존하는 대신 과학적으로 탄탄한 근거를 가진 설득 전략들의 근저에 있는 심리학 원칙을 다루는 것이 중요하다. 우리는 해석이 분분한 혼란스러운 사례들을 집중적으로 검토할 것이다. 예를 들어 현대 역사에서 가장 유명한 교황이 선종했다는 소식을 듣자마자 왜 그토록 많은 사람들이 교황이나 바티칸 혹은 가톨릭교회와 아무 상관없는 기념품 가게로 떼지어 몰려갔을까? 그 밖에도 다른 사람의 마음을 움직이려고 할 때 어떤 사무용품을 사용하면 좋은지, 영화 〈스타워즈〉 등장인물인 루크 스카이워커가 리더십에 대해 우리에게 가르쳐주는 것은 무엇인지, 역효과가 나는 메시지를 만드는 사람들이 종종 저지르는 실수는 무엇인지, 우리의 약점을 설득력 있는 강점으로 바꾸려면 어떻게 해야 하는지, 스스로 자신을 전문가라고 생각하거나 다른 사람들이 그렇게 인정해주는 것이 때때로 얼마나 위험한 결과를 초래할 수 있는지 등에 대해서도 살펴볼 것이다.

설득은 기술이 아닌 과학이다

'설득'이라는 주제를 과학적으로 연구한 지 반세기가 넘었다. 그러나 여전히 설득에 대한 연구는 학회지 안에서 누워 잠자고 있는 뭔가 은밀한 과학으로 인식된다. 이 주제에 대한 연구 규모에 비하면 연구 결과나 실제 영향력은 턱없이 인정받지 못하고 있는 실정이다. 이제 누군가를 설득해야 하는 사람들이 경제학, 정치학, 공공정책 분야에서 사용하는 개념들을 바탕으로 의사 결정을 한다는 사실은 별로 놀랄 일도 아니다. 하지만 왜 유독 의사 결정자들은 심리학에서 수립된 이론과 방법을 제쳐두는 것일까?

그 이유를 이런 식으로 설명해볼 수 있을 것이다. 사람들은 경제학, 정치학 등의 분야는 따로 공부해서 지식을 습득해야 한다고 여기지만, 심리학의 경우에는 사람들과 어울려 살아가는 동안 이미 그 원리들을 직관적으로 알고 있다고 믿는다. 그렇기 때문에 의사 결정을 할 때 심리학 관련 책을 들춰볼 가능성이 적어진다. '심리학은 경험적으로 알고 있다'는 지나친 자신감 때문에 사람들은 다른 사람의 마음을 움직일 수 있는 황금 같은 기회를 놓치게 된다. 최악의 경우에는 심리학 원리를 잘못 사용해서 자기 자신과 남들에게 손해를 끼치기도 한다.

이렇듯 개인적인 경험에 지나치게 의존하는 것도 문제지만 자기 분석에 의존하는 경향도 문제다. 예를 들어 수건 재사용을 권유하는 카드를 만든 마케팅 실무자들은 왜 하나같이 '환경보호' 이야기만 들먹였을까? 아마 다른 누군가가 만들었대도 그랬을 것이다. 그들은 먼저 자기 자신에게 물어봐야 했을 것이다. "만일 '내가 투숙객이라면' 어떤 메시지를 읽어야 수건을 재사용해달라는 요청을 받아들일까?" 그러고는 자신의 동기를 검토해본 다음 '환경의식이 있는 사람'이라는 인격적인 특성을 부각하고 그것의 가치를 강조한 메시지가 효과적일 것이라는 결론을 내렸을 것이다. 그 몇 마디에 참여율이 왔다 갔다 할 수 있다는 생각은 하지 못한 채 말이다.

설득은 기술이 아닌 과학이다. 어떤 예술가는 몇 가지 기술을 배워 천부적인 능력을 개발할 수 있겠지만 정말 탁월한 예술가는 재능과 창의성에 의존한다. 재능과 창의성, 이 두 가지는 어떤 스승도 줄 수 없는 타고난 것이다. 그러나 설득은 다행히도 그런 것이 아니다. 스스로 설득에 서툴다고 생각하는 사람은 물론이고, 심지어 어린애를 달래서 얌전히 놀게 하는 일조차 못하는 사람도 설득의 심리학을 이해하고 과학적으로 효과가 입증된 전략을 사용하면 설득의 고수가 될 수 있다.

회사의 관리자, 변호사, 의료계 종사자, 정책 입안자, 식당의 서빙 직원, 영업사원, 교사 등 여러분이 어떤 일을 하고 있든지 간에 이 책의 목적은 설득의 달인이 될 수 있도록 돕는 것이다. 우리는《설득의 심리학 1》에서 설명했던 사회적 영향력의 일곱 가지 원칙에 바탕을 둔 다양한 기법들을 살펴볼 것이다. 그 일곱 가지 원칙이란 다음과 같다.

사회적 증거 원칙_다수의 행동이 '선'이다
상호성 원칙_호의는 호의를 부른다
일관성 원칙_하나로 통하는 기대치를 만들어라
호감 원칙_끌리는 사람을 따르고 싶은 이유

희소성 원칙_부족하면 더 간절해진다
권위 원칙_전문가에게 의존하려는 경향
연대감 원칙_'우리'라는 집단을 더 신뢰하는 경향

우리는 일곱 가지 원칙들이 의미하는 바와 그것이 실제로 우리 삶에서 어떻게 작용하는지 어느 정도 자세히 다룰 것이다. 대부분의 성공적인 설득 전략이 이 일곱 가지 원칙을 토대로 만들어졌기 때문이다. 다른 심리학적 요인을 바탕으로 한 수많은 설득 기법들 또한 다뤄질 테지만, 이 책에서는 다른 요인의 기법들도 크게 여섯 범주에 섞어놓았다.

또 회사생활뿐 아니라 부모, 이웃, 친구와의 관계 등 사적인 측면에서 위의 전략들이 어떻게 활용되고 있는지도 살펴볼 것이다. 이와 함께 실용적이면서 실천하기 쉽고 사회적으로 통용되는 방법도 알려줄 것이다. 게다가 이 방법들은 대단한 노력이나 대가를 요구하지 않는다.

이 책을 다 읽을 때쯤엔 여러분의 설득 도구상자에 과학적으로 입증된 성공 전략들이 가득 차서 뚜껑을 닫기 어려울 정도가 되기를 진심으로 바란다.

로버트 치알디니
스티브 마틴
노아 골드스타인

PART 1

사회적 증거 원칙
다수의 행동이 '선'이다

◆ ◆

"사람들은 가장 대중적인 행동 방침을 따르는 경향이 있는데,
그 경향이 '선'이 되기 위해서는 무엇보다도
사회적으로 바람직한 대중성을 유도하는 일이 중요하다."

01
다수의 행동으로 설득하라

◆

◆

'인포머셜(케이블TV 방송에서 정규 편성된 프로그램 사이에 2분 내외로 방송되는 각종 상품 판매 프로그램 - 편집자 주)' 형태의 제작물은 오늘날 텔레비전 채널에서 흔히 볼 수 있는 것이 됐다. 콜린 스조트는 이 업계에서 성공한 구성작가 중 한 사람이다. 그도 그럴 것이 그녀는 미국에서 많은 인기를 끈 여러 편의 '인포머셜' 대본을 맡았을 뿐만 아니라 그녀가 참여한 홈쇼핑 채널의 프로그램은 근 20년 동안의 매출 기록을 단번에 갱신했다. 그녀의 프로그램들이 대다수 인포머셜에서 사용하는 흔한 요소들, 즉 번지르르한 광고 문구, 비현실적으로 열광하는 방청객, 유명인 출연 등의 기법들을 많이 차용하긴 하지만, 스조트의 진짜 성공 비결은 흔하디흔한 카피를 바꾸는 것이었다. 그 결과 상품을 구입하는 사람들의 수가 폭발적으로 증가했다. 더 놀라운 점은 바뀐 카피가 제품을 주문하려면 골치깨나 아플 거라고 대놓고 말하는 내용이었다는 사실이다. 대체 뭐라고 했을까? 카피를 어떻게 바꿨기에 매출이 그 정도로 증가한 것일까?

스조트는 구매를 유도하는 너무나도 익숙한 문구 "상담원이 기다리고 있습니다. 바로 전화해주세요"를 "상담원과 통화가 힘들 수 있습니다. 통화 연결이 되지 않으면 다시 전화해주세요"로 바꿨다. 이것은 분명히 무모한 행동처럼 보인다. 새로운 카피는 고객들이 번호를 누르고 또 누르면서 시간을 낭비해야 겨우 상담원과 연결될지도 모른다는 점을 암시하는 듯 보이니 말이다. 그러나 이런 회의적인 생각은 '사회적 증거 원칙'이 얼마나 강력한지를 모르는 데서 나오는 것이다. 사람들은 어떤 행동을 해야 할지 확신이 서지 않을 때 외부로 시선을 돌려 주위에 있는 사람들이 하는 행동을 보면서 방향을 잡는 경향이 있다. 콜린 스조트의 예에서 "상담원이 기다리고 있습니다"란 말을 들었을 때 머릿속에 떠오르는 이미지를 생각해보자. 따분한 표정의 직원들 수십 명이 조용한 전화기를 앞에 둔 채 손톱을 다듬거나 책상 위를 정리하며 전화기가 울리기를 기다리고 있는 장면이 떠오르지 않는가? 그것은 저조한 관심과 빈약한 판매실적을 나타내는 이미지다.

이번에는 "상담원과 통화가 힘들 수 있습니다. 통화 연결이 되지 않으면 다시 전화해주세요"란 말을 들었을 때 어떤 이미지가 떠오르는지 보자. 아마 지루하고 수동적인 상담원들 대신에 계속해서 울려대는 이 전화 저 전화를 받느라 정신없이 바쁜 사람들의 모습이 떠오를 것이다. 멘트를 수정한 결과 집에서 텔레비전을 보는 시청자들은 머릿속에 떠오른 다른 사람들의 행동을 그대로 따라 했다. 즉, 잽싸게 전화를 걸어 상품을 주문하는 수많은 사람들의 대열에 동참한 것이다. 그들이 누군지 전혀 모르는데도 말이다. 다들 이렇게 생각했을 것이다. "전화통에 불났다잖아. 나처럼 이 광고를 보는 다른 사람들도 모두들 전화를 하고 있을 거야."

수많은 연구 결과들이 사회적 증거는 다른 사람들의 행동에 강력한 영향을 미친다고 보고하고 있다. 한 가지 예를 살펴보자. 스탠리 밀그램의 연구팀이 실시한 실험에서 연구실 조교는 번화한 뉴욕 거리를 걸어가다가 갑자기 길 한복판에서 걸음을 멈춘 후 60초 동안 하늘을 바라봤다. 이 실험에서는 지나가던 사람들이 별다른 반응을 보이지 않았다. 실험자가 무엇을 보는지 보기 위해 흘끔 처다보지도 않았고 그냥 조교를 지나쳐 갔다. 그러나 네 사람을 더 투입해서 똑같이 하늘을 바라보게 했더니 행인들 중에 걸음을 멈추고 하늘을 바라본 사람들의 수가 네 배나 증가했다.

다른 사람들의 행동이 막강한 영향력을 미친다는 점은 확실하지만, 묘하게도 실험에 참여한 사람들에게 '다른 사람의 행동을 보고 영향을 받았느냐'고 물었더니 다들 '절대로 그렇지 않다'고 대답했다. 그러나 사회심리학자들은 이 대답을 곧이곧대로 믿지 않는다. 사람들이 자신의 행동에 영향을 미치는 요소를 식별하는 능력은 놀랄 만큼 형편없다는 것을 그들은 알고 있다. 수건 재사용을 권유하는 카드를 만드는 사람들이 사회적 증거 원칙을 제대로 활용하지 못하는 것도 그런 이유 때문이다. "'나'였다면 무엇이 동기가 될 수 있을까?"라는 질문으로 시작했으니 다른 사람들이 자신의 행동에 아주 큰 영향을 미칠 수 있다는 사실을 무시한 것도 당연하다. 그 결과 그들이 원하는 행동을 촉구하는 가장 그럴듯한 동기, 즉 '환경보호'에만 관심을 기울였던 것이다.

카드를 본 투숙객 대부분은 실제로 숙박 기간 동안 적어도 한 번 이상 수건을 재사용한다는 결과를 기억하는가? 만약 손님들에게 이 사실을 그대로 알려준다면 어떻게 될까? 그들의 참여율이 달라질까? 우리는 이 사실을 그대로 전달하는 카드가 호텔에서 사용하는 카드보다 더 설득력이 있는지 실험해보기로 했다.

우선 두 가지 종류의 카드를 만든 다음 호텔 지배인의 도움을 받아 객실에 카드를 비치했다. 한 종류의 카드는 대부분의 호텔이 하듯이 환경보호 메시지를 전달하도록 만들었다. 즉, 손님들에게 '수건 재사용 프로그램에 참여해서 환경을 보호하는 데 힘을 보태고 자연보전에 대한 의지를 보여달라'고 요청했다. 다른 종류의 카드에는 '호텔을 이용하는 손님들 대다수가 숙박 기간 동안 적어도 한 번 이상 수건을 재사용한다'는 단순한 사실을 적었다. 그런 후에 두 종류의 카드를 여러 방에 무작위로 비치해 손님이 체크인한 첫날 적어도 한 번 이상 수건을 재사용하기로 결정했는지 조사했다.

그 결과 '많은 다른 손님들이 수건을 재사용한다는 사실(사회적 증거)'을 알게 된 손님들의 참여율이 환경보호 메시지를 봤던 손님들에 비해 26퍼센트 더 높았다(우리가 알기로 그때까지 사회적 증거를 활용한 메시지를 사용한 호텔은 한 군데도 없었다). 단순히 다른 사람들도 그렇게 하고 있다는 사실을 전달했을 뿐인데 그전에 비해 26퍼센트나 참여율이 증가한 것이다. 사람들이 전혀 영향을 받지 않는다고 말한 요소를 바탕으로 만든 성과치고는 꽤 쓸 만하지 않은가.

이 결과는 사회적 증거의 힘을 설득에 활용한다면 큰 효과를 볼 수 있다는 사실을 말해준다. 물론 이런 정보를 전달하는 방식 또한 중요하다. "뭘 따로 놀려고 그래. 순한 양이 돼서 양떼에 합류하라고! 메에에에에!"라는 식으로 말하면 순순히 응할 리가 없다. "다른 많은 분들과 함께 환경보호에 동참해주십시오"라는 식으로 정중하면서도 긍정적인 느낌의 말을 건네면 훨씬 더 호응이 클 것이다.

사회적 증거는 비즈니스에도 중대한 영향을 미칠 수 있다. 판매 1위 제품을 광고할 때 수십억 명이 먹는다는 것을 강조하는 맥도날드 광고처럼 인기를 증명하는 자료를 함께 제시하는 방법 외에도 제품에 만족한 고객들에게 잊지 말고 사용후기를 올려달라고 하는 것도 좋은 방법이다. 회사가 제공할 수 있는 혜택을 전달할 때 그런 사용후기를 곁들이면 효과적이다. 게다가 기존 고객이 얼마나 만족하고 있는지 잠재 고객들에게 직접 이야기할 수 있는 자리가 마련된다면 금상첨화일 것이다. 기존 고객과 잠재 고객을 오찬이나 세미나에 초청한 다음 그들이 쉽게 섞일 수 있도록 좌석을 배치해보자. 그런 자리에서는 자연스럽게 대화를 나누면서 당신 회사의 장점을 털어놓을 가능성이 높다. 만약 잠재 고객들이 '오찬에 참석하지 못해 유감'이라고 말하면서 '나중에 전화로 이야기하자'고 하면, 다음과 같이 말하는 것을 잊지 말기 바란다.

"저희 회사 전화는 제품 문의로 시도 때도 없이 불이 나서 언제 연결될지 모르는데요."

02
편승 효과

◆

◆

　사회적 증거를 이용한 메시지는 업계에서 흔히 쓰는 메시지보다 더 효과적이었다. 우리는 이 실험을 통해 사람들은 다른 사람의 행동을 따르는 쪽으로 움직인다는 사실을 다시 한 번 확인할 수 있었다. 그렇다면 사람들이 따를 가능성이 가장 높은 사람은 누구일까?

　수건 재사용을 요청하는 카드 실험의 경우 호텔 투숙객 전체의 행동에 대해 말하기보다는 같은 방에 먼저 묵었던 사람들의 행동에 대해 말하는 것이 더 설득력이 있지 않을까? '그렇지 않을 것'이라고 보는 게 아마도 타당한 생각일 것이다. 실제로 특정한 방의 기준을 더 신뢰한다는 것은 두 가지 이유에서 불합리하다.

　먼저 논리적인 관점에서 보더라도 나보다 먼저 내 방에 묵었던 사람을 특별히 좋게 볼 이유가 뭐가 있겠는가. 오히려 그들은 나보다 먼저 방에 묵었기 때문에 내 방의 질적인 수준과 쾌적함을 감소시키는 데 다른 누구보다 더 큰 역할을 했을 것이다.

그다음으로 이전 투숙객의 행동이 이를테면 옆방에 투숙한 사람의 행동보다 더 타당하다고 믿을 만한 근거가 전혀 없다. 그러나 사람이란 결코 논리에 의해서만 움직이지 않는다. 앞에서 살펴봤듯이 사람들은 자신이 어떤 행동을 하게 되는 동기에 대해서 잘못 알고 있는 경우가 많다.

다시 정리해보자. 호텔 실험에 사용된 사회적 증거 메시지는 '자신과 비슷한 사람들(구체적으로 이전에 같은 호텔에 묵었던 사람들)'이 숙박 기간 동안 적어도 한 번 이상 수건을 다시 사용한다는 것이었다. 우리는 또 다른 실험을 실시해서 '자신과 비슷한 사람들'이라는 조건을 더 강화했을 때 '수건 재사용의 결과'가 어떻게 달라지는지 알아보기로 했다. 즉, 이번에는 일부 손님들에게 수건 재사용을 권유하는 메시지와 더불어 그들이 묵고 있는 '똑같은 방에 묵었던 손님들'이 숙박 기간 동안 적어도 한 번 이상 수건을 다시 사용한다는 사실을 함께 전달했다.

그 결과 '자신과 같은 방에 묵었던 대다수가 수건을 다시 사용한다'는 정보를 얻은 손님들은 호텔 투숙객 전체의 행동에 대한 정보를 얻은 손님들에 비해 참여율이 더 높았다. 그리고 기본적인 환경보호 메시지만으로 실험한 경우에 비하면 참여율이 33퍼센트 더 증가했다. 이 결과로 볼 때 헨리 영맨 또한 '그의 방에 묵었던 사람들 중 아무도 수건을 훔치지 않았다'는 내용이 적힌 카드를 봤다면 가방을 닫기가 훨씬 수월했을지도 모른다. 그렇다면 왜 이런 결과가 나온 것일까?

일반적으로 우리는 자신과 같은 처지나 상황에 있는 사람들의 행동 규범을 따른다. 예를 들면 공공도서관에서는 다른 이용자들의 규범에 따라 발소리를 조심하면서 서가 사이를 돌아다닌다. 그러나 단골 술집에 가서는 다른 손님들의 규범에 따라 큰 소리로 웃고 떠들며 병뚜껑을 돌려 술을 마시는 게임을 한다. 단골 술집에서 하는 행동을 공공도서관에서 했다가는 평생 도서관에 출입금지를 당할 것이다.

앞서 우리는 다른 사람의 생각을 우리가 원하는 방향으로 이끌어가고 싶을 때 사용후기나 증언이 중요하다는 사실을 설명했다. 이 실험 결과는 증언을 하는 사람이 목표 대상과 비슷한 점이 많을수록 메시지의 설득력이 높아진다는 것을 암시한다. 즉, 목표 대상에게 어떤 사람의 증언을 들려줄지 결정하는 과정에서 우리 자신의 생각은 중요하지 않다. 다시 말해 우리 자신이 가장 신뢰하는 사람은 제쳐두고 목표 대상과 가장 비슷한 상황에 있는 사람을 찾아야 한다. 예를 들어 수업을 자주 빼먹는 학생을 설득하고 싶은 교사는 맨 앞줄에 앉은 학생이 아니라 그 학생과 가장 비슷한 학생과 면담을 한 후 충고를 한다면 훨씬 좋은 결과를 얻을 수 있을 것이다.

또 다른 예로 동네 미용실 주인에게 고객관리 프로그램을 판다고 가정해보자. 그 주인은 대기업의 사장들이 이 프로그램을 좋게 생각하거나 말거나 다른 미용실 주인들이 프로그램에 만족한다는 정보를 들으면 귀가 솔깃할 것이다. 어쨌든 주인은 이렇게 생각할 것이다. "나랑 비슷한 사람들이 이 프로그램을 써서 좋은 결과를 얻었다면 나한테도 좋지 않겠어!"

그리고 직원들이 새로운 시스템을 받아들이도록 설득해야 하는 관리자의 입장이라면, 같은 부서 안에서 이미 새로운 시스템에 동의한 사람들의 의견을 들어야 한다. 하지만 그렇게 했는데도 고집이 센 직원 하나가 있어서 그를 도저히 꺾을 수 없다면 어떻게 해야 할까(아마 그는 기존 시스템으로 가장 오래 일했던 사람일 것이다). 이 상황에서 관리자들이 가장 흔히 저지르는 실수는 가장 말을 잘하는 직원을 골라서 '새로운 시스템이 얼마나 좋은지 설명해주라'고 시키는 것이다. 그가 여러 면에서 황소고집인 직원과는 완전히 다른 사람인데도 말이다. 이때 관리자가 할 수 있는 최선의 조치는 그와 비슷한 직원의 도움을 구하는 것이다. 설사 그 사람의 말이 좀 어눌하고 딱딱하더라도 그 편이 훨씬 낫다.

이 책의 초판이 발행되고 몇 달 후에 우리는 영국 국세관세청HM Revenue & Customs으로부터 흥미로운 문의 전화를 받았다. 많은 호텔 투숙객이 수건을 재사용하게 만든 그 방법이 과연 세금 신고를 독려하는 데에도 효과가 있을까? 몇 달 후에 나타난 결과는 꽤 긍정적이었다. 우리는 기한 동안 세금을 신고하지 않을 경우 벌금이 부과된다는 기존 안내문을 수정하고 단 한 줄만 안내문 위에 대문짝만 하게 추가했다. 영국 국민 대다수가 기한 내에 세금을 납부한다는 사실을 지적하는 내용이었다. 그러자 인상적이고 즉각적인 반응이 나타났다. 신고율이 5퍼센트포인트 증가한 것이다. 두 번째 안내문에서는 영국 국민 대다수를 언급하는 대신 같은 우편번호를 쓰는 지역 사람들 대부분이 기한 내에 세금을 납부한다는 내용을 넣어보았다. 이번에는 12퍼센트포인트나 세금 신고율이 증가했다. 이 안내문은 나중에 영국의 행동 통찰팀Behavioural Insight Team에 의해 다양하게 활용되어 추가 수익 및 비용 절감 효과를 이끌어내며 수억 파운드를 절약할 수 있었다.

이 실험에서 한 가지 궁금증이 발생한다. 다른 국가와 마찬가지로 영국도 수 세기 동안 세금을 거두는 효과적인 방법을 찾으려 했을 텐데, 어째서 이전에는 이렇게 간단하고 비용도 들지 않는 방법을 고려하지 않은 걸까? 복잡하고 특화된 환경에서 근무하는 여러 전문가들처럼, 영국의 세무 공무원도 문제의 해답이 그들과 가장 비슷한 곳에 있으리라 생각하고는 다른 나라 조세 체제 중 모범 사례만 참고했을 것이다. 그러니 사회적 증거를 활용한 메시지를 안내문에 넣는 이 단순한 아이디어를 왜 놓쳤는지 쉽게 짐작할 수 있다. 게다가 누군가 그런 아이디어를 내놓았다고 해도 그냥 묵살되었을 가능성이 높다. 이제야 이 책 덕분에 타인의 행동이 우리에게 얼마나 큰 영향을 미치는지 깨닫게 되었으니, 과거에 그런 방법을 떠올리기는 어려웠을지도 모른다.

물론 조직 간에 모범 사례를 공유하는 일의 중요성을 무시해서는 안된다. 하지만 우리가 너무 그런 부분에만 의지하는 건 아닌지 항상 유념할 필요는 있다.

03
파괴적 메시지의 설득 효과

◆

◆

  1970년대 초 '미국을 아름답게 유지하는 사람들의 모임'이라는 단체는 역사상 가장 효과적인 공익광고로 꼽힐 정도로 너무나 감동적인 광고를 만들었다. 미국 사람들의 일상적인 텔레비전 시청이라는 식단에 도덕적인 식이섬유를 추가할 목적으로 만들어진 이 광고에는 미국 원주민 한 사람이 나온다. 그는 눈앞에 펼쳐진 환경파괴의 실상을 보고 펑펑 통곡하는 것이 아니라 눈물 한 방울을 똑 떨어뜨린다. 오랜 시간이 지난 후 이 단체는 새로운 캠페인에 옛 친구를 다시 등장시켰다. 새 광고에는 우선 버스정류장에서 기다리고 있는 사람들 몇 명이 나온다. 그들은 커피를 마시거나 신문을 읽거나 담배를 피우는 등 일상적인 행동을 하고 있다. 버스가 도착하고 모두 버스에 탄다. 카메라는 사람이 떠난 빈 정류장을 비춘다. 거기에는 종이컵, 신문, 담배꽁초만이 나뒹굴고 있다. 카메라는 방향을 바꿔 그 장면을 내려다보고 있는 미국 원주민의 포스터를 천천히 확대해 보여준다. 그의 눈에는 여전히 눈물 한 방울이

맺혀 있다. 화면이 점점 어두워지면서 광고 카피가 나타난다.

"여러분의 무관심이 낳은 결과입니다."

'우리의 무관심이 낳은 결과'라는 카피와 광고 스토리는 어떤 메시지를 전달하고 있을까? 많은 사람들이 쓰레기를 아무 데나 버리는 행동을 단호히 반대함에도 불구하고 실제로는 그런 행동을 하고 있다. 물론 쓰레기를 버리는 행동 자체를 반대하는 메시지가 설득적일 수 있다. 그러나 '사람들은 흔히 그런 행동을 한다'는 사실을 알려주는 것이야말로 '그런 행동은 남들도 다 하는 별것 아닌 행동'이라고 말하는 것이다. 사회적 증거 원칙은 사람들이 가장 대중적인 행동 방침을 따르는 경향이 있다는 것을 뜻하므로 대중적 행동이 바람직한 경우는 괜찮지만 그 반대일 경우에는 해로운 결과를 낳을 수 있다.

일상생활에서 이와 비슷한 예를 얼마든지 찾아볼 수 있다. 수많은 병원이 예약 시간에 나타나지 않는 환자들을 점잖게 꾸짖는 포스터를 대기실 벽에 붙여놓지만, 예약 시간을 지키지 않는 사람들은 오히려 더 늘어난다. 정당들은 투표율이 점점 더 떨어지면, 유권자의 무관심을 비난하면서 커뮤니케이션이 아무 소용없다고 오해한다. 애리조나의 '패트리파이드 포레스트' 국립공원을 찾는 사람들은 '땅에 떨어진 화석화된 나무조각을 가져가는 사람이 너무 많아서 공원의 존립 자체가 위협받고 있다'는 내용의 표지판을 보고 재빨리 도둑질을 배운다. 표지판에는 정확히 이렇게 적혀 있다.

"우리들의 유산이 매일 절도로 파괴되고 있습니다. 1년에 14톤에 달하는 화석화된 나무가 작은 조각으로 나뉘어 사라지고 있습니다."

이런 캠페인을 주도하는 실무자들은 부정적인 사회적 증거가 그 행동의 부적절함보다는 그것이 '만연한 현상'이라는 점에 관심을 집중시킬 수 있다는 것을 미처 알지 못한다. 비록 이런 예들이 현실 상황을 그대로 말하는 것뿐이고 선한 의도에서 나온 것이라 할지라도 결국 상황을 악화시키는 결과를 가져올 수 있다.

실제로 우리는 한 대학원생이 해준 이야기를 듣고 이 국립공원에서 일어나는 절도 행각을 알게 됐다. 그 학생은 여자친구와 함께 이 국립공원에 갔다고 한다(그녀는 클립 하나라도 빌리면 무조건 돌려줄 정도로 자기가 아는 사람 중에서 가장 정직한 사람이라고 했다). 그리고 화석화된 나무를 훔쳐가지 말라고 경고하는 공원 표지판을 보게 됐다. 표지판을 읽고 있던 그는 법 없이도 살 여자친구가 옆구리를 쿡 찌르며 속삭이는 소리를 듣고 까무러치는 줄 알았다. 그녀는 이렇게 말했다. "우리도 하나씩 챙겨야겠는데?!"

부정적인 사회적 증거가 어떤 영향을 끼치는지, 또 어떻게 하면 보다 효과적인 메시지를 설계할 수 있을지 알아보기 위해 우리는 다른 행동과학 연구팀과 패트리파이드 포레스트 국립공원에 절도 예방 목적의 표지판 2개를 만들어 배치했다. 부정적인 사회적 증거를 이용한 표지판은 많은 사람들이 나무를 훔쳤다는 정보를 전달했다. 정확한 문구는 다음과 같다. "이곳을 다녀간 많은 사람들이 공원에서 화석화된 나무를 가져갔기 때문에 숲이 훼손되고 있습니다." 그리고 거기에다 몇몇 사람들이 나무조각을 줍는 사진을 덧붙였다. 두 번째 표지판에는 사회적 증거 정보를 싣지 않았다. 그 대신 나무를 훔치는 것은 금지된 행동임을 암시했다. 정확한 문구는 다음과 같다. "숲을 보존할 수 있도록 공원에서 석화된 나무를 가져가지 마십시오." 그런 다음 어떤 사람 혼자서 나무조각을 훔치는 사진을 덧붙이고 그의 손 위에 붉은색 원에 사선을 그은 '금지' 기호를 표시했다. 세 번째 경우는 아무 표지판도 세우지 않아 실험군과 비교할 수 있도록 했다.

우리는 방문객들 모르게 나무조각들에 표시를 해서 산책로를 따라 늘어놓았다. 그리고 산책로 입구에 두 가지 표지판 중 하나를 번갈아 세우거나 아무 표지판도 세우지 않았다. 이런 설계를 통해 표지판의 종류가 절도에 미치는 영향을 관찰할 수 있었다.

그런데 국립공원의 관리당국을 아연케 할 결과가 나왔다. 표지판을 세우지 않은 통제군의 경우 전체 나무조각의 2.92퍼센트가 도난당한 반면, 부정적인 사회적 증거 메시지를 전달한 경우 절도 비율이 7.92퍼센트로 세 배가량 증가했다. 결과적으로 부정적인 사회적 증거 메시지는 '범죄 방지' 전략이 아니라 '범죄 조장' 전략이었다. 이와는 대조적으로 '나무조각을 훔쳐가지 말라'는 메시지만 전달한 경우에는 아무 표지판도 세우지 않은 통제군보다 약간 적은 수치가 나왔다(1.67퍼센트). 결과적으로 바람직하지 못한 행동이 매우 빈번히 일어난다는 점을 알려주는 경우 의도와 달리 더 나쁜 결과를 초래할 수 있음이 입증됐다. 따라서 이런 종류의 상황을 다룰 때는 부정적인 사회적 증거를 제시하지 말고, 어떤 행동은 하고 어떤 행동은 하지 말아야 하는지에만 관심이 집중되도록 해야 한다. 아니면 바람직한 행동을 하는 사람들의 사례에 초점을 맞추는 것이 좋다. 때로는 통계 자료를 다른 각도에서 해석해보는 것도 좋은 방법이 될 수 있다. 예를 들어 공원에서 매년 14톤의 나무들이 도난당하고 있다는 부정적인 사실에 주목할 수도 있지만, 실제 도둑의 수는 공원 규칙을 준수하고 천연자원을 보존하는 수많은 사람들에 비하면 턱없이 적다(전체 방문객의 2.92퍼센트에 불과하다)는 긍정적인 사실을 강조할 수도 있다.

설득력을 높이는 데 이런 결과를 어떻게 활용할 수 있을까? 월례 회의의 참석률이 저조한 것을 알게 된 사장의 입장을 가정해보자. 이런 경우 일부 사원들이 불참했다는 사실에 주목하기보다 참석자의 수가 더 많다는 사실을 지적하면 불참자가 소수라는 점을 강조할 수 있다. 마찬가지로 새로운 업무방식이나 시스템 혹은 새로운 고객서비스 방침을 고지해야 할 때 그것을 이미 일상업무에 적용한 부서나 직원이 얼마나 되는지를 언급하는 게 좋다. 그렇게 하면 아직 동참하지 않은 사람들을 비난해서 생기는 역효과도 없을뿐더러 사회적 증거의 힘을 확실하게 이용할 수 있다.

04
'평균의 자석'을 피하라

◆

◆

　패트리파이드 포레스트 국립공원의 실험은 사람들이 본능적으로 다른 사람의 행동을 따라 하는 경향이 있다는 것을 뚜렷이 보여준다. 다른 사람의 행동이 사회적으로 바람직하지 않을 때도 마찬가지다. 그런 경우에는 바람직한 행동을 하는 사람들에게 초점을 맞춰야 하지만 상황이 여의치 않을 때가 있다. 그럴 때 누군가를 설득해야 하는 사람은 어떻게 해야 할까?

　우리가 웨스 슐츠Wes Schultz의 연구팀과 함께 실험한 사례를 통해 이에 대한 답을 얻을 수 있다. 먼저 우리는 캘리포니아 지역의 300여 가구를 대상으로 일주일간 전기 사용량을 기록하기로 했다. 참여 가구의 건물 옆이나 뒷마당에 있는 계량기를 확인하는 방식으로 해당 가구가 일주일 동안 얼마나 많은 전기를 소비하는지 측정했다. 각 가구의 에너지 사용량을 이웃들의 평균치와 비교하여 그 결과를 작은 카드에 기록한 다음 다른 가구도 볼 수 있도록 각각의 현관문에 걸어뒀다. 실험 초기에는 가구들 절반은 평균보다 많은 전기를 소비했고 나머지 절반은 더 적게 소비했다.

그러나 몇 주가 지나자 이웃보다 전기를 더 많이 소비하던 사람들의 전기 사용량이 5.7퍼센트 줄어들었다. 별로 놀라운 결과는 아니었다. 그런데 흥미로운 것은 이웃보다 전기를 덜 사용하던 사람들의 전기 사용량이 8.6퍼센트 더 늘어났다는 사실이다. 이 결과는 많은 사람들이 하는 행동이 '평균의 자석' 같은 작용을 한다는 것을 보여준다. 평균의 자석이란 평균에서 벗어난 사람들이 평균에 맞추려는 경향이 있음을 뜻한다. 사람들은 이전에 사회적으로 바람직한 행동을 했었는지 하지 않았었는지에 상관없이 표준에 더 부합하는 쪽으로 행동을 바꾼다.

그렇다면 바람직한 행동을 하던 사람들이 (덜 바람직한) 표준에 맞추려는 역효과의 발생을 어떻게 막을 수 있을까? 무엇보다도 그들의 바람직한 행동을 사회가 인정하고 있다는 것을 상징적으로 표현해야 한다. 그것은 적합성에 대한 사회적 인정일 뿐만 아니라 '자아 상승'의 형태로 긍정적인 강화 효과를 가져온다. 그러면 어떤 종류의 상징을 사용해야 할까? 치켜세운 엄지손가락의 이미지? 승인도장 같은 것? '스마일'이모티콘은 어떨까? 이 아이디어를 실험해보기 위해 우리는 조건을 바꿔 새로운 실험을 진행했다. 이전과 마찬가지로 각 가구의 전기 사용량을 이웃들의 평균치와 비교하여 그 결과를 작은 카드에 기록한 다음 평균 이상인지 평균 이하인지에 따라 웃는 얼굴 또는 울상인 얼굴을 덧붙였다. 실험 결과 울상인 얼굴을 추가한 경우에는 별 차이가 없었다. 즉, 비교적 전기를 많이 소비하던 사람들은 울상인 얼굴이 있든 없든 전기 사용량을 5퍼센트가량 줄였다. 그러나 비교적 전기를 적게 소비하던 사람들에게 웃는 얼굴을 덧붙인 경우 그 효과는 대단했다. 웃는 얼굴을 본 사람들은 피드백을 받기 전과 마찬가지로 계속해서 전기를 적게 사용하며 '평균의 자석'에 이끌리지 않았다.

이 연구 결과는 사람들의 행동을 자석처럼 끌어당기는 사회적 규범의 힘을 보여줄 뿐 아니라 우리가 바람직한 행동을 인정하는 어떤 표시를 한다면 평균에 맞추려는 경향에 따른 역효과를 줄일 수 있다는 사실도 보여준다.

또 다른 사례를 살펴보자. 어떤 대기업의 출근 기록부를 살펴보니, 직원들이 100일 동안 평균 5.3회 정도 지각하는 것으로 나타났다. 평균보다 더 자주 지각하는 사람은 자신의 지각 횟수를 평균에 가깝게 조정할 테지만, 불행히도 시간을 잘 지키던 사람들 또한 그렇게 할 것이다. 그렇게 되기 전에 제시간에 출근하는 사람들의 바람직한 행동을 그때그때 인정해주는 것이 중요하며, 시간을 잘 지키는 것이 얼마나 가치 있는 일인지도 분명히 말해주어야 한다.

만약 당신이 교사이고 맡고 있는 반의 무단 결석률이 높아지고 있다면, 우선 '대다수의 부모들은 자녀가 학교 수업에 빠지지 않도록 신경 쓴다'는 사실을 널리 알리며 이를 따르는 부모들을 격려하고 인정해야 한다. 반면 그렇게 하지 않는 부모들에 대해서는 반대의 뜻을 분명히 표시해야 한다.

05
옵션의 두 얼굴

◆

◆

　새로운 직장에 입사해서 월급의 일부를 자동으로 투자 펀드에 적립하고 나중에 찾아 쓸 수 있게 하는 퇴직연금에 가입할 것인지 여부를 결정해야 하는 경우를 생각해보자. 가입하기로 결정한다면, 개인에게 가장 적합한 계획을 세울 수 있도록 여러 가지 옵션이 주어지는 것이 보통이다. 게다가 각종 세금 혜택, 회사의 지원 등 이로운 점이 한두 가지가 아니다. 그런데 이런 매력에 비해서 왜 퇴직연금은 인기가 없을까? 혹시 지나치게 많은 옵션들이 알게 모르게 가입자의 의욕을 꺾는 것은 아닐까?

　행동과학자 시나 아이엔거Sheena Iyengar의 연구팀은 이를 확인해보기로 했다. 우선 거의 80만 명을 대상으로 회사가 직원을 위해 일정액을 부담하는 한 퇴직연금 프로그램을 분석한 후 제공되는 옵션의 가짓수에 따라 참여율이 어떻게 달라지는지 살펴봤다. 연구 결과 옵션의 가짓수가 많을수록 직원들이 프로그램에 가입할 가능성은 더 적어지는 것으로 나타났다. 또한 회사에서 직원들에게 제공하는 펀드 수가 10개씩 늘어날 때마다 참여율은 거의 2퍼센트씩 떨어졌다. 단적인 예를 들자면 펀드 종류를 2개만 제시할 경우 참여율이 약 75퍼센트였지만 펀드를 59개 제시할 경우에는 참여율이 약 60퍼센트까지 떨어졌다.

아이엔거와 동료 사회과학자 마크 레퍼Mark Lepper는 너무 많은 선택권을 주는 것의 역효과가 다른 분야(이를테면 식품)에서도 동일하게 나타나는지도 실험해봤다. 연구팀은 고급 슈퍼마켓에 시식대를 설치하고, 지나가는 사람들에게 한 제조사에서 나온 여러 종류의 잼을 맛보게 했다. 실험은 두 가지 방식으로 진행되었는데, 첫 번째 실험에서는 시식하는 사람들에게 여섯 종류의 잼을 맛보게 했고, 두 번째 실험에서는 스물네 가지의 잼을 맛보게 했다. 그 결과 두 조건 사이에 뚜렷하고도 놀라운 차이가 발견됐다. 선택할 잼이 많은 경우에는 시식대 앞에 온 사람들 중 3퍼센트만이 잼을 구입했다. 반면 잼의 종류가 적은 경우에는 시식대 앞에 온 사람들 중 30퍼센트가 잼을 구입했다.

이렇듯 매출이 열 배나 차이나는 것을 어떻게 설명할 수 있을까? 연구팀의 의견에 따르면, 선택할 것이 너무 많을 때 소비자들은 의사 결정 과정을 힘들어할 가능성이 크다. 아마 많은 옵션을 구별해야 한다는 부담감 때문일 것이다. 그 결과는 제품에 대한 동기와 흥미가 떨어지는 것으로 나타난다. 퇴직연금 프로그램의 경우에도 마찬가지 논리가 적용된다.

그렇다면 많은 옵션과 대안을 제공하는 것이 언제나 나쁘다는 뜻일까? 이 질문에 답하기 전에 먼저 밴쿠버에서 가장 인기 있는 아이스크림 가게 중 하나인 '라 카사 젤라토'의 예를 살펴보자. 이 가게는 우리가 생각해낼 수 있는 모든 종류의 젤라토, 아이스크림, 셔벗을 제공한다. 그리고 우리가 도저히 생각해낼 수 없는 맛들도 부지기수다. 이 가게는 1982년 밴쿠버 상업 중심지에서 '스포츠 앤 피자 바'라는 간판으로 시작했는데, 현재 매장 주인인 빈스 미세오의 표현처럼 '아이스크림의 원더랜드'라고 불릴 만한 수준으로 성장했다. 가게 안에 들어온 손님들은 200가지가 넘는 맛들의 향연을 보게 된다. 몇 가지만 예를 들어보자면 야생 아스파라거스, 무화과, 아몬드, 숙성한 발사믹 식초, 멕시코 후추, 마늘, 로즈마리, 민들레, 카레 맛 등이 있다.

우리가 살펴본 연구 결과만을 생각한다면 라 카사 젤라토는 지금 잘못된 선택을 하고 있는 것이다. 200가지가 넘는 맛의 옵션을 제공하고 있으니 말이다. 그러나 이 가게의 주인은 고객들에게 선택권을 많이 줄수록 사업이 더 잘될 것이라는 철학을 가지고 있다. 실제로 승승장구하는 것을 보면 그의 생각이 옳은 것도 같다. 우선 다양한 맛을 구비했다는 점은 엄청난 홍보 효과가 있었다. 즉, 다양한 옵션은 이 가게만의 차별점이 됐다. 그다음으로 이 가게에 오는 손님들 대다수는 자신이 시도해보고 싶은 맛을 시식하고 고르는 과정을 순수하게 '음미'하는 듯 보인다(이는 비유적으로는 물론이고 문자 그대로의 의미에서도 그렇다). 또한 옵션의 수를 극대화하면, 자기가 원하는 것을 정확히 알고 그것을 만족시켜줄 가게나 회사를 찾아다니는 고객들을 끌어들일 수 있다.

그러나 수많은 잠재 고객들로 하여금 다양한 제품과 서비스 중에서 원하는 것을 고를 기회를 말 그대로 '맛보게' 할 수 있는 운 좋은 회사는 거의 없다. 사실 잠재 고객들은 자기 앞에 놓인 제품이나 서비스를 살펴보기 전까지는 자기가 무엇을 원하는지 정확히 모르는 경우가 더 많다.

즉, 회사가 쓸데없이 제품을 다양하게 만들어 시장을 부풀리면, 매출 감소는 물론 이익 실현에도 차질을 초래할 수 있다. 대신 자사의 제품군을 검토해본 다음 중복되거나 인기가 덜한 품목을 정리한다면, 고객이 그 회사의 제품과 서비스를 구입하고 싶은 마음이 들도록 자극할 수 있을 것이다.

다양한 소비재를 생산하는 주요 제조업체들 또한 최근 들어 제품의 옵션을 줄이고 간소화하려는 움직임을 보이고 있다. 때로는 '쓸데없이 종류만 많다'는 고객들의 점잖은 지적에 대한 반작용으로 그런 조치를 취하기도 한다.

옵션 수를 줄여 재미를 본 기업들 중 하나가 바로 P&G다. 이 회사는 세탁용 세제부터 처방전이 필요한 약품에 이르기까지 수많은 종류의 제품을 만든다. P&G가 자사의 인기 제품인 헤드 앤 숄더 샴푸의 가짓수를 '무려' 26개에서 '겨우' 15개로 줄이자 눈 깜짝할 새에 매출이 10퍼센트 증가했다.

그렇다면 이런 결과는 우리에게 어떤 의미가 있을까? 우리가 한 가지 제품을 다양한 버전으로 만드는 회사에서 일하고 있다고 가정해보자. 처음에는 옵션의 수를 줄이는 일이 상식과 직관에 어긋나는 것처럼 보일지도 모른다. 그러나 제품에 대한 관심을 최대한 끌고 싶다면 이 방법을 적극 고려해볼 필요가 있다. 특히 고객이 자기가 원하는 것을 정확히 모르고 있다면 확실히 효과가 있을 것이다. 이외에도 재고를 보관하는 공간이 넓어지고 원자재 구입비가 절감될 뿐만 아니라 제품군 규모가 작아지기 때문에 마케팅과 상품 진열대의 제작에 들어가는 비용도 줄일 수 있다. 제품군의 범위를 검토해보고 다음과 같은 질문을 던져본다면 도움이 될 것이다.

"우리 고객 중에 자기가 원하는 것을 정확히 모르는 고객은 어느 분야에 속할까? 우리가 제공하는 옵션의 가짓수 때문에 고객들이 다른 회사를 기웃거리고 있는 것은 아닐까?"

이 연구의 교훈은 가정에도 적용할 수 있다. 아이들에게 읽고 싶은 책을 고르라거나 저녁에 뭘 먹고 싶은지 정하라고 할 때 선택안이 너무 많으면 부담을 주게 되고 의욕만 꺾는 결과를 낳을 수 있다. '다양성은 삶의 조미료'라는 말도 있지만, 과학적인 연구 결과는 다양성이 지나치면 너무 많이 들어간 조미료처럼 음식맛을 망칠 수 있음을 보여준다.

06
'선택 안 함' 옵션의 중요성

◆

◆

　앞에서 옵션의 내용뿐만 아니라 옵션의 개수 또한 의사 결정에 어떤 영향을 미치는지 살펴보았다. 때로는 옵션이 너무 많은 것보다 적은 것이 사람들의 선택에 더 도움이 되기도 한다.

　그렇다고 무조건 선택권이나 옵션을 줄이라는 뜻은 아니다. 때로는 어떤 옵션을 추가했을 때 사람들로부터 더욱 호의적인 반응을 얻을 수도 있다. 신기하게도 이런 옵션은 의사 결정에 실질적인 영향을 주지는 못하는데, 그게 바로 '선택 안 함' 옵션이다. 누군가를 설득하려 할 때 '선택 안 함' 옵션을 추가함으로써 상대방의 행동에 영향을 미칠 수 있다.

　상대방이 어떤 선택을 하도록 만들었다고 가정해보자. 하지만 여전히 한 가지 문제가 남아 있다. 시간이 지나도 상대가 자신의 선택을 유지하고 그것에 전념하도록 만드는 것이다. 그들이 자기 선택을 계속 유지하게 만들기 위해서는 어떻게 해야 할까? 연구에 따르면, 초기 선택지에 아무것도 '선택 안 함'이라는 옵션을 추가함으로써 이 문제를 해결할 수 있다.

와튼 경영대학원 교수인 롬 슈리프트Rom Schrift와 그의 동료인 조지아 주립대학교의 제프리 파커Jeffrey Parker는 한 가지 실험을 진행했다. 이들은 실험 참가자들에게 단어 찾기 퍼즐에서 가능한 한 많은 단어를 찾도록 했다. 참가자들은 단어 하나를 찾을 때마다 보상을 받을 수 있었고, 원한다면 언제든 실험을 그만둘 수도 있었다. 실험에 대해 설명한 후 참가자들을 다음과 같이 세 그룹으로 나누어 실험이 진행되었다.

- '강제 선택' 그룹1: 이 그룹의 참가자들은 무조건 두 가지 퍼즐 중에서 하나를 선택해야 했다. 하나는 유명 배우의 이름이고, 다른 퍼즐은 나라의 수도 이름이었다.
- '강제 선택' 그룹2: 이 그룹의 참가자들에게는 유명 배우와 수도 이름 외에도 유명 댄서의 이름이라는 또 하나의 옵션이 추가되었다.
- '거부 가능' 그룹: 이 그룹의 참가자들은 유명 배우와 수도 이름 퍼즐 중에서 골라야 했지만, 선택지에 '선택 안 함'이라는 항목을 추가하여 어떤 퍼즐도 선택하지 않고 실험을 그만둘 수 있는 또 다른 옵션이 제공되었다.

슈리프트와 파커는 실험 결과를 분석하여 사람들이 단어 찾기 퍼즐에 투자한 시간을 살펴보았는데, 그 결과 '강제 선택' 그룹1과 그룹2 사이에는 거의 차이가 없었다. 그러나 '선택 안 함' 옵션이 추가되었을 때의 결과는 놀라웠다. '거부 가능' 그룹 참가자들이 각자 원하는 퍼즐을 선택하여 그 퍼즐을 푸는 데 투자한 시간은 다른 그룹보다 40퍼센트나 길었다.

아무것도 하지 않는 단순한 옵션을 추가했을 뿐인데 사람들은 본인이 선택한 행동을 하기 위해 훨씬 더 많은 시간과 에너지를 할애했다. 어째서일까?

언뜻 생각하면 '선택 안 함' 옵션은 황당하기 그지없어 보인다. 아무것도 선택하지 않는 옵션을 추가한다고 해서 선택할 수 있는 퍼즐의 개수가 늘어나지는 않는다. 하지만 이런 식으로 생각하면 중요한 사실을 놓치고 만다. 이 상황에서 '선택 안 함' 옵션이란 단순히 옵션을 추가하는 것이 아니라 선택에 대한 의지를 끌어내는 수단이라고 생각하는 게 옳다. 자신이 선택한 것이 옳다는 믿음을 강화할 매개인 것이다. 그런 의지가 없었다면 참가자들은 쉽사리 실험을 그만두었을지도 모른다.

그렇다면 '선택 안 함' 옵션을 추가하는 데 따르는 위험은 없을까? 이번 연구의 참가자들은 실험에 참여하지 않을 수 있는 옵션을 선택할 수 있었지만 아무도 그렇게 하지 않았다. 만약 사람들이 정말 아무것도 선택하지 않으면 어떻게 될까? 현실에서는 충분히 그런 상황이 발생할 수 있다. 비록 그런 일이 생기더라도 '선택 안 함' 옵션 자체는 여전히 좋은 전략일 수 있다. 특히 사람들이 실질적인 옵션을 고르고 그 선택을 유지함으로써 얻는 이익이 아무것도 선택하지 않은 사람 때문에 발생하는 손해보다 더 클 경우에 유용한 전략이다(앞의 실험에서 '거부 가능' 그룹의 참가자들이 퍼즐을 푸는 데 쏟은 시간이 40퍼센트 이상 증가했음을 기억하자). 이렇듯 '선택 안 함' 옵션을 추가하면 자신의 선택에 대한 의지를 강화할 수 있을 뿐만 아니라, 적절한 방법으로 실질적인 옵션을 선택하도록 유도하여 아무것도 선택하지 않는 사람의 수를 크게 줄일 수도 있다.

언뜻 보면 '선택 안 함' 옵션이란 기존 상식에 어긋나고 반反직관적이지만, 오늘날 이 방법은 다양한 상황에서 개인이 목표에 전념하고 행동을 지속하도록 설득하는 데 사용되고 있다. 개인 트레이너가 권장 운동 목록에 '선택 안 함' 옵션을 포함하면 고객은 더 오랜 기간 동안 자신이 선택한 운동을 계속한다. 이와 마찬가지로 영양사가 환자를 상담하면서 아무것도 하지 않아도 된다고 말해주면 환자는 다이어트 식단에 훨씬 적극적으로 협조하는 모습을 보인다. 조직 경영자의 목표 달성을 지원하는 비즈니스 코치라면 '선택 안 함' 옵션을 도입하는 사소한 변화만으로도 목표 달성 여부에 큰 변화를 만들 수 있다. 자신의 행동에 대한 의지를 높이고 싶은 사람이라면 이와 같은 방법을 이용하여 유사한 효과를 얻을 수 있을 것이다. 물론 그러다가 진짜 아무것도 하지 않을 수도 있음을 염두에 두어야 한다.

07
공짜일수록 더욱 포장하라

◆

◆

　문구 세트, 볼펜, 화장품 케이스, 초콜릿 상자, 작은 향수 샘플, 오일 교환권. 이것들은 많은 기업에서 소비자들에게 공짜로 주는 선물이나 경품의 예들이다. 그리고 소비자인 우리는 어떤 제품을 구매하면 이런 물건을 무료로 준다는 제안에 유혹을 느껴본 적이 한 번쯤은 있을 것이다. 때때로 이 작은 덤 때문에 특정 회사 제품의 구매를 놓고 고민에 빠지기도 한다. 그런데 모든 사람들이 무료 경품을 좋아하는 것이 사실이라면, 어째서 어떤 경품은 판매에 도움이 되기는커녕 역효과만 가져오는 것일까?

　사회과학자 프리야 라구비르Priya Raghubir는 소비자들이 어떤 제품을 구입하면서 보너스 상품을 받았을 경우 실제 가치와는 상관없이 보너스 상품의 가치와 매력이 급격히 떨어진다고 조언한다. 소비자들은 거저 주는 물건이라면 별 가치가 없다고 생각하기 때문에 그런 결과가 나온다는 것이 라구비르의 가설이었다. 실제로 소비자들은 이렇게 생각할지 모른다. "무슨 하자가 있는 물건이 아닐까?" 이를테면 사람들은 무료 경품이 촌스럽고 시대에 뒤떨어진 판매 전략이라고 생각하거나, 어쩌면 제조사가 재고를 처분하는 것이라고 생각할지도 모른다.

어떤 상품이 무료로 제공되면 가치가 떨어진다는 가설을 실험하기 위해 라구비르는 보너스 상품으로 진주 팔찌를 준다는 주류 광고지를 참가자들에게 보여줬다. 참가자 그룹 중 한 그룹에게는 술을 살 때 덤으로 주는 보너스 상품이라는 관점에서 진주 팔찌의 가치와 매력을 평가해달라고 했고, 다른 그룹에게는 진주 팔찌 자체만을 놓고 평가해달라고 했다. 그 결과 라구비르의 가설이 사실로 증명되었다. 사람들은 진주 팔찌를 독자적인 제품으로 봤을 때보다 다른 제품을 구입했을 때 보너스로 제공되는 제품이라고 봤을 때 35퍼센트 정도 더 낮게 가격을 책정했다.

이 연구 결과는 별도로 판매하는 제품을 특정 제품을 홍보하기 위해 공짜로 끼워주는 관행이 부정적인 효과를 낼 수 있음을 보여준다. 라구비르는 무료로 제공하는 선물이나 서비스가 긁어 부스럼이 되지 않게 하려면 고객에게 선물의 진짜 가치를 알려줘야 한다고 말한다. 예를 들어 어느 소프트웨어 회사에서 신규고객 유치를 위해 보안 프로그램을 무료로 제공한다면, 그때 공짜로 주는 제품이 실제로 구입하려면 얼마를 지불해야 하는지를 명시해야 한다. 그렇게 하지 않으면 회사가 제안하는 거래가 얼마나 가치 있는지 효과적으로 전달할 기회를 잃어버릴 수 있다. 어쨌든 일단 '공짜'라고 말해버리면 그것은 그 제품의 가격이 0원이라는 뜻이다. 잠재 고객에게 자기 회사 제품의 가치에 대해서 이런 식의 메시지를 보내고 싶어 할 사람은 아무도 없다. 당신이 제안하는 거래가 실제만큼 가치 있는 것으로 보이게 하고 싶다면 고객에게 진짜 가치를 알려줘야 한다. 따라서 더 이상 "무료 보안 프로그램을 사용해보세요"라는 식으로 메시지를 전달해서는 안 된다. 대신 "30만 원 상당의 보안 프로그램을 무료로 드립니다"라고 말해야 한다.

이런 식으로 '진짜 가치를 표시해야 한다'는 조언은 비단 비즈니스 분야에만 적용되지는 않는다. 이것은 다른 사람의 마음을 움직여야 하는 모든 일에 해당되는 이야기다. 중요한 보고서를 마무리해야 하는 동료를 도와주려고 한다면 다음과 같이 말하는 게 좋다. "그 일이 너의 직장생활에 얼마나 중요한지 알고 있어. 그러니 기꺼이 함께 야근을 해줄게." 이 경우 우리는 동료의 입장에서 자기 시간의 가치를 매기는 것이며, 이런 전략은 그냥 아무 말 없이 도와주는 것보다 훨씬 더 설득력이 있다.

마찬가지로 방과 후 과외활동을 추진하려는 학교의 입장을 가정해보자. 이럴 때는 학부모를 설득하면서 과외활동을 순전히 사교육으로 해결하려면 얼마의 비용이 드는지 정확하게 지적하는 것이 좋다. 그렇게 하면 학교가 추진하는 과외활동의 가치를 높일 수 있을 뿐 아니라 결과적으로 학생들이 방과 후 과외활동에 몰입하는 수준도 훨씬 높아질 것이다.

이런 연구 결과는 기업과 공공기관은 물론이고 가정에서도 효과를 발휘할 수 있다. 시댁 식구나 처가 식구들을 설득할 때 이 결과를 이용할 수 있을 것이다. 그들에게 의견이 묵살되는 것이 싫다면 '이제 공짜 충고는 그만하라'고 말해줘라.

08
소비자는 항상 타협안을 찾는다

◆

◆

　몇 년 전 미국 주방용품 매장인 윌리엄스 소노마는 그동안 판매하던 베스트셀러 제빵기보다 성능이 훨씬 뛰어난 제품을 새로 내놓았다. 그런데 신제품을 출시하자마자 기존 베스트셀러 제품의 매출이 거의 두 배로 늘어났다. 어떻게 된 일일까?

　윌리엄스 소노마는 소비재 유통업계에서 굉장히 성공한 회사다. 캘리포니아 소노마에서 하청업자로 일하던 척 윌리엄스는 1940년대 말과 50년대 초에 두 친구와 함께 파리 여행을 했는데, 그때부터 이 회사의 성공 스토리가 시작된다. 거기서 그들은 생전 처음으로 프랑스제 전문 주방용품들을 봤다. 오믈렛 팬, 수플레 만드는 틀 등 품질로 보나 스타일로 보나 미국에서는 한 번도 보지 못한 대단한 것들이었다. 윌리엄스는 프랑스 여행을 통해 사업 아이디어를 얻었고, 그렇게 해서 윌리엄스 소노마 키친 아웃렛이 탄생했다. 회사는 빠르게 성장하면서 점점 매장을 늘렸고 카탈로그 사업도 시작했다. 오늘날 윌리엄스 소노마와 자

회사들의 연간 매출액은 50억 달러가 넘는다. 그중 일부는 기능이 향상된 고가의 제품이 출시되자마자 판매량이 거의 두 배로 뛴 제빵기에서 나오는 매출이다.

왜 이런 현상이 생긴 것일까? 이타마르 시몬슨Itamar Simonson의 연구에 따르면, 소비자들은 어떤 제품을 선택할지 고려할 때 '타협안'을 선호하는 경향이 있다. 즉, 그들이 원하는 최소한의 것과 그들이 최대한으로 지출할 수 있는 것의 중간에 있는 제품을 선택한다는 말이다. 구매자들은 두 가지 제품 중에서 선택해야 한다면, 덜 비싼 제품을 골라 타협하는 경우가 많다. 그러나 두 제품보다 더 비싼 제3의 제품이 나온다면, 이제 타협안은 제일 저렴한 제품이 아니라 중간 가격의 제품으로 바뀌게 된다. 윌리엄스 소노마 제빵기의 경우 더 비싼 제품이 출시되면서 기존의 더 비싼 제빵기가 상대적으로 더 현명하고 경제적인 대안으로 보이게 된 것이다.

그렇다면 윌리엄스 소노마 제빵기의 사례에서 어떤 교훈을 얻을 수 있을까? 우리가 회사의 대표거나 어떤 제품과 서비스를 판매할 책임이 있는 영업부 담당자라고 생각해보자. 우선 최고 성능을 갖춘 값비싼 제품이 회사에게 두 가지 중요한 이익을 가져다준다는 점을 인식해야 한다. 첫째, 이 우수한 제품들은 '명품'을 원하는 소수의 기존 고객 및 잠재고객의 필요를 충족시킬 수 있다. 따라서 이런 제품을 판매하면 회사 매출이 늘어날 수 있다. 두 번째는 제품군에 최고가 제품이 포함돼 있으면 그다음으로 비싼 모델이 더 매력적으로 보일 가능성이 높아진다는 것이다.

우리는 일상생활에서 이 두 번째를 충분히 이용하지 못하는 경우가

많다. 많은 사람들에게 익숙한 상황 중의 하나인 술집이나 레스토랑에서 와인을 고를 때를 예로 들어보자. 대다수 와인바 혹은 호텔의 와인리스트에는 밑으로 갈수록 비싼 와인이 적혀 있다. 손님들은 와인을 고를 때 아래쪽을 잘 보지 않는다. 어떤 곳에서는 고가의 샴페인을 아예별도 메뉴에 적어놓기도 한다. 그 결과 중간급 와인이나 샴페인은 매력적인 타협안으로 보이지도 못하고 고객의 선택에서 밀려나고 만다. 고가의 와인과 샴페인을 메뉴의 상단에 올려놓는 작은 변화를 주기만 해도, 레스토랑이나 술집은 고객이 거부할 수 없는 강력한 타협안을 제시하는 셈이다.

이 전략은 직장생활에서도 효과적일 수 있다. 예를 들어 회사 비용으로 선상에서 열리는 컨퍼런스에 참가하게 됐는데 창문이 있는 선실에 투숙하고 싶다고 가정해보자. 그렇다면 상사에게 어떻게 말해야 할까? 이럴 때는 그냥 '창문이 있는 선실을 예약하면 안 될까요?'라고 묻는 것보다 두 가지 다른 가능성 사이에 원하는 대안을 집어넣는 것이 현명한 방법이다. 즉 별로 좋지 않은 옵션(창문이 없는 선실)과 누가 봐도 좋지만 너무 비싼 옵션(발코니가 있는 선실)을 양옆에 배치하고 원하는 대안을 중간에 집어넣으면, 상사가 당신이 원하는 옵션을 허락해줄 가능성이 커진다.

이런 타협 전략은 제빵기나 와인의 판매, 선실 고르기에만 해당하지 않는다. 판매할 제품이나 서비스를 가지고 있는 사람이라면 누구나 이런 전략을 활용할 수 있다. 다시 말해 비싼 제품을 먼저 제시하면, 중간급 제품의 인기가 더 올라간다. 그런데 여기서 주의할 점이 하나 있다. 회사가 이런 전략을 채택했는데 최고가 제품의 매출이 예기치 않게 하락할 경우 해당 제품의 공급을 아예 중단해버리고 싶은 유혹을 느낄 것이다. 그러나 연구 결과에서 알 수 있듯이, 다른 고급 제품으로 대체하지 않고 최고가의 제품을 없애버리면, 다음 가격대 제품부터 부정적인 도미노 현상이 일어나서 악영향이 점점 더 아래 제품군으로 번지고 만다. 고객의 타협안에 이런 전이가 일어난다면, 당신이 또 다른 타협을 해야 하는 처지가 될 수 있음을 명심해야 한다.

09
오디션 프로그램 순서의 비밀

◆

◆

팀에 수익을 가져다줄 새로운 거래처를 사로잡기 위해 경쟁 프레젠테이션을 하는 상황을 생각해보자. 혹은 꿈꾸던 승진 자리에 올라갈 수 있는 최종 후보 3인에 올라서 다른 사람들과 경쟁을 해야 한다고 가정해보자. 이때 선발 과정에 등장하는 순서가 결과에 영향을 미칠까?

채용 담당자와 구매 담당자, 관리자, 그리고 예산 집행자 등 많은 사람들이 매일 수천 가지 의사 결정을 내리고 있지만, 놀랍게도 우리는 이런 질문을 거의 하지 않는다. 이 질문에 대한 잠재적인 답변을 엑스 팩터 X Factor(영국의 유명 TV 오디션 프로그램-옮긴이) 같은 오디션 프로그램에서 찾을 수 있다는 사실을 알면 아마 더욱 놀랄지도 모르겠다.

그 이유에 대해서는 조금 후에 다시 살펴보기로 하고, 먼저 컬럼비아대학교 경영대학원 교수인 애덤 갈린스키 Adam Galinsky 박사에 대해 알아보자, 그는 박사학위 과정을 마치자마자 시카고대학교에서 꿈꾸던 일자리에 도전할 기회를 얻게 되었다. 갈린스키는 시카고에서 멀리 떨어진 곳에 살고 있었으므로 시카고대학교 채용위원회는 그가 원하는 시간에 인터뷰를 할 수 있도록 배려해주었다. 그렇다면 갈린스키는 인터뷰 전날 밤 도착해서 면접장에 첫 번째로 들어갔을까, 아니면 인터뷰 당일에 도착해서 마지막에 나타났을까? 우연에 의지하고 싶지 않았던 갈린스키는 가장 똑똑한 심리학자라고 생각했던 프린스턴대학교 동료들에게 조언을 구했다. 그들은 모두 이구동성으로 '첫 번째로 들어가야지!'라고 답했다.

사실 이 조언에는 그럴만한 이유가 몇 가지 있다. 1960년대와 1970년대로 거슬러 올라가면 오래된 연구 결과 하나를 찾을 수 있다. 사람들에게 여러 개의 단어 목록을 보여준 다음 가능한 많은 단어를 떠올려보라고 하자, 대부분의 사람들이 목록의 첫 부분이나 끝부분에 제시된 단어를 더 많이 기억하는 경향을 보였다. 이 연구 결과는 각각 '초두 효과primacy effect'와 '최신 효과recency effect'라고 알려져 있다. 그리고 뒤이은 연구에 따르면, 단어 목록을 제시하고 얼마간 시간이 흐른 후에 사람들에게 단어를 상기하라고 할 경우 그 시간이 길어질수록 최신 효과는 대부분 사라지고 초두 효과만 남았다. 그러한 이유로 갈린스키의 프린스턴대학교 동료들은 첫 번째로 면접 인터뷰를 하라고 조언한 것이다. 연구결과를 생각해보면 꽤 맞는 조언 같기도 하다. 하지만 갈린스키는 그 일자리를 얻지 못했다.

그날 갈린스키의 컨디션이 좋지 않았을 수도 있고, 더 훌륭한 지원자가 채용되었을 수도 있다. 이유가 무엇이든 당시의 경험은 그의 기억에 강렬하게 남았고, 갈린스키는 이 주제에 대해 더 깊게 연구하기 시작했다. 그의 연구 결과는 믿기 힘들 정도였다. 갈린스키는 프린스턴대학교의 채용 기록을 살펴볼 수 있는 권한을 얻은 다음 5년이 넘는 기간 동안 이루어진 인터뷰를 무작위로 골라 살펴보았다. 그리고 각각의 인터뷰에서 거의 예외 없이 마지막 지원자가 일자리를 얻었다는 사실을 깨달았다. 흥미를 느낀 갈린스키는 연구의 범위를 훨씬 넓혔는데, 거기서도 같은 결과가 나타났다. 그는 1953년부터 2003년까지 유럽 최대의 음악 오디션 프로그램인 유로비전 송 콘테스트Eurovision Song Contests 결과를 분석하여 경합 순서가 뒤쪽이었던 참가자가 앞쪽의 참가자보다 전반적으로 높은 점수를 받았다는 사실을 발견했다. 같은 현상이 아메리칸 아이돌American Idol과 엑스 팩터 등 다른 오디션 프로그램에서도 나타나고 있다. 어쩌면 초반 참가자는 심사위원의 기억에서 점점 흐려지는지도 모를 일이다.

그런데 재미있게도 모든 참가자가 공연을 마친 후 한꺼번에 평가를 할 때보다는(스트릭틀리 컴 댄싱Strictly Come Dancing이라는 오디션 프로그램에서 이런 방식으로 평가한다) 각 참가자의 공연이 끝난 후에 평가가 이루어질 때 마지막 참가자에게 유리한 결과가 나오는 경향이 더 뚜렷하게 나타났다.

여기에는 두 가지 영향력이 작용하는 듯 보인다. 첫째로, 순서대로 공연을 평가할 경우 사람들은 보통 앞쪽 무대에 인색한 점수를 주는 편이다. 처음부터 너무 높은 점수를 주면 뒤쪽 순서에서 더 좋은 공연을 만났을 때 거기에 맞는 점수를 줄 수 없을까 봐 걱정하기 때문이다. 두 번째로, 경합 초반에는 심사위원이 자기 마음속에서 생각하고 있는 완벽한 지원자와 참가자를 비교하는 경향이 있다.

따라서 앞으로 경쟁을 해야 할 상황에서는 선발 과정의 마지막에 등장하는 편이 여러 측면에서 유리하다는 사실을 기억해두자. 하지만 평가자나 심사위원의 위치에 있다면 그러지 말아야 한다. 순서에 따른 편향을 피해야 적합한 지원자를 놓치는 실수를 하지 않을 수 있다. 그러려면 지원자 한 명에 대해 채용 담당자 한 명은 앞 순서에서 확인하고 다른 한 명은 뒤쪽 순서에서 확인하도록 하면 된다. 만약 채용을 결정할 면접관이 한 명이라면 인터뷰 중간에 여러 차례 휴식을 갖는 것도 순서 간 균형을 유지하는 데 도움이 된다.

경쟁 순서 뒤쪽에 있는 지원자가 항상 선택받는다는 보장은 없다. 일정 수준 이상의 지원자가 나타나기만 하면 바로 채용하겠다고 마음먹은 회사라면 당연히 먼저 나타나는 사람이 나중에 나타나는 사람보다 더 유리하다. 일찍 일어나는 새가 벌레를 잡는다는 말도 있지 않은가.'

또한 경쟁 상황에서 지원자가 두 명밖에 없다면 첫 번째 지원자가 승리할 경우가 더 많다는 증거도 있다. 그러나 다른 모든 법칙과 마찬가지로 가장 중요한 것은 자신이 놓인 상황을 이해하는 것이다. 지원자가 여러 명일 때는 마지막에 등장해야 승진 자리를 차지하거나 새로운 거래처를 얻을 확률이 높아진다.

---

*   '일찍 일어나는 새가 벌레를 잡는다'는 말은 영국의 박물학자인 존 레이(John Ray)가 1670년대에 출간한《영국 잠언 모음집(A Compleat Collection of English Proverbs)》에서 비롯된 것이다. 같은 책 속에는 "시작이 좋은 것보다 끝이 좋아야 한다"는 잠언도 있다. 300년도 더 지난 지금 행동과학자들은 존 레이와 의견을 같이 하고 있다. 피크엔드 효과(Peak-end effect)라고 이름 붙여진 연구에 따르면, 사람들은 어떤 일을 기억할 때 당시 가장 강렬했던 고통이나 기쁨(피크)과 그 일의 마지막 부분(엔드)을 뚜렷이 기억하는 경향이 있다. 그러므로 평가받을 상황이 오면 경쟁의 마지막에 성과를 보여주는 것도 중요하지만, 마지막까지 최선을 다하는 것 또한 중요하다.

10
2등보다 3등이 행복한 이유

◆

◆

비즈니스나 상품, 서비스 등에서 높은 평가를 받는 것이 시장에 어떤 영향을 미치는지는 누구나 알고 있다. 잠재적 고객들은 최고라는 평가를 받은 은행이나 대학교, 영화를 안심하고 선택할 수 있을 것이다. 당신의 제품이 최고의 평가를 받았다면, 당신은 모든 사람들에게 그 사실을 알리려고 할 것이다.

2등도 상당히 인상적이기는 하지만 어려운 부분이 없지 않다. 상위 두 명에 들었다고 공개적으로 알려봐야 1등이 아니라는 사실만 확실하게 인정하는 셈이다. 그렇다고 해서 세상이 무너졌다고 생각하지는 말자. 2등을 차지했다면 상위 세 명 안에 들었다고 내세우는 편이 더 낫다. 애매하게 여지를 남기면서도 우리에게 친숙한 표현이기 때문이다. 그런데 순위가 아래로 내려가도 같은 방법을 적용할 수 있을까? 고객 평가에서 16위를 한 은행이 잠재적인 고객들에게 상위 16위나 상위 20위에 들었다고 소개하면 과연 더 많은 고객을 유치할 수 있을까? 42위에 오른 대학교는 어떤가? 상위 50위권이나 100위권에 속하는 학교라고 홍보하면 학생들이 떼를 지어 몰려들까?

일리노이 주 에번스턴에 위치한 노스웨스턴대학교의 마케팅 교수 켄트 그레이슨Kent Grayson의 연구 결과에 따르면, 사람들은 평가하는 대상이 무엇이든 친근한 숫자로 표현된 순위를 선호한다. 가령 상위 92위 같은 어색한 표현은 처음에는 주목을 받을 수 있을지 몰라도 그 참신한 숫자는 금세 희미해지고 낯선 방식은 불신으로 이어진다.

따라서 기존 고객 및 잠재적 고객에게 순위를 전달하는 가장 설득력 있는 방법은 괜히 영리하고 기발한 아이디어를 만들어내는 게 아니라 상황에 어울리는 숫자를 사용하는 것이다. 축구선수라면 리그에서 상위 11명의 선수로 선발되었을 때 큰 의미가 있겠지만, 호텔이 11위에 이름을 올렸다면 상위 20위에 속한다고 뭉뚱그려 표현하는 편이 더 나을 것이다. 일반적인 의사소통이 그렇듯 단순하게 접근할수록 설득력은 커지는 법이다.

순위는 고객에게 자신의 제품이나 서비스 등을 홍보할 수 있는 수단이기도 하지만, 동시에 팀의 행복에 영향을 미치는 요소이기도 하다. 이는 2등보다 3등을 한 선수가 행복하다는 이론과 관련이 있다.

심리학자인 빅토리아 메드벡Victoria Medvec, 스콧 매디Scott Madey, 그리고 토머스 길로비치Thomas Gilovich의 연구에 따르면, 스포츠 경기에서 은메달리스트보다는 동메달리스트가 훨씬 더 행복한 경우가 많다고 한다. 2등을 차지한 선수는 처음에는 희열을 느끼지만, 곧이어 실제 일어난 일과 일어날 수 있었던 일을 비교하며 자신이 1등을 할 수도 있었다는 생각에 사로잡히기 때문이다. 우승자와의 경쟁에서 본인이 얻은 은메달보다는 놓친 금메달에 더 집중하는 것이다.

반대로 동메달리스트는 자기 경기력이 더 나빴다면 어떻게 되었을지를 생각하곤 한다. 그랬다면 메달을 아예 놓쳤을 수도 있었을 것이다. 결과적으로 3등을 차지한 선수는 시상대에 올랐다는 사실만으로 더 행복해질 수 있다.

이러한 연구 결과를 얻기 위해 토머스 길로비치는 대학교 학생들에게 1992년 바르셀로나 올림픽에서 메달을 수상한 선수들의 감정적인 반응을 기록한 장면을 조사하도록 했다. 학생들은 선수들이 치른 경기 내용과 상관없이 그 선수가 얼마나 행복해 보이는지를 평가했는데, 10점 만점을 기준으로 1점은 괴로움이고 10점은 황홀함이었다. 그러자 일관적인 패턴이 나타났다. 경기 직후 진행된 메달 수여식에서 동메달리스트가 은메달리스트보다 훨씬 행복하게 보였던 것이다.

그리고 2006년, 캘리포니아의 심리학자인 데이비드 마쓰모토David Matsumoto와 밥 윌링햄Bob Willingham은 유도 경기 후에 선수들이 보여주는 미소의 유형을 연구했다. 두 사람의 연구 결과는 놀라울 정도로 길로비치와 비슷했는데, 동메달을 차지한 선수가 은메달리스트보다 더욱 마음에서 우러나는 미소인 뒤셴 미소Duchenne's Smile(진정한 기쁨이나 즐거움을 나타내는 미소)를 지었던 것이다. 예외는 하나 있었다. 이전에 금메달을 목에 건 경험이 있던 동메달 선수는 기대에 못 미치는 성적 때문에 자연스러운 미소를 짓지 못했다.

결국 행복은 자신의 기대에 달려 있다고 볼 수 있다.

고객 서비스 평가, 마진율, 혹은 호텔 및 레스토랑처럼 트립어드바이저 점수 등으로 공식적인 순위가 집계되는 종류의 사업 소유주에게도 이와 같은 순위의 법칙이 적용될 수 있다. 2등은 1등이 될 수 있었다는 기대 때문에 3등보다는 덜 행복하고, 11등을 차지한 사람은 10등 안에 들지 못했다는 실망 때문에 12등보다 덜 행복하다. 그러므로 내부적으로 회사의 순위에 관해 이야기할 때는 고객에게 홍보할 때와 동일한 순위 언어를 사용해야 한다. 즉, 팀원들에게도 우리가 12위라고 말할 게 아니라 상위 20위 안에 들었다고 표현해야 한다. 훨씬 긍정적인 소통 방법이기도 하고, 다음에는 10위 안에 들 수 있도록 동기부여를 할 수도 있기 때문이다.

11
구체적이고 명확하게 하라

◆

◆

미국 32대 대통령 프랭클린 루스벨트는 취임 연설에서 수심 가득한 대공황 시대의 미국인들에게 다음과 같은 유명한 말을 했다.

"제가 확실히 알고 있는 것을 말씀드리겠습니다. 우리가 두려워해야 할 것은 두려움뿐입니다. … 그것은 후퇴를 전진으로 바꾸는 노력을 마비시킵니다."

그런데 루스벨트의 이 말은 옳은 것일까? 누군가를 설득하려고 할 때 두려움은 그의 말처럼 상대를 마비시킬까, 아니면 새로운 동기를 부여할까?

대다수 연구 결과들은 두려움을 일으키는 커뮤니케이션은 보통 메시지 수신자로 하여금 위협을 줄이는 방안을 찾도록 만든다고 말한다. 그러나 여기에 한 가지 중요한 예외가 있다. 두려움을 불러일으키는 메시지가 위험을 묘사하기만 하고 그 위험을 줄일 수 있는 명확하고 구체적이며 효과적인 방법을 알려주지 않는다면, 메시지 수신자는 메시지를 아예 '차단'하거나 본인에게 적용하기를 거부할 수 있다. 결과적으로 그들의 의지는 사실상 마비돼버려서 아무런 행동도 하지 않을 것이다.

하워드 레벤탈Howard Leventhal의 연구팀은 한 실험에서 학생들로 하여금 파상풍 감염의 위험에 대해 자세히 설명하는 공공보건 책자를 읽도록 했다. 학생들이 읽은 소책자 중에는 파상풍에 걸리면 어떻게 되는지를 보여주는 무시무시한 사진이 실린 소책자와 그렇지 않은 것이 있었다. 또한 어떤 학생들에게는 파상풍 주사를 맞을 수 있는 구체적인 일정을 알려줬고, 다른 학생들에게는 알려주지 않았다. 또 다른 학생 그룹에게는 파상풍에 대한 경고를 하지 않은 채 파상풍 주사를 맞을 수 있는 일정을 알려줬다. 결과는 상당히 흥미로웠다. 두려움을 일으키는 메시지를 본 학생들은 두려움을 해소할 방법을 알려준 경우에만, 즉 파상풍 주사를 맞을 수 있는 구체적인 일정을 확인한 경우에만 파상풍 주사를 맞기로 결심한 것이다.

이런 결과는 두려움을 자극하는 설득 전략을 계획할 때 위험을 피할 수 있는 구체적인 방법이 반드시 포함되어야 하는 이유를 설명해준다. 즉, 공포를 무마할 수 있는 행동 방침이 명확하게 전달된다면, '거부' 같은 심리학적 수단을 사용할 필요가 없어진다.

이는 다른 여러 분야에도 적용할 수 있다. 만약 위협 방법을 사용하는 광고라면, 그런 위험을 줄이기 위해서 잠재 고객이 할 수 있는 명확하고 구체적이며 효과적인 방법 또한 반드시 함께 알려줘야 한다. 단순히 당신의 제품이나 서비스가 도움을 줄 수 있다고 떠벌리기만 하면, 오히려 역효과가 일어나서 고객들이 아무런 행동도 취하지 않게 마비시켜버릴 수 있다.

이 연구 결과는 또 다른 중요한 시사점을 제공한다. 예를 들어 조직이 추진하고 있는 대규모 프로젝트에서 어떤 심각한 문제를 우연히 발견했다고 하자. 그렇다면 그 문제를 경영진에게 보고할 때 조직이 할 수 있는 문제 해결 방법을 적어도 한 가지 이상은 제시하는 것이 현명하다. 먼저 경영진에게 사실만 보고하고 나중에 조치를 강구하기로 결정한다면, 당신이 동료들과 함께 대책을 마련했을 즈음에는 경영진이 아예 메시지를 차단해버리거나 그 대책을 인정하지 않을 수도 있다.

특히 의료계나 공공기관에서 일하는 사람들은 이 연구 결과가 함축하는 의미를 알아야만 한다.

비만 환자에게 운동을 더 열심히 해서 살을 빼라고 설득하고 싶은 의사나 간호사는 살을 빼지 못할 경우 발생할 수 있는 위험에 환자의 관심을 집중시키되, 반드시 환자가 실천할 수 있는 구체적인 대책을 함께 전달해야 한다. 다시 말해 구체적인 다이어트와 운동 방법을 알려줘야 한다. 살을 빼지 않을 경우 심혈관계 질환과 당뇨병의 위험이 점점 커진다는 사실만 지적한다면, 환자는 두려움만 느끼고 결국은 어떤 노력도 거부하는 결과만 낳을 수 있다.

또 다른 예로 공공 캠페인의 경우 흡연이라든가 무분별한 성관계 혹은 음주운전 등과 같이 위험한 행동의 결과를 보여주는 섬뜩한 사진만 보여주고 바람직한 행동 계획을 제시하지 않으면 역효과만 초래할 수 있다.

이때 구체적이고 상황과 밀접한 관련이 있는 정보를 함께 제시함으로써 위험한 행동뿐만 아니라 부정직한 행위도 줄일 수 있다. 2015년 말에 우리는 구체적이고 핵심적인 관련 정보를 포함하는 방식을 이용하여 무임승차자가 벌금을 납부하도록 유도하는 실험을 했다.

유효한 티켓 없이 유럽 열차로 여행하다가 적발된 승객은 이후에 벌금을 납부하라는 내용과 함께 기한 내에 벌금을 납부하지 않으면 법정에 출두하게 될 위험이 있다며 경고하는 안내문을 받게 된다. 그 안내문에 법원 건물의 위치를 강조하는 지도를 추가하자 전보다 훨씬 많은 사람들이 신속하게 벌금을 납부하기 시작했다. 안내문에 지도를 넣자 벌금을 제때 내지 않았을 때 벌어질 상황(이 경우에는 법정에 출두하는 것)이 더 명확해졌고, 그에 따라 부정적인 결과를 피하고자 하는 마음이 커졌기 때문이다.

잠재적인 위험을 전달하는 메시지에는 반드시 명확하고 구체적이며 따라 하기 쉬운 계획이 수반돼야 한다는 점을 고려한다면 루스벨트의 연설문은 이렇게 바뀌어야 할 것 같다. "우리가 두려워해야 할 것은 '저절로 나타나는' 두려움입니다."

PART 2

상호성 원칙
호의는 호의를 부른다

◆ ◆

"이 원칙은 사람들의 협력 관계를 형성하고 유지하는 '사회적 딱풀' 같다. 진정 영향력 있는 사람은 먼저 다른 사람들을 도와주거나 양보하는 것이 지혜롭다는 것을 알고 있다."

12
호의, 타인의 마음으로 들어가는 문

◆

◆

2005년 4월 한 주권국가의 의회는 미국 정부의 강력한 비난에도 불구하고 역대 세계 체스 챔피언이자 미국 법률의 지배를 벗어나 망명한 바비 피셔Bobby Fischer에게 자국 시민권을 주기로 결정했다. 9·11 사태를 일으킨 테러범을 대놓고 편들기도 했던 이 골칫거리 무법자를 보호하기 위해 미국이라는 강대국과 얼굴을 붉히는 것도 개의치 않은 나라는 대체 어느 나라였을까? 이란? 혹시 시리아? 아니면 북한?

피셔에게 시민권을 주기로 만장일치로 결정한 나라는 아이슬란드였다. 이 나라는 그동안 미국의 충실한 우방으로 알려져 있었다. 하고많은 나라 중에서 왜 하필 아이슬란드가 쌍수를 들고 바비 피셔를 환영했을까? 특히 그가 미국의 규정을 위반하고 사회주의국가인 유고슬라비아에 가서 500만 달러짜리 체스 경기에 참가한 후에 말이다.

이 문제에 대한 답을 알아내려면 시곗바늘을 30년 이상 뒤로 돌려야한다. 1972년 세계챔피언이자 러시아의 체스 달인 보리스 스파스키Boris

Spassky와 도전자 바비 피셔는 세계 체스 챔피언십 대회에 참가할 예정이었다. 체스 역사상 이보다 더 열렬히 홍보된 대회는 없었고, 어디를 가나 이 체스 게임에 대한 관심은 대단했다. 냉전시대의 절정에 열린 이 경기는 '세기의 체스 경기'로 불렸다.

전형적인 기행을 일삼았던 피셔는 개막식 날 아이슬란드에 도착하지 않았다. 사실 이 경기가 정말로 열릴지도 의심스러웠다. 왜냐하면 관계 당국이 피셔의 수많은 요구를 들어주기란 불가능해 보였기 때문이다. 피셔는 텔레비전 중계를 금지하라거나 입장료 수익의 30퍼센트를 자기 몫으로 달라는 등 얼토당토않은 요구를 했다. 마침내 파격적으로 상금을 두 배로 올리고 진 빠지는 설득을 한 끝에(당시 미국 국무장관 헨리 키신저가 전화를 걸어 통사정을 했다) 피셔는 못 이기는 척 아이슬란드로 날아갔다. 그리고 스파스키를 거뜬히 해치웠다. 경기가 끝났을 때 미국은 물론이고 전 세계 신문들이 이 사건을 보도했다. 아이슬란드는 끊임없이 물의를 일으키는 피셔의 페르소나를 기꺼이 참아줬다. 아이슬란드의 어떤 기자의 말처럼, 그가 아이슬란드라는 나라를 전 세계 사람들의 머릿속에 각인시켰기 때문이다.

이것은 피셔가 고립된 나라에 준 상당히 뜻 깊은 선물처럼 보였다. 아이슬란드 사람들에게는 그 정도로 큰 의미가 있었기 때문에 수십 년이 지난 후에도 그를 잊지 않았다. 아이슬란드의 외무부장관은 "피셔가 우리나라에서 열렸던 특별한 이벤트를 통해 우리에게 해줬던 일은 30년도 더 된 일이지만 사람들은 아직도 또렷이 기억하고 있다"고 말했을 정도다. BBC의 분석에 따르면 "아이슬란드 사람들은 피셔에게 피난처를 제공함으로써 은혜를 갚을 수 있다는 사실에 신이 났던 것"이다. 많은 사람들이 피셔를 비호감이라고 생각하는데도 말이다.

이 사건은 '상호성 원칙'의 중요성과 보편성을 잘 보여준다. 상호성 원칙이란 다른 사람으로부터 받은 것을 갚아줘야 한다는 의무감을 느끼는 경향을 말한다. 이 원칙은 일상적인 사회생활, 사업상 거래, 가까운 인간관계 등에서 우리가 공정하게 행동할 수 있도록 유도한다. 그리고 다른 사람들과 신뢰를 쌓을 수 있도록 도와준다.

데니스 레건Dennis Regan의 연구팀은 상호성 원칙에 대해 고전적인 실험을 실시했다. 이 실험에서는 '조'라는 이름의 낯선 사람이 실험 참가자들에게 아무 이유 없이 작은 선물(콜라 캔 하나)을 줬다. 그런 다음 조는 복권을 사달라고 부탁했는데, 선물을 받은 사람들이 선물을 받지 않은 사람들보다 두 배 더 많이 조의 부탁을 들어줬다. 음료수 선물을 준 것과 복권을 사달라는 요청 사이에 어느 정도 시간 간격이 있었으며, 복권을 사달라고 부탁하면서 자신이 선물을 주었다는 사실을 언급하지 않았음에도 불구하고 이런 결과가 나왔다.

그렇다면 피셔가 상당히 골치 아픈 인물이었음에도 아이슬란드 정부가 그에게 은혜를 갚아야 한다는 의무감을 느낀 이유 또한 짐작할 수 있다. 그동안 호감과 요청의 수락 간에는 일반적으로 강한 연관관계가 있다고 알려져 있었다. 그런데 흥미롭게도 조가 준 콜라 한 캔을 받은 사람들은 그에 대한 호감과 완전히 무관하게 복권을 구입하기로 결정했다. 다시 말해 선물을 받은 사람들 중에서 조를 좋아하지 않는 사람들도 복권을 구입했다. 이것은 '빚을 졌다'는 의무감이 호감의 효과를 능가할 수 있음을 보여준다.

이런 사실은 상대방을 설득하려 하거나 또 다른 사람으로부터 부담스러운 부탁을 받은 사람에게는 반가운 소식이다. 물론 단기적으로는 아무 이익이 없어 보일 수도 있다. 그러나 진정한 의미의 영향력 있는 사람이 되고 싶다면, 먼저 다른 사람들을 도와주거나 양보를 하는 것이 지혜로운 행동이다.

팀원이나 동료 또는 지인들에게 먼저 다가가 도움을 준다면 그들의 마음속에 '언젠가 우리를 도와주거나 편들어줘야 한다'는 사회적인 의무감을 심어준 것과 같다. 만일 직장상사에게 도움을 준다면 그는 당신을 '자기 사람'으로 볼 것이고, 그런 관계는 도움이 필요할 때 유리하게 작용할 수 있다. 한편 치과에 가야 하는 부하직원에게 조금 일찍 퇴근하라고 하는 팀장은 지혜로운 투자를 한 것이다. 그 부하직원은 팀장의 호의에 보답할 필요를 느낄 것이며, 앞으로 언젠가 중요한 프로젝트를 진행해야 할 일이 생긴다면 야근을 자청할지도 모른다.

우리는 다른 사람들에게 도와달라고 설득하거나 그들의 마음을 움직여야 할 때 속으로 '누가 나를 도와줄 수 있을까?'라고 생각하는 실수를 종종 범한다. 그것은 사람의 마음을 사로잡는 근시안적인 접근 방법이다. 대신 '내가 누구를 도울 수 있을까?'라고 생각하는 것이 훨씬 생산적인 태도다. 상호성 원칙과 그에 따르는 사회적인 의무감은 후에 당신이 하는 부탁의 수락 성공률을 높여주기 때문이다. 경영의 본질이 다른 사람의 힘을 빌려 문제를 해결하는 것이라면, 당신에게 빚진 사람이 많으면 많을수록 회사는 더 번창할 수 있을 것이다. 유익한 정보, 너그러운 양보, 친절한 배려 등 도움을 받은 적이 있는 사람은 자신이 진 빚을 언젠가 갚을 것이다. 마찬가지로 우리가 친구, 이웃, 파트너, 자녀들을 먼저 도와주면, 그들도 언젠가 우리의 부탁을 들어줄 것이다.

이런 주고받음의 관계가 특히 중요한 사람들이 있다. 바로 고객 서비스 담당자들이다. 만약 당신이 받은 영수증에 잘못된 금액이 입력됐거나 비행기 표를 급히 바꿔야 한다거나 뭔가를 돌려받아야 할 일이 생겼다고 치자. 당신은 해당 기업에 연락을 할 테고, 이 경우 대부분은 별로 친절하지 않은 고객서비스 담당자들을 만나게 될 것이다. 그런 불쾌한 경험을 하지 않으려면 이렇게 해보자. 만약 어떤 고객서비스 담당자와 통화를 시작한 지 얼마 안 돼서 그 사람이 특별히 친절하고 예의 바르며 말을 잘 들어준다고 느껴진다면(아마도 곤란한 요구를 하기 전이라 그렇겠지만), 그 사람에게 "서비스가 너무 좋아서요. 전화를 끊은 후에 당신의 상사에게 감사의 뜻을 전하고 싶어요"라고 말하자. 이와 같은 식으로 상사의 연락처와 담당자 이름을 알아낸 다음 해결해야 할 까다로운 문제를 꺼내보자(또는 볼일이 끝난 후에 서비스가 좋으니 상사에게 전화를 돌려주면 담당자를 칭찬하겠다고 말하는 것도 좋다).

　이런 방법이 왜 효과적인지는 심리학적으로 중요한 이유가 몇 가지 있지만, 가장 강력한 요인은 상호성 원칙이다. 당신이 누군가에게 호의를 베풀었다면, 이제 그 사람은 호의를 되갚아야 할 의무감을 가질 것이다. 그리고 나중에 돈 한 푼 안 드는 짧은 이메일을 쓰는 것만으로 실망스럽고 짜증스럽게 끝날 (어쩌면 큰 소리가 오갈 수도 있는) 전략적인 줄다리기를 벌이지 않아도 된다. 당신이 약속을 지키기만 한다면, 이 전략은 도덕적이고 효과적이다.

13
하늘은 '정성'을 다하는 자를 돕는다

◆

◆

설득의 마술봉이 될 수 있는 사무용품은 무엇일까? 지금 책상 앞에서 이 책을 읽고 있다면 이 질문에 대한 답은 손을 뻗으면 닿을 거리에 있다. 그게 뭘까? 클립? 볼펜? 연필? 손목보호대? 스테이플러? 자? 프린터? 사무실 책상 서랍은 실용적인 물건들로 가득 차 있다. 그중에 어떤 것이 우리의 마술봉이 될 수 있을까?

사회과학자 랜디 가너Randy Garner는 (3M에서 나온 일명 '포스트잇'이라고 하는) 끈적끈적한 메모지에 글을 써서 부탁하면, 다른 사람의 마음을 움직이는 데 도움이 되는지 알고 싶었다. 그는 흥미로운 실험을 실시했는데, 포스트잇을 이용해 사람들에게 설문지를 작성해달라고 부탁한 것이다. 즉, 한 그룹에는 설문지를 작성해달라는 요청을 포스트잇에 쓴 다음 설문지 표지에 붙여주었고, 다른 그룹에는 똑같은 말을 표지에 바로 써서 줬다. 그리고 또 다른 사람들에게는 표지에 아무것도 쓰거나 붙이지 않고 설문지만 줬다.

작은 노란색 사각형 메모지는 꽤 효과가 있었다. 표지에 포스트잇을 붙인 설문지를 받은 사람들은 75퍼센트 이상이 빈칸을 다 채워서 제출했다. 한편 두 번째 그룹에서는 48퍼센트, 세 번째 그룹에서는 36퍼센트만이 그렇게 했다. 어째서 이런 결과가 나왔을까? 단순히 형광색 포스트잇이 미모를 뽐내며 시선을 잡아끌었던 것일까?

가너는 자신에게 똑같은 질문을 던져봤다. 그는 가설을 검증하기 위해 새로운 실험을 설계했다. 전체 실험 참가자의 3분의 1에게 뭔가를 요청하는 포스트잇을 붙인 설문지를 줬고, 다른 3분의 1에게는 아무것도 적지 않은 포스트잇을 붙인 설문지를 줬다. 나머지 3분의 1의 참가자에게는 포스트잇을 아예 붙이지 않은 설문지를 줬다. 포스트잇을 사용했을 때 나타난 효과가 단지 형광색이 사람들의 시선을 잡아끌었기 때문이라면, 첫 번째와 두 번째 그룹의 반응이 똑같아야 한다. 그러나 결과는 다르게 나타났다. 요청을 적은 포스트잇을 붙인 경우 설문지를 작성한 사람의 비율은 69퍼센트였고, 아무것도 적지 않은 포스트잇을 붙인 경우에는 43퍼센트, 마지막으로 포스트잇을 아예 붙이지 않은 경우에는 34퍼센트가 설문지를 작성했다.

그렇다면 이것을 어떻게 설명해야 할까? 포스트잇에 메시지를 적고 표지에 붙이는 데 큰 노력이 필요한 것은 아니지만, 사람들은 별도로 들어간 노력과 개인적인 정성을 인정해준다는 것이 가너가 내린 결론이다. 사람들은 개인적인 정성에 보답하기 위해 요청을 들어줘야 한다고 느끼는 것이다. 어쨌든 상호성 원칙은 사람들이 협력적인 관계를 형성하고 유지하게 해주는 사회적인 딱풀 같은 것이다. 그리고 우리는 그것이 포스트잇 뒷면에 발라져 있는 접착제보다 훨씬 더 강력하다고 장담할 수 있다.

실제 증거는 훨씬 더 명확하다. 가너는 개인적인 정성이 들어간 포스트잇을 설문지에 붙이면, 단순히 더 많은 사람들을 설득하는 것 이상의 효과가 있다는 사실을 발견했다. 즉, 손으로 적은 포스트잇 메시지를 받은 사람들은 좀 더 빨리 설문지를 제출했고, 더 자세하고 신중하게 질문에 답을 했다. 그리고 연구자가 자기 이름을 적거나 '고맙습니다!'란 말을 덧붙이는 식으로 개인적인 느낌을 더 많이 가미한 경우에는 설문 응답률이 훨씬 더 치솟았다.

다른 사람에게 부탁을 할 때 개인적인 정성을 많이 표현할수록 그 사람이 부탁을 들어줄 확률이 더 높아진다. 좀 더 구체적으로 사무실이나 지역사회 혹은 가정에서 커뮤니케이션을 할 때 개인적인 정성이 들어간 포스트잇을 이용하면, 전달하는 메시지의 중요성을 강조할 수 있을 뿐 아니라 앞다투어 관심을 가져달라고 외치는 보고서나 우편물 더미속에 파묻히지 않게 할 수 있다. 게다가 메시지를 받은 사람이 좀 더 빨리 그리고 성의 있게 부탁을 들어줄 가능성도 높아진다.

요점은 이것이다. 누군가를 설득하기 위해 메시지를 작성할 때 조금만 정성을 쏟아도 결과가 몰라보게 달라진다는 점이다. 다시 말해 포스트잇만이 우리의 유일한 구세주는 아니다. 어떤 방식으로든 정성을 표시하는 것이 중요하다.

14
작은 것이라도 의미를 부여하라

◆

◆

식사를 마치고 계산을 하면서 계산대에 놓인 박하사탕 바구니에 손을 뻗는다. 분명 식후에 먹는 박하사탕이 입 안을 상쾌하게 만들어주긴 하지만, 식당과 서빙하는 직원의 입장에서 박하사탕 바구니를 계산대에 두는 것은 별 효력이 없는 일일지도 모른다.

이보다 훨씬 더 효과적인 방식으로 사탕을 제공하는 식당도 많이 있다. 이런 식당에서는 손님들이 식사를 마치면 서빙하는 직원이 작은 선물을 준다. 선물이라고 해봤자 은쟁반에 계산서와 함께 초콜릿이라든가 캔디를 얹어줄 뿐이지만, 이 작은 선물은 실제로 놀라운 설득력을 발휘한다.

행동과학자 데이비드 스트로메츠David Strohmetz의 연구팀은 식사를 마친 손님들에게 약간의 과자류를 제공하는 것이 서빙 직원의 팁에 어떤 영향을 미치는지 확인하기 위한 실험을 진행했다. 첫 번째 실험 조건에서는 서빙 직원이 계산서를 갖다주면서 손님들에게 각각 사탕 한 개씩을 쳤다. 사탕을 받은 손님들이 준 팁의 평균과 사탕을 받지 못한 손님들이 준 팁의 평균은 어떻게 달랐을까? 대단치는 않지만 사탕을 받은 손님들이 준 팁이 3.3퍼센트 더 많은 것으로 나타났다.

두 번째 실험 조건에서는 서빙 직원이 손님들에게 각각 사탕을 두 개씩 줬다. 개당 10원밖에 안 하는 사탕을 하나 더 줬을 뿐인데, 이 경우 손님들이 준 팁은 사탕을 받지 못한 손님들이 준 팁보다 14.1퍼센트 더 많았다. 상호성 원칙을 생각한다면 이런 결과를 예상하기란 어렵지 않다. 누군가 우리에게 더 많은 것을 줄수록 우리는 보답해야 한다는 의무감을 더 많이 느끼기 때문이다. 그렇다면 선물을 주거나 호의를 베풀 때 가장 설득력을 높일 수 있는 요인은 무엇일까? 세 번째 실험 조건은 그 답을 알려준다.

세 번째 실험 조건에서는 서빙 직원이 먼저 손님들에게 각각 사탕 한 개씩을 줬다. 그러고는 '이만 가보겠다'는 듯 뒤돌아서서 가다가 다시 돌아와 주머니에서 두 번째 사탕을 꺼내 손님들 앞에 하나씩 더 놓아주었다. 이런 행동은 이렇게 말하는 것처럼 보인다. "오, 이렇게 멋진 손님들께는 사탕을 하나 더 드려야겠어요." 결과는 어떻게 됐을까? 팁의 평균 액수가 23퍼센트 더 증가했다.

이 연구는 선물이나 호의가 가진 설득력과 그에 대해 보답받을 가능성을 높이는 세 가지 요인을 말해준다.

첫째, 받는 사람은 자신이 받은 것을 의미 있게 생각한다. 손님들에게 사탕 하나가 아니라 두 개를 주면 팁의 평균이 3.3퍼센트에서 14.1퍼센트로 증가하는 효과가 있었다. 주의해야 할 점은 '의미 있다'는 것이 반드시 비싸다는 뜻이 아니라는 것이다. 사탕 두 개는 몇 십 원에 불과하다. 그런데 세 번째 조건에서 추가된 중요한 요인에 주목해야 한다. 경제적인 관점에서 두 번째 조건과 세 번째 조건은 동일하다. 두 경우 모두 손님들은 식사를 마친 후 서빙 직원으로부터 사탕 두 개를 받았다. 받은 양은 차이가 없었다. 그러나 선물을 받은 방식에 차이가 있었다. 바로 여기서 선물을 더 설득력 있게 만드는 나머지 두 가지 요인을 발견할 수 있다.

즉, 선물이 얼마나 예상 밖의 것인지, 그리고 얼마나 개인적인 것인지가 중요하다. 세 번째 조건의 손님들은 아마도 사탕 한 개를 받은 후에 서빙 직원이 뒤돌아서 갈 것이라고 생각하며 서빙 직원의 얼굴을 다시 볼 일이 없을 줄 알았을 것이다. 바로 그렇기 때문에 두 번째 사탕은 예기치 못한 것이 됐다. 그리고 서빙 직원은 손님들에게 특별한 호감을 느낀 듯이 행동하면서 두 번째 사탕 선물이 개인적인 의미가 담긴 것처럼 보이게 했다.

물론 모든 테이블에 이런 전술을 사용한다면, 결국 얄팍한 상술밖에는 되지 않을 뿐만 아니라 그 효과도 오래가지 못할 것이다. 모든 손님들에게 똑같은 행동을 한다는 것을 들키는 순간 추가 사탕은 더 이상 의미 있고 예기치 못한 개인적인 선물이 아니기 때문이다. 대신에 교활한 속임수로 비쳐서 역효과를 일으킬 것이다. 그러나 이 실험의 교훈을 도덕적인 방식으로 이용할 수 있다. 선물이나 호의의 가치를 인정받으려면, 무엇이 받는 사람에게 진정으로 의미가 있고 예기치 못한 개인적인 선물이 될지 깊게 연구해야 한다.

결론적으로 말하면, 나가는 문 앞에 사탕바구니를 놓아두는 것은 서빙 직원이 손님들에게 감사의 표시를 하고 또 감사의 표시를 되받을 수 있는 중요한 기회를 포기한다는 것을 의미한다. 고작 몇 십 원짜리 사탕으로 손님의 가치가 그보다 훨씬 더 크다는 것을 보여줄 수 있는데도 말이다.

15
부탁으로 협상을 주도할 수 있다?

◆

◆

협상은 까다로운 작업이다. 구매자 입장에서는 사려는 물건이 가격만큼의 가치를 하는지 확신해야 하지만 너무 큰 비용을 지불하고 싶지는 않다. 반대로 판매자는 최대한의 이윤을 얻으려 할 것이다. 필연적으로 두 사람은 각자의 비용과 이윤에 대한 정보를 비밀로 유지하기 위해 무척이나 애를 쓸 수밖에 없다. 따라서 거래를 성사하는 과정이 때로는 상당히 부담스럽고, 의심스러우며 공격적일 수 있다는 사실은 결코 놀랍지 않다.

그렇다면 다음번 협상에서 상대방을 설득하여 경쟁관계 대신 협력관계를 조성하고 동시에 거래가 성사될 가능성을 높일 수 있는 전략이 있을까?

워싱턴 DC의 조지타운대학교 경영대학원에서 발표한 연구에 따르면, 협상 중에 한 발 물러나 양보한 후에 상대에게 자신의 부탁을 들어달라고 요청하는 협상가가 더 유리한 입장에 선다고 한다. 이런 협상가는 거래를 성사시키기 위해 협력적인 분위기를 조성하며 실제로 거래가 성사될 확률을 높인다는 것이다.

어째서 그럴까? 양보한 후에 곧바로 어떤 부탁을 할 경우 상대방은 그 협상에서 우리가 희생을 했다고 생각하는 경향이 있다. 특히 판매자가 부탁을 하는 경우에는 일반적으로 비용이 발생하기 마련이라, 상대방이 그 희생을 크게 느끼게 되며 상호 신뢰를 갖고 협상을 따를 가능성이 커진다.

이 이론은 한 가지 실험을 통해 입증되었다. 이 실험은 공급자들과 구매자들을 짝지어놓고, 공급자 중 절반은 잠재적 구매자에게 가격을 할인해준 즉시 한 가지 부탁을 하도록 했다. 예를 들어 평범한 수준으로 상품의 가격을 할인해준 다음 구매자에게 긍정적인 내용의 온라인 후기를 올려달라고 요청하거나 동료에게 추천을 해달라고 부탁하는 식이었다. 그리고 나머지 절반의 공급자에게는 다른 부탁 없이 구매자에게 할인만 제공하도록 했다.

단순히 가격만 할인했을 때는 40퍼센트의 구매자가 협상에 동의했으나, 가격 할인에 부탁을 추가하자 인상적인 결과가 나타났다. 협상에 동의한 구매자가 62퍼센트까지 증가한 것이다. 부탁을 들어주는 데 드는 비용을 구매자가 부담한다는 사실을 고려하면 주목할 만한 결과가 아닐 수 없다. 연구진은 이처럼 호의를 베푸는 동시에 부탁을 하는 방법의 효과가 다양한 상호작용으로 이루어진 협상에서도 적용된다는 것을 알아냈다. 이 방법은 지금 당장 거래를 성사시키기 위한 속전속결의 단순한 전술보다 훨씬 더 효율적인 접근법이라 할 수 있다. 그러므로 협상이 장기전으로 돌입했을 때 이 전략을 더 유용하게 써먹을 수 있다.

협상 및 판매 성공률을 높여야 하는 상황에서 이 전략을 사용한다면 큰 도움이 될 뿐만 아니라 호의를 베푸는 것이 이미 협상 카드에 포함되어 있으니 더 이상 추가될 비용도 없다. 그리고 긍정적인 리뷰와 추천이라는 추가적인 혜택도 얻을 수 있다는 점에서 이 방법은 협상을 한층 흥미롭게 해줄 것이다.

16
도울 때는 조건 없이, 순수하게

◆

◆

    앞에서 우리는 대부분의 호텔에서 고객들에게 수건 재사용을 권유하기 위해 환경보호의 중요성을 강조하는 방식을 사용한다는 것을 살펴보았다. 하지만 몇몇 호텔의 경우 고객들의 협조를 유도하기 위해 손님들에게 인센티브를 제공하는 또 다른 방식을 사용하기도 한다. 다시 말해, 손님들이 수건을 재사용할 경우 호텔 측이 전기 절감액 중 일부를 비영리 환경보호 단체에 기부할 것임을 명시하는 것이다.

    이런 메시지를 생각해내는 사람들이 인센티브가 효과적일 것이라고 생각하는 이유는 짐작할 만하다. 대부분의 사람들 역시 직관적으로 인센티브는 효과가 있을 것이라고 생각한다. 예를 들어 아이들이 방을 치우게 하는 데 아이스크림만큼 뛰어난 효과를 발휘하는 것은 없으며, 적절한 타이밍에 알맞은 보상을 해주면 늙은 개에게도 새로운 기술을 가르칠 수 있고, 월급봉투는 아침마다 침대에서 꾸물거리는 시간을 줄여주는 힘이 있다.

비록 호텔에서 제공하는 인센티브가 손님들에게 직접적으로 도움이 되는 것은 아니더라도 참여할 의욕을 느낄 가능성은 높아 보인다. 어쨌든 환경 단체에 혜택이 돌아가기 때문이다. 그런데 이것은 정말로 효과가 있을까? 이 점을 알아보기 위해 우리는 같은 호텔에서 또 다른 실험을 실시했다. 어떤 방에는 환경보호를 강조하는 평범한 카드를 뒀고, 다른 방에는 인센티브를 약속하며 협조를 구하는 카드를 뒀다. 결과는 어땠을까? 인센티브를 약속한 카드나 환경보호를 강조하는 카드나 효과면에서 별반 다르지 않았다. 왜 그럴까?

실제로 이 메시지가 일반적인 방법보다 더 높은 설득력을 갖게 하려면 메시지에 약간의 변화를 줘야 한다. 상대방이 먼저 호의를 베풀어야만 보답을 하겠다는 사람에게 협조해야 할 의무는 없다. 그런 종류의 교환은 경제적인 거래에서나 통할 뿐이다. 한편 이미 받은 호의를 되돌려주는 상호성 원칙에는 대단히 강력한 의무감이 형성되기 마련이다. 그러므로 호텔 측에서 인센티브를 빌미로 고객들에게 협조를 요청하는 것이 일반적인 방법보다 별 효과가 없는 것은 당연하다. 호텔 측에서 먼저 준 것이 없기 때문에 사람들 역시 호텔의 요청을 들어주어야 할 의무감을 느끼지 않는 것이다.

인센티브를 약속하는 내용의 카드를 사용하는 호텔들은 협조에 대해서는 제대로 접근했지만 순서를 잘못 적용했다. 즉, 호의의 순서를 바꿨어야 했다. 다시 말해 호텔이 먼저 조건 없이 환경단체에 기부를 한 다음 손님들에게 수건 재사용에 적극 동참해달라고 부탁해야 한다. 우리는 이런 의견을 반영한 세 번째 메시지를 만들어 실험해봤다.

세 번째 메시지는 비영리 환경보호 단체에 기부하는 문제를 언급했다는 점에서 인센티브를 이용하는 메시지와 비슷했다. 하지만 이전의 메시지는 손님들이 먼저 협조한다는 조건이 충족돼야만 기부를 하겠다고 한 반면, 이번 메시지는 호텔이 이미 손님들을 대신해 환경보호 단체에 기부를 했다고 밝혔다. 그런 다음 손님들에게 수건을 재사용하는 행동으로 이에 보답해달라고 요청했다.

놀랍게도 상호성 원칙을 이용한 메시지는 인센티브를 약속한 메시지보다 참여율이 45퍼센트 더 높았다. 이런 결과는 호소하는 내용은 거의 같지만 약간 다른 메시지를 전달한다는 점에서 볼 때 매우 흥미롭다. 물론 두 메시지 모두 호텔이 비영리 환경보호 단체에 돈을 기부하고 있다는 사실을 손님들에게 알려줬다. 그러나 상호성 원칙을 이용한 메시지는 호텔이 먼저 행동으로 보여줬다는 점을 분명히 밝힌다. 즉, 손님들의 참여를 촉구하기 위해 상호성의 힘과 사회적 의무감을 이용한 것이다.

이런 결과는 중요한 의미를 가진다. 즉, 동료든 고객이든 그냥 아는 사람이든 다른 사람의 협조를 구할 때는 순수하고 완전하게 무조건적인 방식으로 먼저 도움을 줘야 한다. 다시 말해 상대방에게 영향력을 행사하여 원하는 것을 얻으려면, '누가 나 좀 도와줄래요?' 대신 '누구 도움 필요한 사람 있어요?'라고 묻는 편이 낫다. 이 방식으로 접근하면 상대방의 동의를 얻어낼 가능성이 커진다. 게다가 연약하기 짝이 없는 인센티브 시스템 대신 신뢰와 상호 이해를 바탕으로 한 굳건한 토대 위에서 협력관계를 수립할 수도 있다. 이렇게 시작한 관계야말로 오래 지속된다. 만약 약속한 인센티브를 더 이상 제공할 수 없거나 상대방이 인센티브를 바라지 않는 상황이 되면, 그 즉시 당신이 세운 연약한 다리는 금이 가고 이내 무너지고 말 것이다.

17
기업의 사회적 책임이 불러오는 효과

◆

◆

　오늘날 과거 어느 때보다 많은 기업이 사회적 책임을 다하기 위해 다양한 활동을 펼치고 있다. 기업의 사회적 책임Corporate Social Responsibility, 즉 CSR이란 회사 차원에서 자선 단체를 지원하고 직원들의 근무시간을 자원봉사에 할애하는 등 사회에 도움이 되는 활동을 하거나, 몇몇 인지도 높은 브랜드의 경우 정당하게 세금을 납부하여 기업 이미지를 향상시키고, 직원들의 참여도를 증진하며, 고객들 사이에서 호감도를 높이는 것을 의미한다.

　이론적으로는 맞는 말이다. 기업이 사회적 책임을 위한 활동을 함으로써 수치화할 수 있는 이익을 얻는다는 사실을 부정하는 사람은 없다. 실제로 이런 활동이 회사의 평판과 직원 몰입도를 높여주기 때문이다. 무엇보다 놀라운 것은 이런 활동이 소비자 호감도를 향상시키는 동시에 고객이 회사 제품에 내리는 평가에도 영향을 끼친다는 사실이다.

　조직이 선행을 베푼다고 해서 그 회사 제품의 품질에 대한 평가가 변한다는 것은 논리적으로는 이해하기 힘들다. 매일 아침 출근길에 커피를 사서 마시는 사람이 그 커피를 즐기는 건 당연한 일이지만, 커피를 판매한 회사가 수익의 일부를 자선 단체에 기부하기 때문에 커피 맛이 더 좋다고 말하는 사람이 있을까? 마찬가지로 치약 제조사가 사회적 대의에 이바지한다고 해서 그 제품을 사용한 소비자의 치아가 더 하얗게 빛난다고 평가하는 것도 우스운 일이다.

그러나 노스웨스턴대학교 켈로그경영대학원 연구팀에 따르면, 사회에 도움이 되는 활동을 하는 브랜드의 제품이나 서비스가 경쟁 회사의 것과 동일한 경우에도 이런 경우가 있다고 한다.

연구팀은 소비자를 초대하여 한 포도밭에서 생산한 와인을 평가하는 실험을 진행했다. 참가자 전부는 아무 표시 없는 플라스틱 컵에 담긴 레드 와인 샘플과 함께 포도밭을 소개하는 카드를 받았다. 거기에는 포도의 풍미에 관한 정보와 수확 기술이 적혀 있었는데, 참가자 중 절반에게는 와인에 대한 정보와 함께 '이 포도밭은 판매 수익의 10퍼센트를 미국 심장협회American Heart Association에 기증합니다'라며 와인을 생산한 포도밭이 사회적 대의에 헌신하고 있다는 설명이 적힌 카드를 주었다. 이 카드를 읽고 와인을 맛본 참가자들은 와인 맛을 1부터 9까지 점수로 평가했고, 원래 와인에 대해 잘 알고 있었는지 여부도 대답했다.

결과는 대단히 인상적이었다. 포도밭에서 자선 단체를 지원한다는 정보를 알게 된 참가자 중 많은 수가 그 정보를 알지 못한 참가자들보다 높은 점수를 주었다. 전부가 아니라 많은 수라고 한 까닭은 추가로 제공된 정보의 영향을 받지 않은 특정한 소비자 집단이 있었기 때문이다. 자신을 와인 감별사로 여기는 일부 소비자에게는 포도밭에서 자선 단체에 기부를 한다는 사실이 아무 영향을 미치지 못했다. 그들이 와인에 준 점수는 통제 집단의 와인 애호가들이 추가 정보를 모른 채 평가한 점수와 비슷했다.

따라서 조직의 선행이 가장 크게 영향력을 미칠 수 있는 대상은 제품과 서비스에 대한 지식이나 경험이 제한된 소비자이다. 또한 제품과 서비스의 질을 평가하기 어려운 상황이거나 명확한 선호도가 없는 소비자에게 더 분명한 영향력을 발휘할 가능성이 높다. 즉, 이 법칙이 모두에게 해당하지는 않는다. 하지만 이 법칙의 영향을 받는 소비자들은 여전히 많다. CSR 프로그램을 통해 소비자들에게 영향을 미치기 위해서는 다음 두 가지가 선행되어야 한다.

첫째, 의사결정자를 설득하여 CSR 프로그램이 그만한 가치가 있다는 확신을 주어야 한다. 이는 쉬운 일은 아닐지도 모른다. 상급 관리자들은 CSR 프로그램이 사업에 미칠 수 있는 영향을 상당히 과소평가하는 경향이 있는데, 이는 전적으로 논리적인 입장에서만 보기 때문이다. 그러나 인간 행동과 의사 결정에 관련된 전략을 수립할 때는 언제나 논리적인 관점과 함께 심리학적인 관점도 함께 고려해야 한다. 게다가 CSR 프로그램은 확실히 '착한 일'에 '착한 결과'를 되돌려준다.

둘째, 회사의 선행과 사회적 책임 활동을 홍보할 때 과시하는 태도나 독선적인 모습을 보이지 말아야 한다. 이와 관련하여 참고할 만한 연구 결과를 보면, 회사의 자선 활동을 직접 광고하는 건 크게 도움이 되지 않는다. 회사의 선한 면모를 더욱 효과적으로 각인시키고 싶다면 소비자가 제3자로부터 그 정보를 접하도록 만들어야 한다. 따라서 소셜미디어와 홍보 캠페인은 상황에 따라 선택적으로 사용해야 한다.

만약 그럼에도 고위 경영진이 확신하지 않으면 CSR 프로그램의 다른 장점을 상기시켜야 한다. 바로 소비자 충성도이다. 기업의 CSR 활동을 인지하는 소비자는 브랜드 충성도가 높으면서도 가격 상승에는 덜 민감하며, 해당 기업이 비판받을 일이 생겨도 브랜드를 옹호할 가능성이 매우 높다.

특히 이 부분은 교묘하게 세금 납부를 피하는 회사에서 진지하게 생각해볼 문제이다. 기업이 정당하게 행동해야 하는 이유가 오로지 사회적 책임에만 있는 건 아니다. 소비자의 충성도가 향상되면 그들은 그 브랜드에 더 큰 비용을 지출할 것이다. 그만한 혜택은 다른 방법으로는 획득하기 어렵다. 그런데 이쯤에서 과연 반대 경우는 어떨지 재미있는 궁금증이 생긴다. 세금을 정당하게 납부하지 않는 회사의 제품은 인기가 없을까? 그 대답은 다음 기회에 다시 살펴보자.

18
호의가 호의인 줄 알게 하라

◆

◆

누군가에게 먼저 선물을 주거나 호의를 베풀면, 받는 사람이 그에 보답하려는 사회적 의무감을 느낀다는 사실을 이제 확실히 알 것이다. 그런 선물이나 호의가 유익한 정보를 주는 것이든, 동료에게 친절을 베푸는 것이든, 포스트잇에 개인적인 정성을 담는 것이든 혹은 바비 피셔의 경우처럼 전 세계 사람들에게 한 나라를 분명하게 인식시키는 것이든, 사람들은 받은 만큼 돌려줘야 한다는 사회적 의무감을 느낀다. 그런데 이런 선물이나 호의의 영향력은 시간이 지날수록 어떻게 변할까? 빵처럼 시간이 지남에 따라 곰팡이가 생기고 썩어 없어지는 것일까? 아니면 와인처럼 향기가 더 그윽해지면서 가치가 높아지는 것일까? 프랜시스 플린Francis Flynn의 연구에 따르면, 그것은 도움을 주는 입장이었느냐 혹은 받는 입장이었느냐에 따라 양상이 달라진다.

플린은 미국의 대규모 항공사의 고객 서비스 부서에서 일하는 직원들을 상대로 조사를 벌였다. 이 업종을 택한 이유는 동료들이 서로 순번을 바꿔주면서 도움을 주고받는 경우가 흔하기 때문이다. 연구팀은 전체 직원 중 절반에게는 동료에게 도움을 줬던 경우를 적어보라고 했다. 그리고 나머지 절반에게는 동료로부터 도움을 받았던 경우를 적어보라고 했다. 그다음 실험에 참여한 모든 직원들에게 각자가 인식한 호의의 가치를 표시하고 또 도움을 주거나 받았던 경험이 얼마나 오래전에 일어난 일인지 명시해달라고 요청했다. 그 결과 도움을 받은 사람은 그런 경험을 한 직후에는 도움의 가치를 크게 느꼈지만 시간이 지날수록 점점 더 작게 느꼈다. 반면 도움을 준 사람은 정반대의 결과를 보여줬다. 그들은 도움을 준 직후에는 도움의 가치를 작게 느꼈지만 시간이 지날수록 점점 더 크게 느꼈다.

이런 결과는 시간이 지날수록 사건에 대한 기억이 왜곡된다는 것을 말해준다. 그리고 사람들은 자신에게 가장 유리한 관점에서 모든 일을 보는 경향이 있다는 것도 보여준다. 도움을 받은 사람은 당시에 그다지 도움이 필요하지 않았다고 생각하고, 도움을 준 사람은 자신이 남다른 수고를 했다고 생각하는 것이다.

우리는 이런 사실을 통해 다른 사람을 효과적으로 설득하는 방법에 대한 힌트를 얻을 수 있다. 우리가 누군가를 도와줬다면 그 도움은 시간이 지남에 따라 가치가 커진다. 그러나 우리가 도움을 받은 입장이라면 그 도움의 가치는 점점 바래진다. 따라서 자신을 각각의 입장에 대입해보고 사람들의 심리를 짐작할 수 있어야 한다. 우리가 도움을 받은 지 몇 주일, 몇 달 혹은 몇 년이 지난 후에 그 도움의 가치를 잊어버리거나 경시한다면 결국 도움을 준 사람과의 관계를 망치는 것이다. 우리가 도움을 준 입장이라면 은혜를 모르는 상대방을 안 좋게 생각할 수도 있다.

그렇다면 어떻게 해야 우리가 베푼 호의의 가치를 극대화할 수 있을까?

한 가지 방법은 우리가 베푼 호의의 가치를 알려주기 위해 다음과 같이 말하는 것이다.

"당신이 제 입장이었어도 저와 같이 하셨을 겁니다. 당신을 도와드릴 수 있어서 정말 기뻤어요."

두 번째 전략은 약간 위험할 수도 있는데, 상대방에게 부탁을 하기 전에 그전에 베풀었던 호의를 다시 언급하는 것이다. 물론 이 방법을 택할 때는 말을 신중하게 골라야 한다. "내가 몇 주일 전에 도와준 거 기억하지? 이제 돌려받을 시간이야, 친구!" 이런 식으로 말하는 것은 실패하려고 작정을 한 것이다. 그 대신 "전에 내가 보내준 보고서는 도움이 됐어?"와 같은 식으로 부드럽게 상기시킨다면, 부탁을 하기 전에 하는 말로 무리가 없을 것이다.

100퍼센트 확실하게 다른 사람의 마음을 사로잡을 수 있는 보편적인 방법 같은 것은 없다. 만약 이런저런 방법들이 모두 실패한다면 한 가지 단순한 규칙만 기억하라.

"식초보다는 꿀을 가지고 있을 때 더 많은 파리를 잡는다."

지난주에 산 빵 한 덩어리보다 빈티지 와인 한 병으로 훨씬 더 많은 도움을 받을 수 있다는 건 말하나 마나다.

19
똑똑한 설득에는 비교 대상이 필요하다

◆

◆

    야구선수들이 워밍업 스윙을 하기 전에 배트에 무거운 고리를 끼우는 것은 비교적 흔한 일이다. 선수들은 경험상 무거운 배트를 가지고 반복적으로 스윙을 하면 고리를 뺐을 때 배트가 더 가볍게 느껴진다고 한다.

    이 효과 뒤에 숨은 원리는 사회과학에서 '대조 효과'라고 부르는 것이다. 대상의 특징은 진공 상태에서 인식되는 것이 아니라 다른 것들과의 비교 속에서 인식된다. 예를 들어 체육관에서 10킬로그램짜리 역기를 들 때 그 전에 20킬로그램짜리 역기를 들었다면 더 가볍게 느껴질 것이고 5킬로그램짜리 역기를 들었다면 더 무겁게 느껴질 것이다. 10킬로그램짜리 역기의 무게에는 아무런 변화가 없다. 단지 역기에 대한 나의 인식이 변했을 뿐이다.

    이런 심리학적 과정은 역기에만 해당하는 것이 아니다. 그것은 우리가 하는 거의 모든 종류의 판단에 적용된다. 모든 경우에 패턴은 동일하다. 즉, 먼저 경험하는 것이 다음에 경험하는 것에 대한 인식을 결정한다.

사회심리학자 자카리 토르말라Zakary Tormaia와 리처드 페티Richard Petty는 대조 효과가 설득에 어떤 영향을 미치는지 확인하기 위해 이 원리를 적용해봤다. 구체적으로 연구팀은 사람들이 어떤 것에 대해 알고 있다고 생각하는 정보의 양이 다른 것에 대해 알고 있는 정보의 양에 의해 영향을 받을 수 있는지 살펴봤다. 연구팀은 브라운이라고 하는 가상의 백화점을 홍보하는 메시지(타깃 메시지)를 사람들에게 보여줬다. 그러나 그전에 또 다른 가상의 백화점, 즉 스미스 백화점을 홍보하는 메시지(최초의 메시지)를 보여줬다. 타깃 메시지는 실험에 참가한 모든 사람들에게 동일했다. 그것은 브라운 백화점의 세 코너를 설명하는 메시지였다. 그러나 최초 메시지, 즉 스미스 백화점에 대한 정보의 양은 첫 번째 코너에서부터 여섯 번째 코너까지 다양하게 변화를 줬다. 실험 결과 사람들은 최초 메시지에 많은 정보가 포함됐을 때는 타깃 메시지의 설득력이 약한 것으로 인식하고 브라운 백화점에 대해 덜 우호적인 태도를 보였다. 반면 최초 메시지에 정보가 거의 없었을 때는 정반대의 현상이 나타났다. 참가자들은 스미스 백화점에 대해 비교적 아는 것이 없을 때 브라운 백화점에 대해 더 많은 정보를 알고 있다고 느꼈으며, 그 반대도 마찬가지였다. 대조 효과는 이런 식으로 작용한다.

연구팀은 실험 결과를 확대하기 위해 비슷한 실험을 실시했다. 유일한 차이는 참가자들에게 브라운 백화점에 대한 정보를 주기 전에 미니쿠퍼 자동차에 대한 정보를 적게 혹은 많이 줬다는 것이다. 결과는 앞의 실험과 같았다. 여기서 설득을 위한 최초의 메시지와 후속 메시지의 정보가 연관성이 있을 필요는 없다.

이런 개념은 세일즈에도 적용할 수 있다. 예를 들어 당신이 어떤 잠재 고객에게 가장 적합한 제품이 무엇인지 확신하고 있다고 하자. 그렇다면 잠깐 동안 다른 제품에 대해 언급한 다음 추천하려는 제품의 장점을 길게 설명하는 것이 좋다.

또한 대조 효과는 손쉽게 활용할 수 있는 설득 수단이다. 우리가 제공하는 제품이나 서비스 혹은 소비자의 요구사항을 바꿀 만한 상황이 아닌 경우가 많다. 그렇게 하려면 비용이나 시간이 많이 들기 때문이다. 대신 우리의 제품이나 서비스 혹은 요구사항과 비교되는 것을 바꿀 수는 있다. 한 가지 예를 들어보자. 한 주택 리모델링 회사는 이 원리를 이용해 최고급 욕조 매출을 500퍼센트 이상 신장시킬 수 있었다. 그들은 그저 최고급 모델을 구매한 많은 고객들이 뒷마당에 설치한 욕조 덕분에 집에 방이 하나 더 있는 것 같다고 말했다는 사실을 그대로 전했을 뿐이다. 그리고 나서 그들은 잠재 고객들에게 만약 방 하나를 늘리기 위해 집을 증축한다면 비용이 얼마나 들지 생각해보라고 말했다. 7000파운드짜리 욕조는 적어도 두 배 이상 돈이 들어갈 증축 공사에 비하면 훨씬 저렴해 보였을 것이다.

20
유리한 조건임을 밝혀라

◆

◆

명절을 겨냥한 할인 항공권이든 쿠폰이든 공짜 커피든 많은 회사들은 고객 충성도를 높이기 위해 여러 가지 인센티브를 제공한다. 이와 관련해 한 실험은 고객의 충성도를 높이고 더 많은 관심을 이끌어낼 수 있는 방법에 관한 중요한 사실을 알려준다.

소비자 연구가인 조지프 눈스Joseph Nunes와 사비에르 드레즈Xavier Dreze는 인센티브 프로그램에 참여한 고객들에게 유리한 출발 조건을 주면, 회사에 대한 충성도가 높아지고 이익을 실현하는 속도도 빨라질 것이라고 생각했다. 게다가 고객들이 보상을 얻기 위해 구매해야 하는 횟수가 똑같다 할지라도 이 가설이 유효할 거라고 예측했다.

연구팀은 동네 세차장 고객 300명에게 스탬프 카드를 나누어준 다음, 세차를 한 번 할 때마다 카드에 도장을 찍어준다고 말했다. 그런데 카드는 두 종류가 있었다. 하나는 무료 세차를 받으려면 도장을 8번 찍어야 하는 카드로 공란만 있었고, 다른 하나는 무료 세차를 받으려면 도장을 10번 찍어야 하지만 도장 두 개가 미리 찍혀 있었다. 즉, 두 카드 다 무료 혜택을 받으려면 8번 세차를 해야 한다는 뜻이다. 하지만 연구팀은 두 번째 그룹의 참여율이 더 높을 거라고 예상했다.

그 후 세차장 직원은 고객이 세차를 받으러 올 때마다 카드에 도장을 찍어주고 세차한 날짜를 기록했다. 몇 달 후 연구팀이 실험을 종료하고 자료를 검토한 결과 가설이 확인됐다. 첫 번째 그룹의 경우 무료 세차를 받기 위해 8번 세차를 한 고객들이 19퍼센트에 불과했지만, 유리한 출발 조건을 가진 두 번째 그룹, 즉 도장 두 개가 미리 찍혀 있는 카드를 받은 그룹에서는 34퍼센트였다. 게다가 두 번째 그룹은 8번 세차를 하는 데 걸린 시간도 더 짧았다. 즉, 한 번 세차를 한 후 다음에 세차를 하러 올 때까지 걸린 시간이 평균 2.9일 더 짧았다.

눈스와 드레즈에 따르면, 전혀 시작을 하지 않은 상태의 프로그램보다 일단 시작을 한 상태의 프로그램이 사람들로 하여금 그것을 완성하고 싶은 의욕을 더 많이 느끼게 한다고 한다. 또한 연구팀은 사람들이 목표 달성에 가까워질수록 그것을 달성하기 위해 더 많은 노력을 한다는 사실도 지적했다. 분석자료도 이런 사실을 뒷받침하고 있다. 즉, 세차 횟수가 늘어날 때마다 세차 사이 간격이 평균 0.5일씩 빨라지는 것으로 나타났다.

이 결과는 충성도를 높이는 전략에 적용할 수 있지만, 다른 사람들을 설득할 때에는 그 사람이 목표 달성을 향해 첫걸음을 이미 내딛었음을 반드시 언급해야 한다. 예를 들어 어떤 동료에게 과거에 작업했던 것과 비슷한 프로젝트에 도움을 요청하려면, 그가 프로젝트 완수에 따르는 어려움을 극복하기 위해 이미 관련된 일에 착수했음을 강조하는 것이 도움이 된다. 또는 그동안 꽤 많은 공을 들인 프로젝트가 있다면, 과제를 이미 30퍼센트쯤 완성했다고 생각하는 것도 현명한 방법이다.

또 다른 예로 당신이 영업팀장이라고 가정해보자. 영업팀에는 목표가 있지만 팀원들은 초기 단계에서 헤매고 있다. 한편 회사 내에서 대규모 판매를 위한 과정이 진행되고 있다는 사실은 팀장인 당신만 알고 있다. 이런 경우 정보를 혼자만 알고 있는 것보다는 팀원들과 함께 공유하는 것이 더 효과적이다. 그렇게 하면 팀이 목표를 향해 전진하는 모습을 눈으로 확인할 수 있을 것이다.

교사와 부모 또한 이런 전략을 이용할 수 있다. 예를 들어 숙제를 하지 않으려고 고집을 피우는 아이가 있다고 할 때 당신은 아이에게 뭔가 보상을 줘야겠다고 생각한다. 그래서 주말마다 숙제를 여섯 번 하면 한 번은 숙제를 안 해도 된다는 규칙을 정하려고 한다. 이 경우 프로그램을 정식으로 시작하기 전에 숙제를 해야 하는 주말 한 번을 미리 제하고 시작하면 아이가 훨씬 더 의욕을 낼 것이다.

메시지는 명확하다. 사람들은 어떤 프로그램의 완수나 목표 달성을 향해 이미 달리기 시작했다고 생각하면 더 열심히 속도를 낸다. 이런 전략을 사용한다면 우리의 사회적인 영향력은 막 세차를 끝낸 자동차처럼 반짝반짝 빛날 것이다.

21
협력의 결과는 무한하다

◆

◆

사람들은 술잔을 앞에 놓고 앉아 있으면 무용담을 늘어놓는 경향이 있다. "그 슈퍼모델이 유명해지기 전에 나랑 사귀었어." 물론 그러셨겠지요. "그 싸움에서 이길 수도 있었는데 다른 사람을 다치게 하고 싶지 않았어." 오오. "엄지발가락의 염증만 아니었어도 지금쯤 영국 대표팀에서 뛰고 있었을지도 몰라. 축구를 그만두지도 않았을 거고 말이야." 어련하시겠어요.

1953년 2월 춥고 스산한 어느 날 저녁 신사 두 명이 케임브리지의 이글이라는 술집으로 들어왔다. 그리고 술을 주문한 뒤 그중 한 사람이 세상에서 제일 엄청난 뻥처럼 들릴 만한 이야기를 했다. "우리는 생명의 비밀을 알아냈지."

이들이 잘난 척을 하거나 거만하게 구는 것처럼 보일지 몰라도 우연찮게도 그것은 사실이었다. 그날 아침 과학자인 제임스 왓슨James Watson과 프랜시스 크릭Francis Crick은 실제로 생명의 비밀을 알아냈다. 그들은 생명체의 유전자 정보를 전달하는 생물학적 물질인 DNA의 이중나선 구조를 발견했다.

우리 시대의 가장 중요한 과학적 발견으로 기록될 DNA 이중나선 구조를 발견한 지 50년째 되는 날 왓슨은 이 업적을 주제로 인터뷰를 했다. 이날 인터뷰의 주된 목적은 왓슨과 크릭이 셀 수 없이 많은 다른 훌륭한 과학자들보다 먼저 DNA의 구조를 풀 수 있었던 비결이 무엇인지를 밝히는 것이었다.

먼저 왓슨은 발견에 도움을 준 그다지 놀랍지 않은 사실들을 나열했다. 무엇보다도 '가장 중요한 문제를 파악한 것'이 결정적이었다. 그들은 둘 다 열정적으로 연구했고 당면한 과제에 모든 것을 쏟아부었다. 그들은 잘 알지 못하는 분야의 접근법들도 기꺼이 수용했다. 그런 후에 왓슨은 자신들이 성공할 수 있었던 또 다른 이유를 덧붙였다. 그것은 충격적이었다. 왓슨은 파악하기 어려운 코드를 남들보다 먼저 풀 수 있었던 이유가 '과학자들 중에서 제일 영리한 사람이 아니었기 때문'이라고 말했다.

잘못 들은 것이 아닐까? 어떻게 그럴 수 있을까? 왓슨은 '자기 자신의 판단이 제일 정확하고 자신이 지구상에서 최고로 똑똑한 사람이라고 생각하는 태도가 때로는 자신을 가장 위험한 궁지에 몰아넣을 수 있다'고 설명했다. 가장 명석한 사람에게 닥칠 수 있는 숨겨진 위험은 무엇인가?

왓슨은 계속해서 설명하기를 당시 프로젝트에 참여한 과학자들 중에서 제일 영리한 사람은 로잘린드 프랭클린Rosalind Franklin이었다고 말했다. 그녀는 영국 과학자인데 당시 파리에서 연구를 하고 있었다. "로잘

린드는 너무나 영리해서 조언을 거의 구하지 않았어요. 만약 당신이 어떤 집단에서 가장 명석한 사람이라면 당신 또한 그녀처럼 심각한 곤경에 처할 겁니다."

왓슨의 말은 선의의 리더들이 하는 행동에서 종종 나타나는 실수에 대해 많은 것을 생각하게 해준다. 조직의 리더들은 강력한 세일즈 문구를 생각해내거나 필요한 돈을 모금할 효과적인 방법을 찾아내는 등 목표를 이루기 위한 전략을 마련할 때 반드시 조직구성원들과 협력해야 한다. 비록 리더들이 집단 안에서 경험과 지식이 가장 많고 능력이 뛰어날지라도 말이다. 그렇게 하지 않는다면 무모한 짓이 될 수 있다. 실제로 행동과학자 패트릭 래플린Patrick Laughlin의 연구팀은 협동 작업을 하는 그룹의 성과가 혼자 작업하는 팀원들의 평균적인 성과보다 더 나을 뿐만 아니라 그룹에서 문제 해결 능력이 가장 뛰어난 사람이 혼자 작업한 성과보다도 훨씬 뛰어나다는 것을 보여줬다. 풍부한 경험과 지식, 뛰어난 능력을 갖춘 덕분에 자기 자신이 가장 유능한 해결사라고 생각하는 리더는 팀원들에게 의견을 묻지 않는다.

래플린 연구팀의 실험에 따르면, 최고의 능력을 갖춘 리더가 혼자 만들어낸 결과물이 전문성은 부족하지만 협동 작업을 하는 그룹의 결과물에 패배할 수밖에 없는 이유가 있다. 첫째, 외로운 의사 결정자는 지식과 관점의 다양성을 따라갈 수 없다. 타인의 의견은 혼자서 일할 때는 불가능한 사고 과정을 자극한다. 연상작용에 불을 붙이는 동료의 말을 듣고 아이디어를 얻었던 경험이 누구나 한 번쯤 있을 것이다. 둘째, 혼자서 해결방법을 찾는 사람은 '병렬처리parallel processing'라는 또 다른 중요한 이익을 잃어버린다. 즉, 협동하는 그룹은 한 가지 문제에 딸린 수

많은 하위 과제를 팀원들에게 분산시킬 수 있지만, 혼자 일하는 사람은 각각의 과제를 순차적으로 해결해야 한다.

그렇다 해도 완전한 협동은 오히려 위험하지 않을까? 위원회 같은 곳에서 제대로 된 결정을 한 적이 거의 없으니 말이다. 이렇게 따진다면 '다수결에 의한 결정법'을 쓰라고 권하기는 어려울 것이다. 우리가 말하고 싶은 것도 사실은 공동으로 의사 결정을 하지 말라는 것이다. 최종 선택은 항상 리더가 해야 한다. 그러나 의견을 구하는 과정에서는 리더가 좀 더 조직의 참여를 유도할 필요가 있다. 그리고 규칙적으로 팀의 의견을 들으려는 리더는 더 나은 결과를 거둘 뿐 아니라 긴밀한 팀워크 및 조화를 이뤄낼 수 있다. 이것은 앞으로의 협력과 영향력의 수준도 향상시킬 것이다.

그런데 어떤 팀원의 아이디어가 최종적으로 거부당한다면, 그 사람이 자존심에 상처를 입고 의욕을 상실할 위험이 있지 않을까? 이를 방지하기 위해 각자의 관점은 결정적인 요인이 아니라 토론 과정에서 고려되는 것임을 미리 고지하는 게 좋다. 왓슨과 크릭처럼 '생명의 비밀을 알게 됐다'고 선언하게 될 일은 없을지 몰라도 서로 협력하는 문화를 만든다면 조직의 진정한 잠재력의 비밀을 알 수 있게 될지 누가 알겠는가.

PART 3

일관성 원칙
하나로 통하는 기대치를 만들어라

◆ ◆

"상대의 일관된 가치와 믿음과 행동에 초점을 맞춰라.
당신에게 친절을 베풀었던 사람은 당신이 친절을 베푼 사람보다
다시 당신에게 친절을 베풀 가능성이 훨씬 크다."

22
한 걸음의 놀라운 마력

◆

◆

흔히 우리가 이야기하는 부자 동네에 그림같이 아름다운 집을 가지고 있다고 상상해보자. 누구나 자랑스러워할 만한 흠 없는 산울타리와 완벽한 잔디, 갓 칠한 새하얀 담이 있는 깔끔한 동네 말이다. 이런 동네에서는 부동산업자가 집을 파는 데 아무 문제가 없다. 사실 그들은 이지역에 이사 오고 싶어서 안달난 사람들의 리스트를 가지고 있을 것이다.

어느 날 도로교통안전위원회에서 나온 사람이 현관문을 두드리고, 이 지역의 안전운전 캠페인에 동참할 의사가 있는지 물어본다고 가정해보자. 캠페인에 동의하면 잔디 깔린 앞마당에 '안전운전'이라는 가로 2미터 세로 1미터짜리 표지판을 세워야 한다. 위원회에서 나온 사람은 땅을 파고 기둥을 세우는 일은 자기네들이 다 할 것이니 걱정할 일은 아무것도 없다고 장담하지만 이미 당신은 걱정이 태산 같다.

얼마나 많은 사람들이 이 부탁을 들어줄 것이라고 생각하는가? 사회심리학자 조너선 프리드먼Jonathan Freedman과 스콧 프레이저Scott Fraser가 실시한 실험에 따르면, 위에서 묘사한 우아한 동네에 사는 집주인들의 17퍼센트가 이 부탁을 들어줬다. 그런데 놀랍게도 사소해 보이는 한 가지 요소를 덧붙여서 요청을 했더니 76퍼센트가 여기에 동의했다. 그 방법은 다음과 같다.

자신의 집 앞 잔디밭에 커다란 표지판을 세우게 해달라는 부담스러운 요청을 하기 2주 전에 한 연구조교가 다른 그룹의 주민들에게 접근했다. 그리고 창문 앞에 '안전운전자가 돼주세요!'라고 쓰인 비교적 눈에 잘 안 띄는 작은 표지판을 세워도 되겠냐고 물었다. 이것은 부담 없는 부탁이었기 때문에 거의 모든 주민들이 동의했다. 2주 후 또 다른 조교가 같은 주민들에게 찾아가서 완벽하게 손질된 잔디 위에 눈에 거슬리는 표지판을 세워도 되겠냐고 물었더니 훨씬 더 많은 사람들이 동의했다.

먼저 작은 요청을 한 것뿐이었는데 어째서 훨씬 더 엄청난 부탁을 들어줄 확률이 높아졌을까? 연구자들은 이런 방법을 '한 발 들이밀기foot-in-the-door' 전략이라고 부른다. 주민들은 처음의 요청에 동의한 후 자신이 '안전운전'이라는 가치 있는 일에 동참하기로 약속했다고 생각한다. 2주 후 조교가 다시 접근했을 때 주민들은 자신이 의식 있는 시민이라는 인식에 맞게 일관적으로 행동해야 한다고 생각했다.

'한 발 들이밀기' 전략을 사용하는 예는 셀 수 없이 많다. 세일즈 분야도 예외가 아니다. 어떤 빈틈없는 세일즈 전문가는 이렇게 조언한다. "먼저 작은 주문으로 시작하라는 겁니다. 즉, 전체 제품군의 유통 계약을 맺기 위한 포석을 까는 겁니다. … 이렇게 한번 생각해보십시오. 누군가 여러분 회사의 상품을 주문하기로 했다고 칩시다. 그런데 당신에게 주어지는 이익이 당신이 그동안 전화를 건 시간과 노력에 비하면 아주 보잘것없을 수 있습니다. 그러나 이제 그 고객은 더 이상 잠재 고객이 아닙니다. 당신의 진짜 '고객'이 된 겁니다."

아주 작은 첫 주문조차 성사시키기 어려운 경우에는 일관성 원칙을 이용한 이 전략을 다른 방식으로 적용할 수도 있다. 예를 들어 아무 관심 없는 잠재 고객에게 '일단 10분만 시간을 내달라'는 식으로 작은 한 걸음을 내딛기만 한다면 그들의 승낙을 얻어낼 가능성이 훨씬 더 높아질 수 있다.

마찬가지로 마케팅 조사팀이 우선 사람들에게 간단한 설문조사에 응할 의사가 있는지 물어보는 것이다. 그렇게 하면 수많은 문항에 답하도록 유도하기가 더 수월해진다. 실제로 프리드먼과 프레이저는 또 다른 실험을 실시했는데, 그 결과 또한 위의 의견을 뒷받침한다. 새로운 실험에서 연구팀은 집주인들에게 전화를 걸어서 어떤 조사에 참여할 의사가 있는지 물었다. 연구조교는 구체적으로 다음과 같이 말했다.

"저희 연구원 5~6명이 오전에 댁에 찾아가서 2~3시간 동안 머물며 집에 있는 모든 물건을 열거하고 분류하는 일을 할 겁니다. 저희는 찬장과 창고까지 모두 살펴봐야 하기 때문에 집안 이곳저곳을 돌아다닐 겁니다. 이렇게 수집된 정보는 공공서비스 간행물인 〈가이드〉에 실릴 예정입니다."

이처럼 매우 불편한 요청에 대해서 집주인들의 22퍼센트가 동의했다. 이 정도로 사생활을 침해하는 행동은 보통 수색영장을 요구하는 일이라는 점을 생각하면 꽤 놀라운 수치다.

연구팀은 두 번째 그룹의 주민들에게 똑같이 사생활 침해에 가까운 요청을 하기 3일 전에 먼저 전화를 걸었다. 그리고 다음과 같이 요청했는데 대다수가 동의했다.

"저희는 각 가정에서 어떤 물건을 사용하시는지에 관한 설문조사를 하고 있는데, 이에 응해주십사 부탁드리려고 전화를 했습니다. 이 정보는 공공서비스 간행물 〈가이드〉에 실릴 겁니다. 저희 조사에 응하시겠습니까?"

3일 후에 어떤 일이 일어났을까? 더 큰 부탁을 받은 주민들 중 약 53퍼센트가 그 부탁을 들어주겠다고 대답했다.

이런 접근법은 가장 저항이 심한 두 집단에도 적용 가능하다. 바로 아이들과 우리 자신이다. 숙제를 하지 않거나 방을 치우지 않을 핑계를 잘도 찾아내는 말 안 듣는 아이들에게 먼저 작은 한 걸음을 내딛으라는 요청을 하면 결국 설득할 수 있는 가능성이 더 커진다. 예를 들어 '잠깐 동안 숙제를 같이 하자'고 말하거나 '아끼는 장난감을 다 가지고 놀면 상자에 다시 갖다놓으라'고 요청할 수 있다. 그들이 강제가 아닌 자발적으로 작은 부탁에 동의한다면 더 열심히 공부를 하거나 집을 더 깨끗하게 유지할 것이다.

우리 자신의 경우에는 정복할 수 없어 보이는 대단한 목표를 세우기보다 변명의 여지가 없을 만큼 아주 작은 과제를 자신에게 부여해보자. 예를 들면 한꺼번에 운동량을 늘리는 것보다 집 근처를 잠깐 산책하는 목표를 세우는 것이 더 효과적이다. 이처럼 먼저 작은 목표를 세우고 실천한 후 한 단계씩 목표의 수준을 높여나가다 보면 결과적으로 더 큰 목표를 달성하기 위해 어느새 점점 운동 강도를 높여가는 자신의 모습을 발견할 수 있을 것이다.

공자는 '천리 길도 한 걸음부터'라는 말을 했다. 먼저 소파에서 몸을 일으키는 것에서 시작하자. 한 걸음을 성큼 내딛으려면 그보다 더 나은 방법은 없을 것이다.

23
상대방을 내 뜻대로 움직이는 라벨링 전략

◆

◆

오래전(약 34년 전) 아주 먼 은하수에서 루크 스카이워커는 다스 베이더의 마음을 움직여서 그가 악의 제왕에게 등을 돌리도록 만들었다. 그 결과 자신의 목숨을 구하고 우주의 희망과 평화도 되찾았다. 그는 다스 베이더를 설득하기 위해 어떤 법칙을 사용했을까? 그리고 우리가 자신의 영역에서 중요한 '포스'를 내뿜으려면 어떤 식으로 그런 법칙을 이용해야 할까?

영화 〈스타워즈〉 오리지널 3부작의 마지막 에피소드인 '제다이의 귀환'을 보면 루크 스카이워커가 다스 베이더에게 이렇게 말하는 장면이 나온다.

"나는 당신 안에 아직 선함이 남아 있다는 걸 알아. 당신 안에는 선한 것이 있어. 나는 느낄 수 있어."

이런 단순한 말로 다스 베이더가 밝은 쪽으로 넘어오게 설득했다는 것이 가능한 일일까? 설득은 고사하고 최소한 설득의 씨앗이라도 심을 수 있었을까? 하지만 수많은 사회심리학자들은 '그렇다'고 말한다.

루크의 말에 드러나 있는 전략은 라벨링 기법이라고 할 수 있다. 이것은 한 사람에게 어떤 특색, 태도, 신념 등과 같은 라벨을 붙인 다음 그 라벨에 어울리는 요구를 하는 것이다. 앨리스 타이바우트Alice Tybout와 리처드 옐치Richard Yalch의 연구팀은 이 전략의 효과를 실험했다. 그들은 한 실험에서 선거일에 유권자의 투표율을 높이기 위해 라벨링 기법을 어떻게 사용할 수 있는지 보여줬다. 그들은 수많은 유권자를 인터뷰한 다음 무작위로 그중 절반의 사람들에게 이렇게 말했다.

"우리가 인터뷰한 사람들의 응답을 바탕으로 판단한 결과 당신은 '평균적인 사람들보다 투표 및 정치적 행사에 참여할 가능성이 높은 시민'이군요."

나머지 절반에게는 인터뷰에서 답한 것을 바탕으로 판단한 결과 관심사나 신념 및 행동 면에서 평균적인 수준이라고 알려줬다. '투표할 가능성이 높은 훌륭한 시민'이라는 라벨이 붙여진 응답자들은 '평균적인 시민'이라는 라벨이 붙여진 사람들보다 자신을 더 나은 시민으로 생각했다. 그리고 실제로 일주일 후 치러진 선거의 투표율도 15퍼센트 더 높았다.

물론 라벨링 전략은 한 나라의 지도자를 뽑는 정치적 행사나 악의 제왕을 물러나게 하는 루크 스카이워커의 경우에만 적용되는 것이 아니다. 사업상의 거래를 비롯한 다양한 인간관계에 이 기법을 적용할 수 있다. 예를 들어 당신의 팀원 중 하나가 담당하고 있는 프로젝트 때문에 끙끙거리고 있다고 생각해보자. 이 팀원은 프로젝트를 끝까지 수행할 자신이 없어서 고민하는 중이다. 그런데 당신은 여전히 그가 이 업무에 적임자라고 믿고 있다면 그가 얼마나 열심히 끈기 있게 노력하는 사람인지 일깨워줄 필요가 있다. 또한 과거에 그가 비슷한 과제를 성공적으로 마무리했었다는 사실을 상기시키는 것도 좋다.

교사, 코치, 부모는 각각 학생, 선수, 자녀들의 바람직한 행동을 유도하기 위해 특정한 종류의 과제를 주면서 '잘 해낼 사람 같다'고 말하는 식으로 라벨링 전략을 활용할 수 있다. 이 전략은 어른 아이 할 것 없이 큰 효과가 있다. 예를 들어 우리는 다른 동료들과 함께 실시한 실험에서 교사가 아이들에게 "글씨를 잘 쓰는 일에 관심이 많구나!"라고 말했더니 아이들이 쉬는 시간에도 열심히 글씨 연습을 하는 것을 발견했다. 심지어 주위에 보는 사람이 없을 때도 마찬가지였다.

회사와 고객의 관계 또한 이 방식을 사용하면 더 굳건해질 수 있다. 우리는 이미 많은 항공사들이 이런 방식을 사용하는 데 익숙해져 있다. 비행을 마치면 승무원은 이렇게 말한다.

"여러분께서 선택할 항공사가 많다는 것을 알고 있습니다. 그럼에도 저희를 선택해주셔서 감사합니다."

승무원의 말은 그렇게 많은 항공사 중에서 우리가 자기 항공사를 선택한 데에는 그럴 만한 타당한 이유가 있다는 것을 암시하고 있다. 즉, 항공사에 대한 믿음을 갖도록 라벨링된 승객들은 스스로 자신의 선택과 항공사에 대해 더 큰 신뢰를 느끼게 된다. 마찬가지로 거래를 결심한 고객에게 이 기법을 사용하면, 고객의 결정은 선택한 회사를 신뢰한다는 의미이고 회사는 고객의 이런 신뢰가 깨지지 않도록 노력할 것이라는 메시지를 전달할 수 있다.

때로는 라벨링 전략을 쓰지 않고도 라벨링 효과를 보기도 한다. 상대에게 바라는 어떤 특색이 있을 때 자신을 그런 사람으로 여기는지 질문하는 것만으로도 상대에게 충분히 그런 특징을 이끌어낼 수 있음을 보여주는 실험 결과가 있다. 산 볼칸San Bolkan과 피터 안데르센Peter Andersen의 연구팀은 도움을 요청하기 전에 "당신은 남을 잘 도와주는 사람입니까?"라고 질문하면 부탁을 들어줄 확률이 29퍼센트에서 77퍼센트로 높아진다는 사실을 발견했다.

한 가지 기억할 것은 이 전략은 어둠의 세력에 휩쓸리게 하는 데도 똑같이 매력적이라는 점이다. 따라서 다른 모든 설득 전략과 마찬가지로 도덕적으로 사용해야 한다. 즉, 어떤 특색, 태도, 신념 등과 같은 라벨이 정확히 그 사람의 타고난 능력이나 경험 및 성격을 반영할 때만 사용해야 한다. 물론 나는 독자들이 이 전략을 비도덕적인 방식으로 사용하지 않을 것이라고 믿는다.

24
말한 대로 행동하게 하라

◆

◆

선거에 입후보한 사람들은 유권자들의 표를 얻으려고 하는 것은 말할 것도 없고, 선거 당일 지지자들을 투표소로 가게 하기 위해 묘안을 짜내느라 고심한다. 일부 선거 운동가들은 텔레비전 광고와 우편물 광고 및 미디어 노출에 많은 돈을 쏟아붓는다. 그러나 정말 영리한 후보는 설득의 기술뿐 아니라 설득의 과학을 활용한다.

겨우 537표 차이로 승패가 갈린 2000년 미국 대통령 선거를 생각해보라. 이 숨 막히는 사건은 모든 표 하나하나가 똑같이 중요하다는 사실을 절실히 깨닫게 해줬다. 어느 편을 지지하는 유권자든 몇 명만 더 투표소에 나타났어도 결과가 어떻게 됐을지는 아무도 모른다. 이때 양편의 지지자들을 투표소로 이끌기 위해 어떤 전략을 사용할 수 있을까?

답은 간단하다. 그저 유권자들에게 선거 당일에 투표할 것인지 물어보고 그렇게 대답한 이유를 말해달라고 요청하기만 하면 됐다. 사회과학자 앤서니 그린월드Anthony Greenwald의 연구팀이 한 선거의 투표일 하루

전 유권자들에게 이 기법을 실험해봤다. '투표할 것인가'라는 질문을 받은 사람들의 투표율은 질문을 받지 않은 사람들의 투표율보다 25.2퍼센트 더 높았다(각 그룹의 투표율은 86.7퍼센트와 61.5퍼센트였다).

이 기법에는 심리학적으로 중요한 두 가지 단계가 포함돼 있다. 첫째, 사람들은 바람직한 행동에 참여할 것인지 아닌지를 말해달라는 부탁을 받으면, 대개 참여할 거라고 대답해야 한다는 부담을 느낀다. 왜냐하면 그것이 사회적으로 인정받는 행동이기 때문이다. 투표의 중요성을 생각할 때 응답자들이 '집에서 조용히 텔레비전이나 시청할 계획'이라고 말하기란 대단히 힘든 일이다. 따라서 '투표할 것인가'라는 질문에 응답자 전원이 '꼭 투표할 것'이라고 대답한 것은 당연하다.

둘째, 사람들 대다수는(전부는 아닐지라도) 바람직한 행동을 할 거라고 공개적으로 말한 후에는 '말한 대로 행동해야 한다'는 부담감을 가지게 된다. 이와 비슷한 예가 하나 있다. 한 식당 주인이 예약 전화를 받는 직원들이 응답하는 말을 살짝 바꾼 것만으로, 예약을 해놓고서 약속을 지키지 않고 취소 전화도 하지 않는 사람들의 수를 대폭 줄인 사례가 있다. 예약전화를 받는 직원은 원래 "예약을 취소해야 할 일이 생기면 전화주세요"라고 말했었다. 그러나 이제는 "예약을 취소해야 할 일이 생기면 전화주시겠습니까?"라고 말한다. 물론 대부분의 고객들이 그 질문에 "예"라고 대답하고 전화해주기로 약속을 했다. 중요한 것은 이때 그들은 약속을 지켜야 할 것 같은 의무감을 느꼈다는 사실이다. 이것만으로 예약 불발 비율은 30퍼센트에서 10퍼센트로 줄었다.

따라서 지지자들을 투표소로 인도하려면, 전화를 걸어 선거 당일에 투표를 할 것인지 물어보고 "예"라는 대답이 나오기만 기다리면 된다.

전화를 건 선거운동원이 "그럼 투표하시는 걸로 기록해두고 다른 사람들에게도 이 사실을 알리겠습니다"라고 말한다면 유권자의 약속을 굳힐 수 있는 모든 요소를 고루 갖춘 셈이다. 즉, 약속은 자발적이고 능동적이어야 하며, 공개적으로 다른 사람들에게 선언돼야 한다.

기업을 비롯해 더 큰 조직에는 이 법칙을 어떻게 적용할 수 있을까? 당신이 지지하는 비영리 단체를 위해 자선 모금 활동을 한다고 가정해보자. 그런데 당신은 상당한 액수를 모금할 수 있다는 확신 없이는 시작하고 싶지 않다. 이런 상황이라면 가족이나 친구, 동료들에게 기부할 생각이 있냐고 먼저 물어보라. 그런 후에 활동을 시작한다면 모금 가능한 액수를 가늠할 수 있을 뿐 아니라 실제로 그들이 기부를 할 가능성도 높아진다.

이 전략을 활용하는 또 다른 예를 들어보자. 당신은 팀을 관리하고 새로운 프로젝트를 성공시켜야 하는 입장이다. 이를 위해서는 팀원들의 말뿐인 동의를 행동으로 바꿔야 한다. 그렇다면 특정한 프로젝트를 지지하면 어떤 이익이 생기는지 설명만 할 것이 아니라 팀원들에게 프로젝트를 지지할 의사가 있는지 직접 물어보라. 그리고 "예"라는 대답이 나오기를 기다려라. 동의를 받아낸 후에는 팀원들 각자에게 프로젝트를 지지하는 이유를 설명하도록 하자.

경영자, 교사, 영업사원, 정치인, 기금 조성자 등 어떤 분야에서 일하는 사람이든 이 전략을 잘만 이용하면 상대방으로부터 지지를 이끌어낼 수 있을 것이다. 그런 지지는 바로 당신이 하는 일에 대한 든든한 신뢰다.

25
약속을 지키게 하는 기록의 힘

◆

◆

미국에서 가장 많은 수익을 내는 회사 중 하나인 암웨이는 영업사원들에게 다음과 같은 말로 격려한다.

영업을 시작하기 전에 마지막으로 알아두어야 할 중요한 사항이 한 가지 있습니다. 목표를 세우고 적어두세요. 목표가 무엇이든 간에 중요한 것은 당신이 목표를 세웠다는 사실입니다. 그러니까 당신에게 뭔가 추구할 것이 생긴 셈이죠. 그리고 그것을 적어두는 것도 중요해요. 뭔가를 적는 행위에는 마법 같은 힘이 있습니다. 그러니까 목표를 세우고 반드시 적어두세요. 목표에 도달하면 또 다른 목표를 세우고 적어두세요. 자, 이제 나가서 달리세요.

목표를 적어두는 것이 어째서 지속력을 높이는 걸까? 더구나 적은 내용을 자기만 볼 수 있는 경우에도 마찬가지 효과가 나타나는 이유는 무엇일까?

단도직입적으로 말하면, 적극적인 약속은 소극적인 약속보다 지속력이 더 크다. 최근 사회과학자 델리아 치오피Delia Cioffi와 랜디 가너Randy Garner는 적극적인 약속의 힘과 미묘함에 대한 실험을 실시했다. 그들은 대학생 자원봉사자들에게 지역 학생들을 대상으로 에이즈에 대한 교육을 하는 프로젝트에 참여해달라고 요청했다. 연구팀은 자원봉사자들을 두 그룹으로 나눠 서로 다른 지침을 주었는데, '적극적인 행동 그룹'이라고 명명한 학생들에게는 자원하고 싶다면 신청서를 작성해서 제출하도록 했다. 반대로 '소극적인 행동 그룹'의 학생들에게는 자원하고 싶다면 신청서를 작성할 필요가 없으며 그냥 있으면 된다고 말했다.

두 경우 모두 프로젝트에 참여하기로 동의한 사람들의 비율에는 차이가 없었다. 그러나 며칠 후 실제로 참여하기 위해 나타난 사람들의 비율에는 꽤 놀랄 만한 차이가 있었다. 소극적인 행동 그룹의 사람들 중에서는 17퍼센트만 약속대로 모습을 드러냈다. 그렇다면 적극적인 행동 그룹의 사람들은 어떻게 됐을까? 적극적인 행동 그룹은 49퍼센트가 약속을 지켰다. 예정대로 자원봉사 프로젝트에 참여하기 위해 나타난 사람들 중에서 적극적으로 참여 의사를 밝힌 사람들의 수는 과반을 훨씬 넘었다(66명 중 49명꼴이므로 약 74퍼센트다).

기록한 약속, 즉 적극적인 약속이 사람들의 참여를 이끌어내는 데 훨씬 더 효과적인 이유는 무엇일까? 치오피와 가너는 적극적으로 자원한 사람들은 그런 결정을 한 이유를 자신의 성격적 특색, 관심사, 신념으로 보는 경향이 크다는 것을 발견했다.

적극적인 약속은 사람의 마음을 어떻게 움직이는 걸까? 사람들이 구

체적인 약속을 많이 하는 상황을 생각해보자. 이를테면 새해 결심 같은 것 말이다. 그냥 생각만 하지 말고, 자신에게 한 약속과 그 내용을 자세히 적은 다음 이를 지키기 위한 지침을 덧붙인다면 많은 도움이 될 것이다. 특히 기록된 약속을 가까운 사람들에게 보여준다면 더욱 더 좋다.

한 회사의 영업팀장이라면 팀원들에게 목표를 적도록 하는 것만으로도 그들이 좀 더 열심히 목표를 이루기 위해 노력하도록 유도할 수 있다. 그리고 이는 팀의 성과로 연결될 것이다. 마찬가지로 회의를 할 때도 모든 참가자들이 회의에서 결정된 사항을 기록하게 하고 공개적으로 확인하게 하는 것이 좋다.

소매업계에는 '기록의 힘'을 여실히 드러내는 예들이 많이 있다. 특정 매장 전용의 신용카드를 신청하거나 기타 금융상품에 가입하는 고객들에게 구매 비용을 몇 달 혹은 몇 년에 걸쳐서 나눠 낼 수 있게 해주는 매장들이 많다. 또한 대리점에서 일하는 사람들은 고객이 직접 신청서를 작성한 경우에 계약을 취소할 확률이 더 적다는 사실을 알고 있다. 이런 점에서 볼 때 고객이나 사업 파트너가 약속을 지킬 확률을 높이려면 당사자가 계약서를 직접 작성하게 하는 것이 바람직하다.

적극적인 약속은 의료업계에서도 유효한 전략이다. 의료업계 종사자들에 따르면, 예약한 진료시간에 나타나지 않는 환자들이 점점 늘어나고 있다고 한다. 2014년에 영국에서 발표한 통계에 따르면, 1년 동안 사람들이 지역보건의(영국에서 병원이 아닌 지역 담당 의료기관에서 일반적인 진료를 하는 의사-옮긴이)와의 예약을 어기는 경우가 1,200건, 병원의 외래 진료 예약을 어기는 경우가 700만 건에 달한다. 의료적으로는 물론 경제적으로도 절망적인 수치다. 이런 상황에서 적극적인 약속이 어떤 식으로 문제를 해결할 수 있을까? 병원에서 일상적인 검진이든 중요한 수술이든 다음 방문 예약 일정을 잡을 때, 일반적으로 병원 직원이 방문 카드에 예약 날짜와 시간을 기록한다. 그러나 이런 관행은 환자의 역할을 소극적으로 만든다. 만약 환자가 직접 카드에 날짜와 시간을 적도록 하면 적은 비용으로도 효과적으로 예약 시간에 나타나지 않는 환자의 비율을 줄일 수 있지 않을까?

다른 설득 요령들과 마찬가지로 적극적인 약속은 일상생활에서도 상대방의 동의를 끌어내는 데 유용하다. 친구, 이웃, 파트너, 자녀들과의 약속은 물론이고 자기 자신과의 적극적인 약속을 기록하는 행위는 언뜻 사소해 보여도 심리적으로 큰 영향력을 발휘한다. 이미 설득력이 뛰어난 사람도 '기록의 힘'을 활용하면 말로는 다 할 것처럼 큰소리치고 차일피일 미루기만 하는 이들이 약속을 지키도록 유도할 수 있다.

26
여러 개의 목표를 저글링하는 비결

◆

◆

상대의 동의를 얻어내기가 비교적 쉬울 때가 있다. 특히 지금이 아니라 미래에 무언가를 해달라는 요청일 경우에 그렇다. 사람들이 지금 당장은 아니라 몇 주 후에 도와달라고 했을 때 선뜻 승낙하는 이유가 여기에 있다. 상대는 다음 달 일정이 지금은 한가해 보이지만 그때 가서도 상황이 같을 리가 없다는 사실을 잊고 이렇게 말한다.

"그럼요, 다음 달이라면 얼마든지요."

그래서 우리는 약속한 달이 다가왔을 때 상대에게 약속을 지키라고 재촉하거나 심지어 약속했다는 사실을 떠올리게 하느라 종종 애를 먹기도 한다.

앞서 우리는 적극적으로 약속을 기록하게 하는 행위가 약속을 행동으로 옮기게 만드는 중요한 수단이 될 수 있음을 살펴보았다. 사람들이 자기가 한 약속을 기억하고 실행할 확률을 높이는 방법이 또 하나 있다. 특히 약속을 받아낸 시점부터 실제 약속을 이행할 시점까지 시간이 많이 남아 있을 때 사용하면 효과적인 방법인데, 약속을 언제, 어디서, 어떻게 실행할지에 대한 구체적인 계획을 함께 요청하는 것이다. 설득의 과학을 연구하는 사람들이 '실행 의도Implementation intention' 계획이라고 부르는 이 전략은 매우 효과적이다.

하버드대학교 케네디행정대학원의 토드 로저스Todd Rogers와 데이비드 니커슨David Nickerson의 연구팀은 유권자들에게 다가오는 선거에서 투표할 계획이 있는지 물었다. 그리고 투표할 의사가 있다고 응답한 사람들에게는 선거 당일에 투표소까지 어떻게 이동할 계획인지를 추가로 질문했다. 몇 주 후 치러진 선거에서 추가 질문을 받은 유권자들의 투표율은 단순히 투표 의향만 확인한 유권자들에 비해 4~9퍼센트 높았다.

따라서 사람들이 약속을 지키도록 하기 위해서는, 특히 그 약속을 실행해야 할 시기가 한참 후일 경우에는 그 일의 실행 방법을 구체적으로 차근차근 설명해주면 도움이 된다. 다시 말해 '실행 의도'를 불러일으키는 것이다. 그런데 목표가 하나가 아니라 여러 개인 경우에도 요청을 수락하고 약속을 지키게 하는 데 실행 의도가 효과적일까?

안타깝게도 정답은 '아니오'이다. 마케팅학과 교수인 스티븐 스틸러 Stephen Stiller와 에이미 돌턴Amy Dalton은 목표가 하나일 때는 실행 의도가 도움이 되지만, 목표가 여러 가지일 경우에는 처참한 결과를 초래할 수 있다고 말한다. 여러 목표에 대한 실행 계획을 세울 때 나타나는 두 가지 특징 때문이다. 첫째, 현실에는 목표가 여러 개인 경우가 당연히 존재하지만, 여러 실행 계획을 마치 저글링을 하듯이 한꺼번에 돌리는 것은 사실 버거운 일이다. 둘째, 여러 목표 간에 충돌이나 제약이 발생할 가능성이 있다.

사업가들은 일상처럼 마주하는 일이지만, 상충하기 일쑤인 여러 가지 목표를 완수하기 위해 개인과 팀을 설득해야 하는 과제에 직면했을 때 어떻게 대처해야 할까? 스틸러와 돌턴은 연구 결과를 토대로 두 가지 방법을 제안한다.

첫 번째 방법은 목표들이 개별적인 듯 보여도 넓게 보면 공동의 목적에 공헌한다는 점을 깨닫도록 유도하는 것이다. 예를 들어 조직의 관리자나 리더는 팀 사이의 갈등에만 초점을 맞추기보다 여러 목표에 잠재한 시너지 효과를 팀들이 스스로 인식하고 논의할 수 있는 시간을 마련해볼 수 있다.

두 번째 방법은 달성해야 하는 목표들을 다른 목표들보다 상대적으로 수행하기 쉽게 설계하는 것이다. 다시 말해 자신이 비교적 유리한 상황에 있다고 느끼게 만드는 방법이다.

스틸러와 돌턴은 한 실험 결과를 통해 두 번째 접근 방식의 유용성을 증명했다. 그들의 실험에 따르면 6개의 업무를 배정받은 참가자들은 각 업무에 대한 실행 계획을 세우기 전에 다른 사람들이 자신보다 많은 10개의 업무를 배정받았다는 사실을 알게 되었을 때 맡은 업무를 완수할 확률이 훨씬 높아졌다. 우리는 다른 동료가 더 많은 목표를 동시에 진행하고 있다는 사실을 알고 나면 여러 개의 목표도 기꺼이 맡아서 덜 어려운 것처럼 완수해내는 듯하다.

이러한 통찰력은 매우 흥미로운 가능성을 제기한다. 자신이 다른 사람들보다 얼마나 바쁘게 일하는지 우쭐거리기를 즐기는 동료는 성가시기 이를 데 없지만, 사실상 당신을 도와주고 있는 사람이라고 긍정적으로 생각해볼 수 있지 않을까? 자기도 모르게 당신이 더 많은 임무를 완수할 가능성을 높여주고 있는 셈이니 말이다. 물론 실제로는 당신의 업무가 더 많을 경우에는 통하지 않는 생각이다.

27
일관성을 이기려면 일관성으로 대응하라

◆

◆

오스카 와일드는 "일관성은 상상력 없는 사람의 마지막 피난처"라고 했다. 랄프 왈도 에머슨 또한 경멸하는 듯한 어조로 "어리석은 일관성은 협소한 마음이 만들어내는 도깨비"라고 말했다. 그리고 올더스 헉슬리는 이렇게 강조했다. "사람들이 유일하게 진정으로 일관적일 때는 죽은 것이다."

왜 유명한 작가들은 나이 지긋한 현자일 때가 아니라 젊은 애송이 시절에 이런 말을 하는 경우가 많은 걸까? 그리고 이것은 다른 사람의 마음을 움직이려고 할 때 어떤 식으로 도움이 될까? 고명한 작가들의 견해에도 불구하고 우리가 앞서 살펴봤듯이 사람들은 일반적으로 기존의 태도, 말, 가치, 행동과 일관성을 유지하는 것을 좋아한다. 그러면 노화 과정은 어떻게 이런 성향에 영향을 미치는 걸까? 우리는 스테파니 브라운Stephanie Brown의 연구팀과 함께 실험을 실시한 결과 사람들이 일관성을 선호하는 경향은 나이가 들수록 더 짙어진다는 것을 확인할 수 있었다. 그 이유는 비일관성은 정서적으로 혼란을 일으키고, 나이 든 사람들은 정서적인 혼란을 피하고 싶어 하기 때문이다.

이런 결과는 나이 든 사람들을 설득하려고 할 때 참고할 만한 힌트를 던져준다. 예를 들어 노년의 고객을 타깃으로 새로운 제품군을 출시하려는 회사에서 일한다고 가정해보자. 연구 결과에 따르면, 해당 고객 집단은 다른 사람들보다 변화에 대한 저항이 클 것이다. 나이 든 사람들에게 있어 변화는 기존에 했던 행동을 계속하지 못하게 하는 요인으로 받아들여질 수 있기 때문이다. 이 경우 새로운 제품이 어떤 식으로 기존의 가치와 부합하는지에 초점을 맞춰 메시지를 전달하는 것이 좋다. 다른 분야에도 똑같은 교훈을 적용할 수 있는데, 이를테면 경영지원팀의 고참 사원에게 새로운 시스템을 이용해보라고 설득할 때, 나이 든 부모님에게 약을 권할 때 등 여러 가지 경우에 응용할 수 있다.

그런데 새로운 행동이 기존의 가치나 믿음이나 행동과 어긋나지 않는다는 점을 알려주기만 하면 나이 든 사람들이 정말로 그렇게 쉽게 기존의 행동을 포기할 수 있는 걸까? 그들의 입장에서는 아마 결정을 일관적으로 유지하는 것이 좋은 일일 것이다.

그리고 우리는 죽 끓듯 마음이 수시로 변하는 사람들, 귀가 얇은 사람들을 다루는 것이 얼마나 짜증나는 일인지 잘 알고 있다. 그런 사람들을 다루려면 지금 당신이 제안하는 것이 그들이 예전에 중요하다고 생각했던 것과 일치한다고 말하는 것만으로는 부족하다. 그들을 기존의 약속에서 자유롭게 해줘야 할 뿐 아니라 과거에 그들이 한 결정이 실수인 것처럼 규정하는 일은 피해야 한다. 가장 추천할 만한 방법은 과거의 결정을 칭찬하고 '당시에는' 그 결정이 옳은 일이었다고 설명하는 것이다.

'당시 상황과 입장을 고려할 때' 과거의 결정이 옳은 일이었음을 인정한다면, 그들은 체면을 잃지도 일관성을 침해받지 않고도 과거에 자신이 한 약속에서 자유로워질 수 있다.

이와 같은 식으로 '설득의 전초전'인 예비 진술을 한 후 듣는 사람의 전반적인 가치와 믿음과 행동에 초점을 맞춘 메시지를 전달하면 그다음은 일사천리다. 화가가 그림을 그리기 전에 캔버스를 준비하고, 의사가 수술 전에 수술 도구를 준비하고, 스포츠 코치가 경기 전에 팀의 전력을 정비하는 것과 마찬가지로 설득력 있는 호소에도 준비가 필요하다. 그리고 그런 준비에는 어떤 식으로 메시지를 전달할지 고민하는 일뿐만 아니라 이전의 메시지와 반응이 어땠는지에 관심을 기울이는 일도 포함된다.

옛말에도 있지만, 말을 잘 타는 가장 좋은 방법은 '말이 가고 있는 방향으로 가는 것'이다. 우선 말이 가고 있는 방향에 맞춘 후에 자신이 가고 싶은 곳으로 천천히 용의주도하게 고삐를 조정해도 늦지 않다. 처음부터 대뜸 원하는 방향으로 말을 잡아당긴다면, 우리는 쉽게 지칠 것이고 아마 우리를 태운 말도 성질을 부릴 것이다.

28
적을 친구로 만드는 작은 부탁

◆

◆

1706년에 태어난 벤저민 프랭클린은 작가, 정치가, 외교관, 과학자, 출판업자, 철학자, 발명가 등 팔방미인으로 유명하다. 무엇보다 정치가로서 그는 미국이라는 국가의 개념을 만들어냈고, 독립전쟁 기간에는 외교관으로서 동맹국 프랑스가 미국의 독립을 돕도록 했다. 과학자로서는 전기 관련 이론으로 중요한 업적을 쌓았고, 발명가로서는 이중초점 안경, 주행 거리계, 피뢰침 등을 만들었다. 그러나 무엇보다 가장 짜릿한 발견이라 할 수 있는 것은 그가 적들을 불편하게 만들어서 존경을 끌어내는 방법을 고안했다는 사실이다.

벤저민 프랭클린이 펜실베이니아 의회에서 일하던 시절 그는 다른 의원의 철두철미한 정치적 반대와 적의 때문에 심기불편한 나날을 보내고 있었다. 프랭클린이 적의 존경과 우정을 얻기 위해 어떻게 했는지 살펴보자.

노예처럼 억지로 아첨을 해서 환심을 살 생각은 없었다. 얼마 후 나는 다른 방법을 택했다. 나는 그의 서재에 매우 희귀하고 진기한 책이 있다는 이야기를 듣고 그에게 편지를 썼다. 나는 그 책을 찬찬히 읽고 싶다는 소망을 이야기하고, 며칠 동안 빌려주는 호의를 베풀어줄 수 있는지 물었다. 그는 즉시 책을 보내줬다. 일주일쯤 지난 후 나는 구구절절 호의에 감사하는 편지를 적어 책과 함께 돌려줬다. 그 후 의회에서 마주쳤을 때 그는 내게 말을 걸었다(전에는 그런 적이 한 번도 없었다). 그리고 매우 공손한 태도를 보였다. 그는 이후 무슨 일에든지 기꺼이 나를 배려해줬다. 그렇게 우리는 좋은 친구가 됐다. 우리의 우정은 그가 죽을 때까지 계속됐다. 이것은 내가 알고 있던 격언이 진실이라는 것을 증명한 예다. 즉, "당신에게 친절을 베풀었던 사람은 당신이 친절을 베푼 사람보다 다시 당신에게 친절을 베풀 가능성이 더 크다."

훗날 행동과학자 존 제커Jon Jecker와 데이비드 랜디David Landy는 프랭클린이 정말 옳았는지 직접 실험해보기로 했다. 연구팀은 모의 콘테스트를 열고 참가한 사람들에게 소정의 상금을 줬다. 그 후 연구조교가 임의로 나눈 한 그룹의 사람들에게 접근해서 혹시 상금으로 받은 돈을 돌려줄 수 있는지 물었다. 조교는 사비를 털어서 콘테스트를 열었는데 가진 돈이 거의 다 떨어졌기 때문이라고 이유를 설명했고, 거의 모든 사람들이 돈을 돌려주겠다고 했다. 또 다른 그룹의 사람들에게는 아무 요청도 하지 않았다. 그런 다음 전체 실험 참가자가 연구조교를 얼마나 좋아하는지에 대해 익명으로 조사를 했다.

이 실험으로 비논리적으로 보이는 프랭클린의 전략은 사실로 입증되었을까? 실제로 그랬다. 돈을 돌려달라는 부탁을 받은 사람들이 부탁을 받지 않은 사람들보다 연구조교를 더 호의적으로 평가했다.

왜 그럴까? 우리는 사람들이 기존의 행동과 일관적인 태도를 취하고 싶어 한다는 것을 다른 연구를 통해 이미 알고 있다. 프랭클린의 적은 좋아하지도 않는 사람에게 호의를 베풀고 있는 자기 자신을 깨달았을 때 아마 이렇게 중얼거렸을 것이다.

"내가 왜 좋아하지도 않는 사람을 도우려고 나답지 않은 행동을 하고 있는 거지? 어쩌면 프랭클린은 그렇게 나쁜 사람이 아닐지도 몰라. 생각해보면 다른 장점이 분명히 있을 거야."

프랭클린의 전략은 다양한 분야에서 관계를 관리하는 데 도움이 된다. 한 가지 예를 들자면 우리는 이러저러한 이유로 우리를 좋게 생각하지 않는 동료나 이웃, 사업 파트너로부터 도움을 받아야 할 일이 종종 생긴다. 우리는 그들이 우리를 더 싫어하게 될까 봐 부탁하기를 꺼리기도 한다. 보통 사람이라면 부탁을 하기는커녕 꼭 요청할 일이 있어도 뒤로 미룰 것이다. 그로 인해 당면한 과제가 타이밍을 놓치고 지연된다고 해도 말이다. 못마땅한 사람에게 부탁을 하는 것은 대단한 용기가 필요한 일일 것이다. 그러나 한 가지만 명심하자. 그런 사람들과 말을 섞든 섞지 않든 달라질 것이 아무것도 없다면, 최악의 일이 일어난다고 해봤자 역시 아무것도 아닌 일일 뿐이다. 겁내지 말고 시도하자. 우리는 정말로 잃을 것이 없다.

29
관계를 확장하는 스몰 토크의 힘

◆

◆

당신의 출근길 스타일은 어떤가? 자신에게 집중하는 스타일인가? 밀린 서류 작업을 해치우거나, 책을 읽거나, 조용히 자기만의 생각에 잠길 기회로 활용하는 사람인가?

아니면 사교적인 스타일인가? 오늘은 또 어떤 흥미롭고 새로운 사람을 만날 수 있을지 기대하며 항상 기회를 탐색하는 사람인가? 운이 좋으면 유용한 인맥이 되고, 좋은 친구 사이로까지 발전할 수 있는 사람을 만날 수 있을지 아무도 모르는 일이니 말이다.

후자의 경우와 공통점이 많다면 좋은 일이다. 그런 대화의 기술 덕분에 인간관계와 인맥을 쌓는 능력이 발전하면, 그에 따라 자연스레 당신의 영향력도 확장될 가능성이 크기 때문이다. 하지만 대다수의 사람들처럼 자신에게 집중하는 성향이 강하다면, 타인에게 먼저 다가가는 행동에 상당한 이점이 있다는 사실을 입증한 연구에서 깨닫는 바가 있을지도 모르겠다. 인맥을 확장하고 이를 통해 더 많은 잠재적 기회를 얻고자 한다면, 무조건 스몰 토크를 시작해야 한다.

대중교통 안에서 다른 사람에게 말을 걸지 않는 데는 물론 여러 이유가 있지만, 그중에서도 타인과의 상호작용을 자제하도록 하는 암묵적인 사회규범이 큰 원인 중 하나다. 공공장소에서는 조용히 해야 한다는 사회규범이 신성하게 지켜지는 런던 지하철이 전형적인 예이다.

시카고대학교 부스경영대학원의 행동과학자 니콜라스 에플리Nicholas Epley와 줄리아나 슈뢰더Juliana Schroeder는 실험을 통해 모르는 사람과 대화하기를 꺼리는 이유가 무엇이든, 낯선 사람과 대화를 나누려고 시도하는 사람들은 상당한 혜택을 누린다는 설득력 있는 증거를 제시했다.

한 실험에서는 아침 출근길에 기차역에서 혼자 통근 열차를 기다리는 사람들에게 말을 걸었다. 여기서 노선의 출발역을 선택했다는 점이 핵심이다. 즉, 승객들은 비교적 한산한 열차에 탑승했을 테고, 낯선 사람의 옆에 붙어 앉기보다는 (타인에게 피해를 주면 안 된다는 강력한 사회규범에 따라) 다른 통근자들과 멀리 떨어진 좌석을 선택했을 확률이 높다. 연구진은 한 통근자 그룹에게 낯선 사람에게 말을 걸어 상대방에 관한 흥미로운 사실을 찾아내고 자신에 관해서도 이야기해보라고 요청했다. 또다른 통근자 그룹에게는 다른 사람과 어울리지 말고 고독을 만끽하도록 했다. 그리고 두 그룹 모두에게 설문지를 주고 열차에서 내릴 때 작성한 설문지를 제출해달라고 했다.

기차에서부터 버스, 대기실에서 공항 라운지까지, 반환된 설문지에서 공통된 패턴이 드러났다. 주도적으로 낯선 사람과 관계를 맺으라는 지침을 받은 사람들은 적극적으로 고독을 즐기라는 요청을 받은 사람들보다 훨씬 더 긍정적인 경험을 했다고 보고했다. 대화의 평균 지속 시간은 14분 정도였고, 대화를 유쾌한 경험이라고 평가했다. 다른 통근자 그룹이 예상한 것과는 완전히 대조적이다. 이들 대부분은 낯선 사람과의 대화가 불쾌한 경험이 될 것이라 짐작했고, 일부는 다른 통근자와 대화를 시작하는 행위는 사회적 거절을 당할 위험성이 크다는 의견을 냈다. 그러나 낯선 사람과 대화하기로 동의한 118명의 실험 참가자 중 대화를 거절당한 사람은 한 명도 없었다.

낯선 사람들과 대화를 나누는 것도 좋지만, 아침 통근 시간을 읽지 못한 이메일을 확인하거나 업무 보고서를 읽는 등 그날 있을 업무를 준비하는 기회로 삼는 사람들도 있지 않느냐고 생각할지도 모르겠다. 물론 연구진은 이런 경우도 살펴보았고, 통근 시간 동안 다른 사람과 대화를 한다고 해서 그날의 업무 생산성이 크게 떨어지지는 않는다는 사실을 밝혀냈다.

이동 중에 처리하는 업무의 생산성이 사실상 그리 높지 않기 때문일 수도 있다. 그러나 한 가지 분명한 사실은 낯선 사람과 대화한 참가자 중에 생산적으로 보낼 수도 있었을 시간을 낭비했다고 느낀 사람은 아무도 없었다는 점이다.

다음번에 버스나 기차, 비행기에 탈 일이 있거든 아이폰, 보고서, 킨들 전자책이나 컴퓨터를 내려놓고 몸을 돌려 옆 사람에게 인사를 건네 보자. 이는 자신의 네트워크 안에 있는 사람들의 수를 늘리고 더 넓은 인간관계를 구축함으로써 당신의 영향력을 확대하는 가장 즉각적인 방법이다.

이 전략은 컨퍼런스, 영업 회의, 박람회와 같은 전통적인 네트워킹 환경에도 적용해볼 수 있다. 직원이 거절당할지도 모른다는 두려움에 잠재 고객이 다가와주기만을 기다린다면 회사는 막대한 손실을 볼 것이 뻔하다. 이 실험에서 우리는 상대방이 대화를 거절하는 경우는 실제로는 매우 드문 일이라는 위안을 얻을 수 있다. 다만 상대방을 알아가는 데 초점을 맞춰 대화를 시작해야 한다는 점을 명심하자.

이런 전략을 활용하면 관계하는 모든 사람의 삶을 즐겁게 만들 수 있고, 기업 또한 이윤을 크게 늘릴 수 있다. 영국의 마케팅 대행사 애벗 미드 비커스 BBDOAbbott Mead Vickers BBDO의 광고 캠페인이 대표적인 예이다. 이들은 1990년대에 브리티시 텔레콤British Telecom(영국 통신회사-옮긴이)의 10년 역사에서 가장 기억에 남을 광고 캠페인을 선보였다. 브리티시 텔레콤의 상업적 성공에 크게 기여한 것으로 평가받는 이 캠페인은 50억 달러의 추가 수익을 안겨주었다. 캠페인의 주요 메시지는 바로 이것이었다.

"대화하니까 좋죠!

30
가장 좋은 것은 가장 작은 꾸러미에 있다

◆

◆

가장 좋은 것은 가장 작은 꾸러미 안에 들어 있다'는 말을 한 사람은 아마 아주 작은 사람이었을 것이다. 누가 한 말인지는 몰라도 그는 작은 행동이 불러일으키는 큰 파장을 이해하고 있었던 것이 분명하다.

우리는 이 책을 통해 도덕적인 방식으로도 얼마든지 성공적으로 사람들을 설득할 수 있다는 주장을 하고 있다. 그러나 어떤 상황과 환경에서는 왜 사람들이 합리적인 요청에 승낙하지 않는지를 이해하는 것도 마찬가지로 중요한 일이다. 이를테면 합법적인 자선 단체에 기부해달라는 요청 같은 것이 이런 예에 해당한다.

몇몇 동료들과 함께 우리는 관련 실험을 해보기로 했다. 우리는 사람들이 기부 요청을 잘 받아들이지 않는 이유로 '큰돈을 기부할 능력은 안 되고 푼돈은 별로 도움이 되지 않는다'고 생각하기 때문이라고 가정했다. 원래 어느 정도 자선 활동에 관심이 있는 사람이라 할지라도 말이다. 우리는 사람들이 기부를 하도록 설득하려면, 아주 적은 액수도 도움이 된다는 사실을 알려주고 본질적으로 소액 기부의 가치를 인정해야 한다고 생각했다.

이 가설을 검증하기 위해 집집마다 방문을 해서 미국 암협회를 위한 기부를 요청했다. 방문자들은 자신을 소개한 후 주민들 중 절반에게 이렇게 물었다. "기부를 해주시겠습니까?" 반면 나머지 절반의 주민들에게는 다음과 같이 한마디를 덧붙였다. "동전들도 큰 도움이 됩니다."

우리의 연구 결과는 작은 구리와 아연 동전이 묵직한 금 덩어리 못지 않은 가치가 있다는 사실을 보여줬다. 우리가 세운 가설대로 기부를 요청하며 한마디를 덧붙인 경우에 기부 참여율이 그렇지 않은 경우보다 두 배 가까이 더 높았다(각각 50퍼센트와 28.6퍼센트였다).

분명히 이 연구는 우리가 다른 사람들로부터 도움을 원할 때 아주 작은 도움이라도 가치가 있다는 것을 밝히기만 해도 큰 효과가 있음을 암시한다. 혹시 '동전들도 큰 도움이 됩니다' 전략이 역효과를 일으키기도 할까? 이 말을 덧붙여 두 배나 더 많은 사람들이 기부에 참여했을지라도 액수 면에서는 나머지 절반의 사람들보다 적은 돈을 기부했을 수도 있지 않을까? 혹은 그런 말을 들었을 경우 일반적인 기부를 했을 때의 금액보다 더 적은 돈을 내놓는 것은 아닐까? 이런 부작용의 가능성을 확인하기 위해서 기부금액도 조사해봤다. 다행히 기부자 한 명당 평균 기부액은 별 차이가 없었다. 즉, '동전들도 큰 도움이 됩니다' 전략은 참여율을 높이는 것은 물론 전체 기부액 측면에서도 일반적인 방식으로 기부를 요청하는 것보다 더 효과적이었다. 우리가 실시한 실험은 100명을 대상으로 한 것이었는데, 그중 동전도 도움이 된다고 말한 첫 번째 그룹에서 모금된 금액은 72달러였고, 두 번째 그룹에서 모금된 금액은

44달러였다.

이 접근법은 회사 내에서도 여러 가지 방법으로 적용할 수 있다. 공동 프로젝트에 참여하고 있는 동료에게 "1시간만 도와줘도 정말 큰 도움이 될 겁니다"라고 말하거나, 필체를 알아보기 힘든 동료에게 "조금만 정확하게 써주시면 큰 도움이 되겠는데요"라고 말하면 어떨까? 혹은 고객이 뭘 원하는지 잘 모르겠다면 "잠깐만 전화 통화를 할 수 있을까요? 그러면 대단히 감사하겠습니다"라고 말해보자.

31
가치를 높이려면 가격을 높여라

◆

◆

브리트니 스피어스가 씹은 껌, 파파 스머프 캐릭터 접시, 고장난 레이저 포인터 같은 물건이 경매를 통해 팔리는 모습은 무슨 의미가 있을까? 이베이의 '관심 물품' 리스트는 실제로 많은 의미를 함축하고 있다.

이베이는 온라인 경매 및 쇼핑 웹사이트인 이베이닷컴을 운영하는 회사다. 전 세계의 수많은 사람들과 기업이 이 사이트에서 물건과 서비스를 사고판다. 1995년 캘리포니아 산호세에서 피에르 오미다이어Pierre Omidyar라는 컴퓨터 프로그래머가 이 회사를 설립했다. 그는 에코베이 테크놀로지 그룹이라는 컨설팅 회사를 운영하고 있었는데, 회사의 웹사이트를 등록하려고 보니 에코베이 마인스라는 금광 채굴 회사가 에코베이닷컴이라는 웹사이트 주소를 이미 사용하고 있는 것을 알게 됐다. 그래서 그는 회사 이름을 줄여서 이베이닷컴을 만들었다. 이베이에 제일 먼저 등장한 물건은 오미다이어의 고장난 레이저 포인터였다. 그는 이 물품을 14.83달러에 팔았다. 이런 물건을 사고 싶어 하는 사람이 있다는 사실에 놀란 그는 물품을 사간 사람에게 이메일을 보내서 구입한 물건이 고장난 레이저 포인터라는 사실을 알고 있냐고 물었다. 구매자는 답장에서 이렇게 말했다. "나는 고장난 레이저 포인터를 수집하는 사람입니다."

우리가 상상할 수 있는 거의 모든 것 그리고 때로는 상상 너머에 있는 물건까지도 사고팔 수 있는 웹사이트 이베이닷컴은 2006년 약 60억 달러의 매출을 기록했다. 그동안 오리지널 할리우드 표지판과 채널 터널(Channel Tunnel, 영국과 프랑스 사이의 해협을 육로로 잇는 터널) 공사에 사용됐던 천공기가 경매에 부쳐지기도 하고, 애리조나에 사는 어떤 남자는 자신이 아끼는 '에어 기타(기타를 치는 시늉만 할 수 있는 가공의 기타)'를 5.50달러에 판매하는 데 성공하기도 했다. 낙찰돼도 아무것도 받을 수 없다는 사실을 명시했음에도 불구하고 기꺼이 '에어 기타'를 구매한 사람이 있었다. 2005년에는 영국 라디오 DJ의 부인이 머리끝까지 화가 나서 남편이 애지중지하는 로터스 에스프리 스포츠카를 즉시 구매가 50펜스에 팔아버리는 사건이 벌어졌다. 남편이 방송에서 매력적인 모델과 시시덕거리는 것을 듣고 분노를 참을 수 없었기 때문이다. 차는 5분 만에 팔렸다.

분명히 이베이닷컴은 온라인 경매를 바탕으로 하는 엄청나게 성공적인 비즈니스 모델을 발굴했다. 실제로 많은 회사들이 입찰자와 판매자 중심의 온라인 입찰 과정과 시스템을 이용하는 비슷한 모델을 채택했다. 온라인 경매의 입찰 과정과 회사의 경쟁 입찰 과정은 본질적으로 유사하다. 그렇기 때문에 이베이 같은 웹사이트에서 판매자들이 물품을 파는 방식을 관찰해본다면 회사의 경쟁 입찰 과정을 효과적으로 관리하는 방법에 대해서도 꽤 많은 것을 알아낼 수 있을 것이다.

행동과학자 질리언 쿠Gillian Ku의 연구팀은 어떤 물품의 최초 가격을 낮게 설정했을 때보다 높게 설정했을 때 구매자가 물품의 가치를 높게 인식할 가능성이 더 커진다고 생각했다. 그러나 연구팀은 높게 설정된 경매 시작가 덕분에 물품의 가치가 높아졌을 경우 실제로 최종 판매가도 높아지는지에 대해서는 의문을 제기했다. 대신에 연구팀은 시작가가 낮을수록 최종 판매가가 높아질 거라고 가정했고, 그 이유로 세 가지를 들었다.

첫째, 경매 시작가는 일종의 진입 장벽으로 작용한다. 따라서 시작가가 낮을수록 가능한 한 많은 사람들이 입찰에 참여하도록 장려할 수 있다는 점에서 효과적이다.

둘째, 낮은 시작가 덕분에 많아진 입찰자 수와 총 입찰 건수는 새로운 잠재 입찰자에게 사회적 증거로서 작용한다. 다시 말해 낮은 가격에서 시작된 물품에 입찰할까 말까 고민 중인 잠재 입찰자는 많은 사람들이 그 물품에 입찰하고 있는 것을 보면 그것이 물품의 가치를 입증하는 사회적 증거라고 받아들인다. 또 그런 생각은 사람들이 입찰에 참여하도록 자극하는 효과가 있을 것이다.

셋째, 시작가가 낮은 물품에 입찰한 사람들, 특히 경매 초기에 참여한 사람들은 더 많은 시간과 노력을 들여서 재입찰할 가능성이 높다. 그들은 이미 입찰 과정에 투입한 시간과 노력을 정당화하기 위해서 계속 입찰을 할 것이다. 또한 입찰가를 점점 더 높이면서 낙찰에 대한 의지를 보일 확률이 높다.

이와 같은 연구 결과는 '최종 판매가를 높이려면 어지간히 낮은 가격에서 경매를 시작하라'고 조언한다. 그러나 여기서 고려해야 할 매우 중요한 점이 하나 있다. 연구팀은 낮은 시작가가 강력한 효과를 발휘하는 결정적인 요인은 사회적 증거라는 사실을 발견했다. 따라서 물품의 접근성이 떨어지면 아무리 시작가가 낮아도 별다른 효과가 없다(예를 들어 이베이에 올린 물품 이름의 철자가 잘못되었을 경우, 잠재 입찰자가 검색을 통해 물품을 발견할 가능성이 낮아지므로 사회적 증거를 확보하기 어렵다). 다시 말해 낮은 시작가는 많은 입찰자들이 제품을 원할 때 매우 효과적이지만, 경매에 참여하는 당사자가 단 두 명 뿐이라면 효과가 떨어진다.

이 점을 염두에 두고 실행에 옮긴다고 해서 당신 회사의 위젯이나 당신 가족의 고풍스러운 골무 컬렉션이 대단히 높은 가격에 팔릴 거라고 장담할 수는 없지만, 최소한 에어 기타가 다시 판매될 경우에 입찰하기에 충분한 액수만큼은 벌 수 있을 것이다.

32
메시지를 살리는 포장술

◆

◆

"내가 누구냐고? 나는 분홍색 장난감 토끼야. 내겐 북이 있어. 그리고 내 배터리는 다른 회사 것보다 훨씬 더 오래가. 내가 누구게?"

당신이 어느 지역에 사느냐에 따라 '나'는 에너자이저 토끼일 수도 있고 듀라셀 토끼일 수도 있다. 무슨 소리인지 모르겠다고? 당신만 못 알아듣는 게 아니니 안심하라.

어떻게 된 일인지 제대로 설명하자면 약간의 역사 공부가 필요하다. 또 그래야 이것이 효과적인 설득 및 마케팅과 무슨 관련이 있는지 잘 이해할 수 있다. 텔레비전에 나와 끊임없이 북을 치는 취미가 있고, 분홍색 피부에 배터리로 움직이는 최초의 토끼는 듀라셀 토끼였다. 더 정확히 말하자면 이것은 단순히 장난감 토끼 한 마리가 아니라 전체 종에 대한 이야기이므로 '듀라셀 토끼들'이라고 표현하는 게 맞을 것이다. 이 듀라셀 토끼들은 다른 브랜드의 배터리보다 오래가는 것으로 알려졌다. 예를 들어 한 광고를 보면, 다양한 종류의 배터리를 장착한 수많은 북 치는 장난감 토끼들이 서서히 동작을 멈추는데 유독 한 마리만 기운이 뻗쳐서 혼자 계속 움직이고 있다. 얘가 바로 듀라셀 토끼다.

그러나 15년도 더 전에 듀라셀은 미국에서 상표를 갱신하는 데 실패했다. 그래서 경쟁 브랜드 에너자이저가 잽싸게 끼어들어 알카라인 배터리를 장착한 북 치는 분홍색 에너자이저 토끼를 상표 등록했다. 듀라셀의 광고를 조롱하고 자사 제품의 우월성을 주장하기 위해서였다. 그래서 요즘 북미의 텔레비전 시청자들은 에너자이저 토끼를 보는 데 익숙하지만, 다른 지역에서는 여전히 듀라셀 토끼가 설치고 다닌다.

에너자이저 텔레비전 광고는 다음과 같은 식이다. 시청자들은 다른 제품의 광고, 예를 들면 치질 치료 연고인 싯어게인의 광고를 보고 있다. 그런데 갑자기 에너자이저 토끼가 화면 안으로 끼어들면서 내레이션이 나온다. "아직도… 아직도… 아직도 움직입니다. 역시 에너자이저보다 오래가는 건 없습니다." 이 에너자이저 토끼의 엉뚱한 끼어들기 장난이 전파를 탄 초기에는 대중과 비평가들의 환호를 받았지만 한 가지 문제가 있었다. 이것이 어느 회사 광고인지 기억하지 못하는 사람들이 많았다는 사실이다. 심지어 이 광고에 열광했던 사람들조차도 마찬가지였다. 실제로 설문조사 결과 토끼 광고를 그해 최고의 광고로 선택한 시청자들 중에서 그것이 듀라셀의 광고라고 확신한 사람들이 무려 40퍼센트에 달했다. 에너자이저 토끼와 경쟁사의 구리 모자를 쓴 토끼는 구별되는 특징이 한두 가지가 아닌데도 상황은 그랬다. 이를테면 에너자이저 토끼는 귀가 더 크고 북도 더 크고 선글라스를 썼고 털도 더 밝은 분홍색일 뿐 아니라 무엇보다 잊으려야 잊을 수 없는 특징이 있다.

듀라셀 토끼는 맨발로 쉬지 않고 돌아다니지만, 몸집이 더 큰 에너자이 저 토끼는 슬리퍼를 신고 있다.

얼핏 보면 두 토끼가 헷갈린다는 사실이 분명 원인을 제공하긴 했을 것이다. 하지만 결과적으로 볼 때 듀라셀 광고를 본 적이 없는 사람들조 차도 이 새로운 광고가 어떤 브랜드의 것인지 제대로 기억하지 못했고 그냥 듀라셀 광고일 거라고 생각했다. 실제로 이 광고가 인기를 얻은 직 후 시장 점유율이 높아진 브랜드는 듀라셀이었고 에너자이저는 약간 줄었다.

에너자이저는 이런 문제를 방지하기 위해 어떤 조치를 취했어야 했 을까? 그리고 우리는 여기서 어떤 교훈을 얻을 수 있을까? 심리학적인 연구 결과는 명백하다. 에너자이저는 매장 디스플레이와 실제 제품 포 장에 기억 보조 장치를 심어뒀어야 한다. 예를 들어 에너자이저 토끼 이 미지에 "아직도… 아직도… 아직도 움직입니다…"라는 문구를 덧붙였 더라면 소비자들의 잘못된 기억을 교정하고, 그들이 그런 기억을 바탕 으로 엉뚱한 제품을 선택하지 못하게 할 수 있었을 것이다. 에너자이저 는 늦게나마 그렇게 했고 큰 성공을 거뒀다.

에너자이저의 사례는 광고계 전체에 어떤 의미가 있을까? 브랜드의 특징을 대표하는 캐릭터를 이용해 제품의 핵심 요소(내구성, 품질, 경제성 등)를 강조하는 캠페인을 벌이면서 브랜드 이미지를 확립하려고 노력 하는 회사들이 점점 많아지고 있다. 그들은 시청자들이 광고에 노출되 는 동안 브랜드화된 요소와 제품을 연결시킬 거라고 가정한다. 물론 제 대로 광고를 설계했다면 당연히 합리적인 가정이다. 또한 회사들은 시 청자들이 쇼핑을 할 때 그 연결관계를 떠올릴 거라고 가정하는데, 이는 순진하기 짝이 없는 생각이다.

현대를 살아가는 소비자들의 기억은 비슷비슷한 수십만 가지 연상들로 얽혀 있어 회사들이 원하는 역할을 수행하지 못한다. 적어도 구매시점에 그와 같은 연결관계를 재생시키는 힌트 없이는 불가능한 일이다. 따라서 대규모 광고 전략을 수립할 경우에는 소비자들이 구매 결정을 할 때 매장 내에서 보는 제품 포장과 디스플레이에 광고의 본질적인 이미지, 캐릭터, 슬로건을 반드시 통합해야 한다. 매체 광고에 등장하는 핵심적인 특징과 일치하도록 디스플레이와 포장을 바꾸려면 당장은 돈이 많이 들겠지만, 그것은 선택이 아니라 필수다.

이 전략은 제품 마케팅에만 한정되지 않는다. 정보와 아이디어를 마케팅하는 데도 적용할 수 있다. 예를 들어 우리가 대학 캠퍼스에서 '음주 문화 바꾸기 캠페인'을 벌이고 있는 단체의 회원이라면 어떤 심각한 도전에 직면하게 될지 생각해보자. 우리가 학생들의 의욕을 고취시키는 광고 전략을 용케 만든다 하더라도 그것이 가장 필요한 순간에 학생들의 머릿속에 남아 있으리라고 어떻게 장담할 수 있단 말인가?

학생들의 과음 문제로 고심하고 있는 대학 내 보건 관리자들에게 '사회적 규범 마케팅'이라고 하는 설득 전략이 많은 인기를 끌고 있다. 연구 결과 학생들은 대개 친구들이 마시는 술의 양을 과대평가하는 것으로 드러났다. 그리고 우리가 이미 사회적 증거에 대해 알고 있는 바와 같이 사람들은 사회적 규범과 일치하는 행동을 하려는 경향이 있다.

사회적 규범 마케팅 전략의 목표는 학생들의 잘못된 인식을 바꿔서 과음 빈도를 줄이는 것이다. 예를 들어 사회적 규범 마케팅 전략을 채택한 포스터에는 "조사 결과 우리 학교 학생들의 65퍼센트는 파티에서 술석 잔 이상을 마시지 않는 것으로 나타났습니다"라는 내용을 넣을 수 있다. 포스터를 보는 학생들에게 주변의 친구들이 마시는 술의 양을 정확하게 알려주면 그들이 파티에서 마시는 술의 양이 줄어들 것이라는 논리다.

이런 프로그램의 장래가 밝아 보이기는 하지만 현재로서 성공의 증거는 반반이다. 학생들이 실제로 포스터를 볼 때는 꽤 설득력이 있을지도 모른다. 그러나 이 전략이 좀 더 효과적이지 못한 이유 중 하나는 아마 학생들이 술을 마시는 상황이 됐을 때는 포스터의 내용에 관심을 두지 않거나 잊어버린다는 것이다.

예를 들어 규범적인 전략으로 과음 반대 메시지를 전달하는 포스터나 표지판 등은 대개 도서관, 강의실, 학생 휴게실, 건강 센터, 기숙사의 공동 구역 등에 설치된다. 즉, 음주가 실제로 일어나는 곳에는 설치되지 않는다(현실적인 측면에서 볼 때 이해할 만한 일이긴 하다). 불행히도 학생들이 메시지를 보는 곳과 실제로 술을 마시는 곳 사이의 괴리 때문에 머나먼 곳에서 들리는 목소리는 '짠' 하고 술잔 부딪치는 소리와 웃고 떠드는 소리 등 술집과 클럽과 파티장과 기숙사에 만연한 '지금 여기'의 소리들에 묻힐 가능성이 커진다.

기억 보조 장치에 대한 연구 결과에 따르면, 문제가 되는 환경에 속한 물건들에 캠페인 로고를 붙이면 학생들이 사회적 규범 정보에 주목할 가능성이 높아지는 것으로 드러났다. 이를테면 술잔 받침에 캠페인 로고를 붙이거나 술집 입구에서 팔찌를 나눠주거나 손에 도장을 찍어주는 방법이 있을 수 있다. 또는 대학 당국이 원반 던지기 용품인 프리스비 같은 물건에 캠페인 로고를 인쇄해서 무료로 나눠줄 수도 있다. 학생들이 그것을 하숙집이나 기숙사 같은 곳에 가져가면 나중에 기억 보조 장치를 보게 될 확률이 높아진다. (묘하게도 이 전략은 학생들이 얼마간 술을 마신 후에 더 효과적일 수 있다. 단순한 설득 메시지는 사람들이 술을 마시고 있을 때 더 성공적인 경향이 있다는 연구 결과도 보고된 바 있다.)

마찬가지로 어떤 지역에서는 술집 주인들이 손님들의 술잔에 '라이트 큐브'라고 하는 것을 넣어서 음주 운전 반대 운동에 참여하기도 했다. 라이트 큐브는 얼음 조각 모양의 플라스틱 물건인데 안에 발광 다이오드LED 전지가 들어 있다. 붉은색 혹은 푸른색으로 빛나는 이 기억 보조 장치는 술잔이 경찰차 경광등처럼 보이게 만드는 효과가 있어서 법적 영향력의 범위가 확장되는 것처럼 작용할 수 있다.

캠페인의 성격이 공적이든 사적이든 간에 기억 보조 장치는 당신의 메시지가 희미해지지 않고 계속 빛을 발하게 해줄 것이다.

PART 4

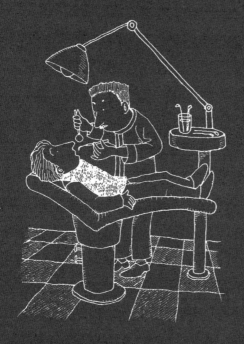

호감 원칙
끌리는 사람을 따르고 싶은 이유

◆ ◆

"사람들에게는 자신과 비슷한 사람을 좋아하는 본능적인 성향이 있으며, 자신과 연관이 있는 것에 끌리는 경향은 인생에서 중요한 다른 결정에도 영향을 미치는 것으로 드러났다."

33
비슷할수록 끌리는 유사성의 원칙

◆

◆

1993년 여름 미시시피 강의 홍수로 중서부의 몇몇 도시가 초토화될 위험에 처해 있었다. 일리노이 주의 퀸시도 마찬가지 처지였다. 재앙이 임박해 있었으므로 퀸시 주민 수백 명은 범람 위기에 놓인 곳곳에 모래주머니 수천 개를 쌓느라 밤낮없이 일했다. 주민들이 보기에 상황은 처참했다. 물자와 식량은 점점 떨어져가고 피로는 극에 달했으며 비관주의가 분위기를 압도했다. 최악의 상황은 수위가 점점 높아지고 있다는 사실이었다. 그러던 중 매사추세츠 주의 한 작은 도시에 사는 주민들이 막대한 양의 식량을 기부했다. 식량이 곧 도착할 것이라는 소식이 전해지자 자원봉사하는 사람들의 사기도 한껏 높아졌다.

전혀 관련이 없어 보이는 소도시의 주민들이 천 마일이나 떨어진 다른 도시를 위해 도움의 손길을 내밀도록 영향을 미친 것은 무엇이었을까? 그들은 홍수로 인해 위험에 처한 수많은 도시와 마을 중에서 왜 하필 퀸시를 도울 생각을 한 것일까?

이 문제에 대해 꽤 많은 심리학 실험이 실시됐는데 결과를 종합해보면, 우리는 가치, 신념, 나이, 성별 등 개인적인 특징을 공유하는 사람들의 행동을 따를 가능성이 가장 크다고 한다. 위 사례의 경우에는 아무런 관련이 없어 보이는 두 도시 사이에 미묘하게 존재하는 유사성 때문에 이런 결과가 나타났다. 매사추세츠 주 퀸시의 주민들은 단지 이름이 같다는 이유로 일리노이 주 퀸시의 사람들에게 유대감을 느꼈다. 그것은 그들이 너그러운 행동을 하는 데 충분한 동기가 되는 강력한 이유였다.

이런 현상을 어떻게 설명할 수 있을까? 사회심리학자들은 '이름'처럼 자신과 미묘하게 연관된 것들에 특별히 긍정적인 느낌을 받는 경향이 있다고 말한다. 이런 경향은 놀라울 정도로 강력할 때도 있다. 예를 들어 사람들은 생전 처음 보는 사람인데도 생일이 같다는 이유로 부탁을 들어줄 확률이 크다는 증거도 있다.

또 다른 실험에서 랜디 가너의 연구팀은 전혀 모르는 사람들에게 우편으로 설문지를 보내면서 설문지를 다 작성한 다음 우편으로 다시 보내달라는 요청을 덧붙였다. 한 그룹에는 설문지를 받는 사람과 이름이 비슷한 사람을 발신자로 했고, 다른 그룹에는 이름이 비슷하지 않은 사람을 발신자로 했다. 예를 들어 이름이 비슷한 그룹에 속한 참가자 로버트 그리어에게는 발신자 이름을 밥 그리거라고 적었고, 신시아 존스턴에게는 신디 조핸슨이라고 적었다. 반면에 이름이 비슷하지 않은 그룹에 속한 사람들에게 보내는 설문지의 발신자로는 연구조교 다섯 명의 이름을 사용했다.

이름이 비슷한 사람으로부터 설문지를 받은 그룹의 참가자들은 이름이 비슷하지 않은 그룹의 참가자들보다 설문지를 작성해서 보낸 비율이 두 배 가까이 높았다(각각 56퍼센트와 30퍼센트였다). 연구의 첫 단계가 마무리된 후 사람들이 설문지를 작성해서 보내기로 결정한 데 어떤 요인들이 작용했는지 평가하기 위해서 설문지를 보내준 사람들에게 또 다른 설문지를 보냈다.

두 번째 조사의 경우 거의 절반의 사람들이 설문지를 작성해서 보냈지만, 발신자의 이름 때문에 설문에 응했다고 답한 참가자는 단 한 사람도 없었다. 이런 연구 결과로 볼 때 사람들이 어떤 사람을 도울지 말지 결정할 때 실마리가 되는 유사성이 얼마나 미묘하면서도 강력한지 알 수 있다.

이와 같은 종류의 사회심리학적인 연구 결과들이 의미하는 바는 이름, 신념, 고향, 모교 등 여러 가지 점에서 비슷한 영업사원이 광고를 하면 잠재 고객의 수용률이 더 높아진다는 것이다. 동료는 물론 이웃들 사이의 험한 분쟁을 해결할 때도 유사성을 언급하면 첫 단추를 성공적으로 낄 수 있다. 그렇다고 그들과 공유하는 특징을 억지로 만들어내라는 말은 아니다. 당신이 순수하게 누군가와 유사성이 있다면, 부탁을 하거나 제품 설명을 하기 전에 그 유사성이 자연스럽게 드러나도록 하는 것이 좋다는 말이다.

34
모방은 설득의 어머니

◆

◆

식당에서 서빙하는 직원들은 설득에 관한 중요한 요령을 알고 있다. 그들이야말로 어떻게 하면 '팁'을 많이 받을까를 늘상 고민하고 생각하는 사람들인데도, 그들로부터 '팁(요령)'을 얻을 수 있다고 생각하는 사람들은 거의 없다.

서빙 직원들이 알고 있는 설득의 요령 중 하나는 다음과 같다. 그들은 손님이 주문한 내용을 그대로 반복해서 말하면 팁을 더 많이 받을 수 있다는 사실을 발견했다. 웨이터나 웨이트리스가 주문을 받은 다음 그냥 "알겠습니다"라고 말하거나 더 심한 경우에는 잘 알아들었다는 표시도 없이 가버리는 것을 누구나 한 번쯤은 경험한 적이 있을 것이다. 그러니 우리가 주문한 치즈버거가 닭고기 샌드위치로 둔갑해서 오는 건 아닐까 걱정하지 않게 해주는 서빙 직원이 인기 있는 것은 당연한 일이다.

릭 판 바렌Rike van Baaren이 실시한 실험에 따르면, 서빙 직원들이 주문을 받은 후에 고객이 한 말을 되풀이하면 팁을 더 많이 받는다는 사실이 입증됐다. 다른 표현으로 바꾸거나 고개를 끄덕이거나 "알겠습니다"라고 말하지 않고 그냥 고객이 주문한 내용을 그대로 반복하는 것만으로 효과가 있었다. 다른 실험에서는 서빙 직원이 주문을 받은 후에 고객의 말을 그대로 되풀이했더니 평소보다 70퍼센트 더 많은 팁을 받았다.

다른 사람의 말을 따라 하는 것이 이 정도로 후한 반응을 이끌어내는 이유는 무엇일까? 아마도 사람들은 자신과 비슷한 사람을 좋아하는 본능적인 성향이 있기 때문일 것이다. 실제로 타냐 차트랜드Tanya Chartrand와 존 바그John Bargh의 연구팀은 다른 사람의 행동을 따라 하는 것이 두 사람 사이에 호감을 유발하고 관계를 돈독하게 만든다고 주장했다.

한 실험에서 연구팀은 두 사람이 짧은 대화를 나누는 상황을 연출했다. 둘 중 한 사람은 연구조교였다. 연구팀은 참가자들을 두 그룹으로 나눈 후 한 그룹에서는 연구조교가 상대방의 자세와 행동을 따라 했다. 즉, 참가자가 팔짱을 끼고 앉아서 한 발로 바닥을 두드리고 있으면 연구조교도 그 행동을 똑같이 했다. 또 다른 그룹에서는 연구 조교가 참가자를 따라 하지 않았다. 연구팀은 조교가 행동을 따라 했던 그룹의 참가자들이 그렇지 않은 그룹의 참가자들보다 조교를 더 좋아했고, 대화가 더 부드러웠다고 발표했다. 고객이 한 말을 그대로 따라 하는 서빙 직원들이 더 많은 팁을 챙길 수 있었던 것도 아마 자기가 좋아하는 사람에게 더 잘해주고 싶어 하는 호감 원칙 때문이었을 것이다.

최근 윌리엄 매덕스William Maddux의 연구팀은 다른 분야, 즉 협상 자리에 이 원리를 적용해봤다. 그들은 협상 대상자의 행동을 따라 하면, 따라 하는 사람의 입장은 물론이고 양쪽 모두에게 더 좋은 결과가 나온다는 가설을 세웠다. 예를 들어 MBA 학생들을 대상으로 한 실험에서 참가자들 절반에게는 협상하는 동안 (상대방이 의자 뒤로 기대면 슬며시 의자 뒤로 기대는 식으로) 상대방의 행동을 미묘하게 따라 하라고 지시했고, 나머지 절반에게는 아무 지시도 내리지 않았다. 상대방을 따라 하라는 지시를 내린 경우 쌍방이 타협점을 찾는 데 성공할 확률이 67퍼센트였다. 한편 상대방의 행동을 따라 하라는 지시를 내리지 않은 경우에는 어땠을까? 겨우 12.5퍼센트만이 타협점을 찾았다. 실험 결과를 바탕으로 연구팀은 상대방의 행동을 따라 하면 신뢰도 역시 높아진다는 결론을 내렸다. 또한 일반적으로 신뢰가 증가하면 협상자가 긴장을 풀고 편안한 상태가 되기 때문에 중요한 세부사항을 털어놓기가 쉽다.

팀원들과 회의를 하거나 다른 사람과 협상을 할 때 무심코 상대의 행동을 따라 하고 있는 자기 자신을 발견한 적이 있을 것이다. 이를 알아차린 사람들이 보통 보이는 반응은 더 이상 상대를 따라 하지 않으려고 자세를 바꾸는 것이다. 즉, 우리는 다른 사람의 행동을 따라 하는 것이 뭔가 잘못된 일이라는 듯 행동한다. 하지만 연구 결과는 정반대의 사실을 알려준다. 상대의 행동을 따라 하는 것은 쌍방을 위해 더 좋은 결과를 낳는다는 것이다. 설사 따라 하는 사람만 이익을 본다고 해도 적어도 상대방이 피해를 입는 건 아니다.

이런 결과를 다른 식으로도 적용할 수 있다. 예를 들어 영업팀이나 고객서비스 부서에서 일하는 사람은 고객의 말을 그대로 반복해 들려줌으로써 고객과 더 친근한 관계를 맺을 수 있다. 고객의 말이 질문이든 불평이든 명령이든 상관없다("그러니까 지금은 열 대를 구입하시고 5월에는 스무 대로 늘릴 가능성도 있다는 말씀이시죠?"와 같은 식으로 말하면 된다).

우리는 최근 고객 서비스센터에서 이루어지는 전화 대화를 검토해달라는 요청을 받았다. 대화 내용의 검토를 의뢰한 서비스센터는 '그대로 반복하기' 기법을 잘못 활용하고 있었다. 어느 날 회사가 약속을 지키지 않는 데 화가 난 고객 한 명이 전화를 걸어서 책임자와 이야기하게 해달라고 요구했다.

"당황스럽게 해드려 죄송합니다." 고객서비스 담당자가 말했다.

"당황스러운 게 아니에요. 난 지금 화가 났어요." 고객이 좀 전보다 더 큰 목소리로 대꾸했다.

"네. 고객님께서 혼란스러우시다는 것을 저도 잘 압니다."

"혼란스러워? 혼란스러워? 난 혼란스럽지 않아. 화가 났다고 했잖아!" 급기야 고객은 고함을 질렀다.

대화는 순식간에 늪 속으로 빠져들면서 끝을 알 수 없는 밀고 당기기 싸움으로 변해버렸다. 고객은 자신이 화가 났다는 사실을 몰라주는 상담원 때문에 점점 더 화가 났다. 고객이 한 말을 단지 되풀이하기만 했더라도 완전히 다른 결과가 나왔을 것이다. "화가 나셨다는 말씀을 들으니 정말 송구합니다. 이 문제를 해결하기 위해서 제가 어떻게 하면 좋을까요?"라고 말했더라면 훨씬 누그러진 반응이 나왔을 것이다. 다른 사람과의 관계를 돈독히 하고 싶은 사람이라면 누구든지 이런 원리를 적용하여 좋은 결과를 이끌어낼 수 있다.

여기서 얻을 수 있는 교훈은 무엇일까? 서빙 직원들이 고객과 대화하는 방식을 잘 관찰하면 다른 사람의 마음을 움직이는 방법에 대해서 많은 것을 배울 수 있다. 사람들은 모방이 최고의 아첨이라고 말한다. 그리고 이 전략은 모방이 가장 기본적인 설득의 형태 중 하나라는 사실 또한 보여준다.

35
속물근성을 자극하라

◆

◆

하루는 친구 집에 모여 수다를 떨던 중 한 명이 최근에 샌프란시스코를 경유해 출장을 다녀왔던 이야기를 꺼냈다. 대화의 대부분은 금문교, 케이블카, 앨커트래즈 섬, 구불구불 이어지는 가파른 거리 등 도시가 지닌 풍부한 관광명소에 대한 이야기로 채워졌다. 그러다가 친구는 "물론 샌프란시스코가 사랑스러운 도시이긴 하지만 거기 사는 사람들은 죄다 속물이야"라고 말하며 '미국에서 가장 속물적인 도시 Top 10'이라는 제목의 기사가 실린 잡지를 꺼내 들었다. 1위는 샌프란시스코였다.

기사를 읽고 나니 두 가지 감정이 들었다. 첫째는 놀라움이었다. 지금까지 나의 샌프란시스코 방문은 언제나 즐거웠고, 속물 같은 사람은 보지 못했기 때문이다. 두 번째 감정은 욕망이었다. 샌프란시스코가 갑자기 더 매력적으로 느껴졌고 한 가지 궁금증이 생겼다.

'기업의 속물근성을 경험하면 그 기업의 제품이나 서비스에 대한 욕망이 오히려 증가하는 게 아닐까?'

사람들은 대부분 거만하게 구는 판매 직원에게 부정적으로 반응하므로 제품에 대한 구매 의사가 큰 폭으로 감소하는 결과로 이어진다고 보는 것이 일반적인 통념이다. 일리 있는 말이다. 손님을 반갑게 맞이하는 친절한 직원이 더 많은 고객을 끌어모을 뿐 아니라 고객의 만족도를 높이고 충성도를 유지하는 경향이 있다는 대다수의 소비자 연구와도 부합한다. 그런데 소비자 연구가인 모건 워드Morgan Ward와 대런 달Darren Dahl은 잠재 고객을 본체만체하는 직원보다는 오만하게 구는 직원이 실제로 제품에 대한 욕망을 높이고 그로 인해 판매가 치솟는 결과로 이어질 때가 있다고 말한다.

　소매업계에서 실시한 네 번의 실험에서 워드와 달은 '거절당한' 경험이 있는 브랜드에 대한 욕망과 구매 의사가 증가하는 경향에 대해 조사했다. 실험 결과, 이러한 경향은 저가 브랜드보다는 명품 브랜드 매장의 판매 직원이 거절했을 때 발생할 가능성이 컸다. 하지만 더 중요한 것은, 고객을 거절한 판매 직원이 브랜드의 중요 가치를 반영해야만 한다는 점이다. 진흙이 잔뜩 묻은 운동화를 신은 후줄근한 차림의 프라다 매장의 판매 직원에게 거절당하는 것은 프라다에 대한 구매 의욕을 부추기지 않지만, 광택이 나는 구두에 말끔하게 차려입은 직원에게 거절을 당하는 경우에는 이야기는 완전히 달라진다. 따라서 인사 관리자들에게 무엇보다 중요한 것은 매장 직원들이 언제나 기업과 브랜드의 특성과 가치를 반영하도록 관리하는 것이다.

　사람들은 왜 자신을 거부한 제품에 더 매력을 느끼는 것일까? 워드와 달에 따르면 소매업계의 이러한 '판매 거부'는 사회적 거절의 한 형태이다. 마치 학교에서 잘나가는 아이들의 무리에 끼지 못했을 때 자신을 거부한 그 아이들과 반드시 친구가 되고야 말겠다는 욕망이 더 커질 때가 종종 있는 것과 마찬가지로 판매 거부는 자신을 무례하게 대한 바로 그 사람들의 제품을 구매하고 착용하고 소비하고 싶다는 욕망을 부추길 수 있다는 것이다.

주된 원인은 다른 사람들과 사회적 유대를 형성하고 그들의 인정을 받고자 하는 인간의 근본적인 욕구에 있다. 누군가 또는 무언가가 자기 자신이나 자기가 속한 집단의 정체성을 위협할 때 우리는 자신의 사회적 지위와 정체성을 재확인할 필요를 느낀다. 이를 위해 우리는 집단의 여러 규범을 따르고, 새로운 집단에서 사회적 유대를 찾거나 소비와 지출 선택을 변경하게 된다.

이는 연구자 니콜 미드Nicole Mead가 주도한 한 실험에서 입증됐다. 특정 집단에서 거부당한 사람들은(이 사례에서는 동료 대학생), 오레오 쿠키 같은 기호 식품이나 머그잔과 같은 실용적인 제품보다 그 집단의 상징인 학교 로고 팔찌를 구매하는 경향이 강했다. 단순히 기분을 푸는 것이 목적이었다면 참가자들은 거절 후에 좋아하는 간식을 선택했을 가능성이 크다.

차별화를 추구하는 명품 브랜드나 고가의 제품을 판매하는 회사는 직원을 채용할 때 도도한 태도를 가치 있는 자질로 볼 수도 있다. 하지만 고객과 소비자가 당신의 회사를 합리적이고 다가가기 쉬운 회사로 보는 게 더 중요하다면 좀 더 그들의 구미에 맞고 기분 좋은 설득 전략을 사용할 것을 권한다. 그것은 바로 인간미를 어필하는 전략이다. 기왕이면 미소를 함께 던져보면 어떨까? 미소라고 다 똑같은 미소는 아니다. 가짜 미소는 오히려 역효과를 낼 수 있다.

36
진심으로 웃어라

◆

◆

"웃기 싫은 사람은 장사를 하지 마라." 이 중국 속담은 단순하지만 많은 깨우침을 준다. 우리는 서비스를 제공할 때 웃는 얼굴로 대하는 일이 얼마나 중요한지 잘 알고 있다. 그러나 모든 미소가 똑같은 효과를 가져오는 걸까? 웃는 방식에 따라 긍정적인 결과를 가져올 수도, 부정적인 결과를 가져올 수도 있지 않을까?

사회과학자 알리시아 그랜디Alicia Grandey의 연구팀은 모든 종류의 미소가 똑같이 고객 만족에 효과적인지 알고 싶었다. 연구팀은 사람들이 순수한 미소와 순수하지 않은 미소를 구별할 수 있다는 연구 결과를 바탕으로, 고객서비스 담당자들이 짓는 미소의 순수성이 고객 만족도에 영향을 미칠 거라고 가정했다. 설령 두 미소의 차이가 아주 미묘한 경우라도 말이다.

이런 가능성을 검증하기 위해 설계된 한 실험에서 연구팀은 호텔 프런트데스크의 직원과 체크인하는 손님 사이의 대화를 찍은 비디오를 실험 참가자들에게 보여줬다. 그리고 본인이 손님 입장이라면 얼마나 만족했을 것 같은지 표시해달라고 요청했다. 참가자들은 눈치채지 못했지만 사실 비디오는 연출된 것이었다. 연구팀은 배우를 고용해서 직원과 손님 역할을 연기하도록 했다. 배우들에게 주어진 대본은 똑같았지만, 연구팀은 직원을 연기하는 여배우에게 두 가지 다른 지침을 줬다. 순수한 미소 조건에서는 손님에 대한 우호적인 감정으로 어떻게 하면 손님을 기분 좋게 만들 수 있을지 생각하면서 연기를 해달라고 요청했다. 그리고 순수하지 않은 미소 조건에서는 손님과 대화를 하는 동안만 미소를 지으라고 요청했다.

또한 연구팀은 호텔 직원이 과제를 능숙하게 수행하는 정도도 다르게 했다. 첫 번째 실험 결과는 명백하다. 관찰자들은 호텔 직원이 과제를 능숙하게 수행했을 경우에 그렇지 못했을 때보다 더 큰 만족도를 표시했다. 두 번째 실험의 경우 직원이 과제를 제대로 완수하지 못했을 때는 미소가 순수하든지 순수하지 않든지 만족도에 별 차이가 없었다. 그러나 직원이 과제를 잘 완수한 경우에는 '순수하지 않은 미소'의 비디오를 본 사람들보다 '순수한 미소'의 비디오를 본 사람들의 만족도가 더 컸다.

연구팀은 좀 더 자연스러운 환경에서 또 다른 실험을 실시했다. 한 식당에서 무작위로 손님들을 선정한 후 서빙 직원의 서비스에 얼마나 만족하는지를 조사했다. 또한 서빙 직원의 호의적인 태도가 순수하다고 생각하는지 그렇지 않다고 생각하는지에 대해서도 물어봤다. 다른 실험의 결과들과 마찬가지로 서빙 직원들이 순수하게 호의적인 태도를 보였다고 인식한 손님들의 서비스 만족도가 더 높았다.

이런 결과는 '웃어라, 그러면 세상이 너를 보고 웃으리니'라는 옛날 속담에 또 다른 의미를 부여한다. 꾸민 미소를 지으면 그것을 본 사람들이 찡그린 얼굴로 화답하는 것은 당연하다. 그렇다면 어떻게 해야 우리는 좀 더 진심으로 긍정적인 행동을 할 수 있고, 다른 사람들 또한 그런 행동을 하도록 유도할 수 있을까? 서비스 회사의 책임자라면 직원들이 자기 감정을 잘 조절하고 높은 사기를 유지할 수 있도록 정서적인 기술을 훈련시키는 것도 한 가지 방법일 것이다. 어쨌든 행복하지 않은 직원에게 미소를 지으라고 강요한다면 서비스의 질적 수준이 낮아지고 고객 만족도도 떨어질 것이다. 그러나 이와 같은 정서적인 훈련은 상당한 시간과 비용이 든다.

둘째로 우리가 취할 수 있는 좀 더 일반적인 접근법은 벤저민 프랭클린의 지혜를 따르는 것이다. 프랭클린은 '다른 사람의 장점을 찾아보라'고 말했다. 대부분의 사람들은 상대방에게서 흠을 잡느라 너무 많은 시간을 보낸다. 대신에 사람들에게서 좋은 점을 찾으려고 노력하면, 그들을 더 많이 좋아하게 될 것이고 그들 또한 우리를 더 많이 좋아하게 될 것이다.

이런 접근법은 우리가 상사를 대하는 태도에도 적용할 수 있다. 일례로 상사와의 관계가 원만하지 못한 친구가 있었다. 그녀는 상사의 눈도 거의 마주치지 않고, 상사라는 사람 자체를 정말로 싫어했다. 그러던 어느 날 그녀는 프랭클린의 충고에 따르기로 결심하고 상사를 다시 보기 시작했고, 상사가 회사에서는 친절한 사람이 아니었지만 매우 가정적인 사람이라는 걸 알 수 있었다. 이는 그녀가 매우 중요하게 생각하는 장점이었다. 상사의 장점에 관심을 가지게 된 후부터 상사에 대한 부정적인 인식이 긍정적으로 바뀌기 시작했다. 어느 날 그녀는 상사에게 가정에 충실한 모습이 정말 보기 좋다고 말했고 이는 진심이었다. 그리고 다음 날 상사는 그녀의 자리로 와서 매우 유익한 정보를 살짝 귀띔해줬다. 그전 같으면 그가 죽어도 하지 않았을 행동이었다.

37
작은 약점과 큰 장점을 지닌 '완벽한 사람'

◆

◆

거의 50년 전에 광고회사인 도일 에인 베른바흐는 자그마한 독일 자동차를 미국 시장에 소개해야 하는 거의 불가능해 보이는 프로젝트를 수행해야 했다. 미국에서는 이미 덩치 큰 국산 차들이 시장을 장악하고 있었기 때문이다. 그러나 폭스바겐의 '비틀'이 비웃음거리에서 인기 만점의 각광받는 차로 탈바꿈하기까지는 그리 오랜 시간이 걸리지 않았다. 비틀은 광고 역사에 길이 남을 독특한 전략을 실행했기 때문이다. 그들은 브랜드를 홍보하면서 상대적으로 저렴하다거나 연비가 꽤 좋은 편이라는 식으로 제품의 장점을 강조하지 않았다. 대신에 그들은 제품의 약점을 떠벌렸다. 이것은 아주 놀라운 접근방식이었다. 그들은 왜 이런 방법을 선택한 것일까?

이런 광고 전략은 당시 업계의 통념을 깨뜨리는 것이었다. 그들은 폭스바겐 자동차가 당시의 일반적인 미국산 자동차만큼 '폼나지 않는다'는 사실을 강조했다. 광고에 등장한 카피는 다음과 같은 식이었다. "외모로만 판단하지 마세요." "못생긴 게 더 진국이랍니다." 왜 이런 카피들이 사람들의 관심을 끌었는지는 쉽게 이해할 수 있다. 그리고 이런 전략이 왜 소비자들에게 호감을 사는지도 알 것 같다. 그런데 어떻게 이런 광고로 그렇게 많은 차를 팔 수 있었을까?

회사가 제품의 작은 단점을 먼저 언급하면, 소비자는 광고하는 회사가 정직하고 믿을 만하다는 인상을 받는다. 그래서 그 후에 회사가 제품의 진짜 장점을 홍보하면 훨씬 더 설득력이 높아진다(비틀의 경우에는 중간급 연비와 저렴한 가격이 장점이었다). 마찬가지로 세계에서 두 번째로 큰 자동차 대여업체인 에이비스도 이런 심리를 활용해서 기억에 남을 만한 모토를 만들었다. "에이비스, 우리는 2등입니다. 그렇기 때문에 우리는 더 노력합니다." 또 다른 예로는 "하루 세 번, 맛은 없지만 빼먹지 말아요"라는 구강청정제 리스테린의 광고, "우린 좀 비싸요. 하지만 당신은 소중하니까요"라는 로레알의 광고 같은 것들이 있다.

이런 전략의 성공을 뒷받침하는 증거는 광고계 밖에서도 찾아볼 수 있다. 법조계의 예를 들어보자. 행동과학자 킵 윌리엄스Kip Williams의 연구팀이 실시한 실험에 따르면, 검사가 언급하기 전에 변호사가 먼저 자기 의뢰인의 약점을 말한 경우 배심원들은 변호사의 말을 믿을 수 있다고 평가했고 평결에서도 우호적인 결정이 나올 확률이 더 컸다. 변호사가 정직하다고 평가했기 때문이었다.

이직을 생각하는 사람 또한 이런 원리를 이해할 필요가 있다. 채용에 관한 연구 결과를 보면, 이력서에 긍정적인 참고사항만 나열한 지원자들은 작은 약점이나 부족한 점을 먼저 밝히고 나서 긍정적인 점을 언급한 지원자보다 면접 기회가 더 적은 것으로 나타났다.

이런 설득의 기법은 수없이 많은 방면에 적용할 수 있다. 예를 들어 자동차 판매사원의 경우 잠재 고객이 시운전을 하러 왔을 때 차에 대한 부정적인 정보를 알려주는 것도 좋은 방법이다. 특히 차내등이 고장이 잘 나는 편이라거나 연비가 썩 좋지는 않다는 식으로 고객 스스로 발견하기 힘든 종류의 단점을 고백하는 것이 좋다. 그렇게 하면 고객은 당신과 당신이 파는 차를 훨씬 더 신뢰하게 될 것이다.

이 전략은 협상 테이블에도 적용할 수 있다. 예를 들어 사소하지만 취약한 분야가 있다면, 협상 파트너가 나중에 발견하게 내버려두는 것보다 먼저 솔직히 밝히는 것이 좋다. 그렇게 하면 상대는 당신을 더 믿을 만한 사람으로 볼 것이다. 세일즈도 마찬가지다. 당신 회사에서 생산하는 컬러복사기가 경쟁사의 제품보다 종이를 더 많이 소모한다고 치자. 그런 사실을 고객에게 먼저 털어놓는다면 신뢰를 얻는 데 도움이 될 수 있다. 단점을 먼저 말하고 난 다음에 정말 자신 있게 말할 수 있는 장점을 강조하면 고객들을 설득하기가 훨씬 더 쉬워진다.

여기서 반드시 명심해야 할 것은 자진해서 털어놓는 약점이 사소해야 한다는 사실이다. 그렇기 때문에 다음과 같은 광고 카피를 사용해서는 안 된다. "저희 로펌은 제이디 파워 앤 어소시에이츠 조사 결과 동종업계 최하위를 차지했습니다. 하지만 이번에 사망 이의신청 소송을 맡겨주신다면 더 열심히 노력하겠습니다."

38
부정을 긍정으로 바꾸는 마술

◆

◆

17세기 프랑스의 작가이자 사상가인 로슈푸코de La Rochefoucauld는 아마 폭스바겐 비틀의 광고 전략이 성공을 거두리라고 예견했을 것이다. 다음과 같은 글을 쓴 적이 있으니 말이다.

"우리는 큰 잘못을 저지르지 않았다는 것을 증명하기 위해서만 작은 잘못을 고백한다."

비틀의 광고 전략은 제품의 결함을 능수능란하게 처리하는 것 같긴 하지만, 그런 시도에는 큰 고민이 따르기 마련이다. 작은 결함 중에서도 어떤 것을 고백하란 말인가?

사회과학자 거드 보너Gerd Bohner의 연구팀이 실시한 실험에 따르면, '양면적인' 설득 방식이 최대한의 효과를 거두기 위해서는 메시지의 부정적인 속성과 긍정적인 속성 사이에 뚜렷한 연결고리가 있어야 한다. 보너의 연구팀은 어느 레스토랑을 광고하기 위해 세 가지 버전의 메시지를 만들었다. 첫 번째 메시지에서는 긍정적인 특징만 언급했다. 이를테면 레스토랑의 아늑한 분위기만 강조하는 식이다. 두 번째 메시지에 서는 긍정적인 특징과 관련이 없는 부정적인 특징을 이야기했다. 즉, 아늑한 분위기를 부각하고 레스토랑에 전용 주차장이 없다고 덧붙였다. 세 번째 메시지는 부정적인 특징을 언급하면서 그와 관련 있는 긍정적인 특징을 설명했다. 이를테면 레스토랑이 작은 편이지만 분위기는 아주 아늑하다는 식으로 말이다.

세 번째 광고를 본 참가자들은 레스토랑의 부정적인 측면과 긍정적인 측면을 서로 연결시킬 수 있었다("공간이 작기 때문에 분위기가 아늑한 거로 군"). 다시 말해 서로 다른 종류의 양면적인 메시지는 둘 다 레스토랑 주인에 대한 신뢰도를 증가시켰지만, 부정적인 특징과 긍정적인 특징이 서로 연관된 경우에 레스토랑에 대해 더 높이 평가했다.

이 연구 결과는 신뢰도를 높이는 것이 우선적인 목표라면, 양면적인 메시지에 어떤 종류의 약점을 포함시키든 별 차이가 없음을 보여준다. 그러나 레스토랑이든 제품이든 심지어 이력서든 긍정적인 느낌을 강화하는 것이 목표라면 이야기가 달라진다. 우리가 묘사하는 먹구름의 안쪽을 은색으로 빛나게 만들어주는 것이 현명한 행동이다. 실제로 있었던 예를 들자면 1984년 미국 대통령 로널드 레이건이 재선에 도전했을 때 일부 유권자들은 그가 재임해서 효과적으로 국정을 이끌어가기엔 나이가 너무 많다고 우려했다. 레이건은 다른 후보자인 월터 먼데일과 함께 토론회에 나와서 자신이 나이가 많다는 사실을 인정했다. 그리고 이렇게 덧붙였다. "저는 선거운동의 쟁점을 나이로 몰고 가지 않을 것입니다. 저는 정치적인 목적을 위해 경쟁자의 젊음과 미숙함을 이용하지 않을 것입니다." 먼데일은 이 말을 듣자마자 웃음을 터뜨렸지만, 미국 역사상 가장 큰 격차로 선거에서 패배했다.

이런 원리는 비즈니스에도 다양하게 적용할 수 있다. 예를 들어 신제품을 새로운 고객에게 소개하려 한다고 가정하자. 경쟁사 제품에 비해 눈에 띄는 특징도 있고 장점도 있지만 가격이 걸린다. 고객이 현재 사용하고 있는 제품보다 20퍼센트 정도 더 비싸다. 그러나 신제품은 내구성이 뛰어나고 유지비가 덜 들기 때문에 초기의 20퍼센트 추가 비용을 충분히 상쇄할 수 있다. 게다가 속도도 빠르고 소형이라서 경쟁사 제품보다 공간을 적게 차지한다.

지금까지 살펴본 바에 따르면, 일단 가격 측면의 약점을 언급한 후 비용과 관련된 장점을 다른 어떤 특징들보다 먼저 설명하는 것이 효과적이다. "사실 이번에 저희 회사에서 나온 신제품은 기존 제품보다 가격이 20퍼센트 더 비쌉니다. 그런데 이 제품의 내구성과 유지비 절감 효과를 고려하면, 초기에 투자한 비용을 뽑고도 남습니다"라고 말하는 것이 "사실 저희 신제품은 가격이 20퍼센트 더 비쌉니다. 하지만 훨씬 빠르고 공간도 덜 차지합니다"라고 말하는 것보다 훨씬 설득력 있게 들릴 것이다.

단점을 거론할 때는 반드시 관련된 장점, 즉 단점을 상쇄해줄 수 있는 특징을 같이 언급해야 한다. 신이 우리에게 레몬을 줬다면 우리는 레모네이드를 만들 궁리를 해야지 엉뚱하게 사과주스를 만들 생각을 하고 있어서는 안 된다.

39
악마의 변호인, 반대 의견을 조장하라

◆

◆

거의 4세기 동안 로마 가톨릭교회는 성인의 반열에 올릴 사람을 결정하기 위해 아드보카투스 디아볼리advocatus diaboli, 즉 '악마의 변호인'에게 의존해왔다. 악마의 변호인은 성인 후보자의 모든 부정적인 측면을 조사하고 결과를 교회 측에 보고하여 고의적으로 그가 성인이 될 수 없음을 주장하는 역할을 한다. 이 관행은 거룩하고 합당한 방법으로 받아들여졌다. 악마의 변호인의 손을 빌려 정확한 정보를 입수하고 다양한 관점을 통해 빈틈없는 의사 결정을 내릴 수 있다고 믿었기 때문이다.

비즈니스에 몸담고 있는 사람이라면 '비즈니스'와 '성인'은 어울리는 단어가 아니라고 생각할 것이다. 그러나 회사의 관리자들은 '악마의 변호인'이라는 관행에서 가치 있는 교훈을 배울 수 있다. 팀의 모든 구성원들이 단번에 어떤 이슈에 동의하는 것처럼 보일 때 다른 생각을 말해보라고 한다면 의외로 괜찮은 효과를 거둘 수 있다. 특히 관리자가 집단 사고(집단 내의 다양한 의견이 묵살되고 획일적인 방식으로 비합리적인 의사 결정에 이르는 현상)와 집단 양극화가 얼마나 치명적인지 알고 있다면, 이 방법은 다른 어떤 방법보다 유용하다. 집단 양극화란 논의를 거듭할수록 집단 내 다수의 의견이 점점 더 극단으로 치닫는 현상을 말한다.

그동안 사회심리학자들은 집단의 만장일치를 깨뜨리는 반대자가 한 명만 있어도 집단 내에서 창의적이고 복잡한 사고를 활성화하기에 충분하다고 생각했다. 그러나 실제로 반대자의 본질에 대한 연구는 전무하다시피 하다. 여기서 한번 생각해보자. 비슷한 생각을 갖고 있는 집단의 문제 해결 능력을 향상시키는 데 있어서 악마의 변호인(즉, 가짜 반대자)은 진짜 반대자보다 더 좋은 효과를 가져올까? 아니면 그 반대일까?

사회심리학자 찰란 네메스Charlan Nemeth의 연구팀에 의하면, 진짜 반대자가 악마의 변호인 역할을 맡은 사람보다 창의적인 문제 해결을 더 자극하는 걸로 나타났다. 다시 말해 대다수 구성원들은 진정한 반대자의 주장과 입장을 더 원칙적이고 타당한 것으로 받아들인다. 악마의 변호인이 취하는 태도는 단지 반대를 위한 반대처럼 보인다. 대다수 사람들은 진짜 반대하는 사람과 마주치게 되면, 그 사람이 왜 그렇게 열심히 반대 주장을 펼치는지 이해하려고 노력한다. 그 과정에서 문제를 더 잘 이해하게 되고 보다 넓은 관점에서 생각하게 된다.

그렇다면 이 연구 결과는 결국 '악마의 변호인'이라는 관행이 시대에 맞지 않는다고 말하는 것일까? 1980년대에 교황 요한 바오로 2세는 가톨릭교회에서 이 관행을 더 이상 따르지 않기로 했다고 공식 발표했다. 실제로 악마의 변호인의 존재는 기존 입장에 대한 믿음을 약화하기보다 오히려 강화할 것이라는 주장도 있다. 아마 그 이유는 그들이 모든 가능한 대안을 고려했고, 그 대안들의 기각이 타당하다고 믿기 때문일 것이다. 그러나 악마의 변호인이 꼭 나쁜 것만은 아니다. 이를 통해 대안적인 아이디어와 관점 및 정보에 대한 주의를 환기시키는 것은 유익하다. 구성원들 대다수가 그 대안들을 열린 마음으로 대한다면 말이다.

리더들이 취할 수 있는 최선의 조치는 다수의 의견에 공개적으로 반대를 표할 수 있는 업무 환경을 조성하고 유지하는 것이다. 그렇게 하면 복잡한 문제를 혁신적으로 해결할 수 있는 방법이 의외로 쉽게 나올 수도 있다. 또 직원들의 사기도 올라갈 것이고 결과적으로 이 모든 것은 수익 증대로 이어질 것이다(단, 반대에는 논리가 있어야 하고 개인적인 감정이 섞여서는 안 된다). 결정의 지속력과 파급력이 커질 수 있는 상황에서는 진정한 반대자를 찾는 문제를 신중하게 고려해야 한다. 잘못된 방향으로 가고 있을 때 똑똑한 사람이 나설 수 있는 분위기라면 귀중한 의견을 들을 수 있을 것이고, 결과적으로 가장 합리적인 결정을 내릴 수 있게 된다.

40
실수에 더 끌린다

◆

◆

힘, 용기, 결단, 헌신, 이타심과 같이 우리가 어떻게 행동해야 하는지에 대한 역할 모델로 소방관이 그 해답이라고 말하는 사람들이 있다. 사람의 생명을 구하고 새끼 고양이를 구조하는 것이 우리 업무와 아무 상관이 없을지라도 소방관들이 어떻게 훈련하는지 알게 되면 우리가 일상적인 영웅이 되는 데 도움을 얻을 수 있을지 모른다.

행동과학자 웬디 정Wendy Joung의 연구팀은 업무의 판단 착오를 줄이는 데 효과가 있는 훈련 프로그램의 유형이 있을 거라고 생각했다. 연구팀은 자신이 내린 올바른 결정보다 다른 사람들의 실수에 관심을 기울일 때 훈련 효과가 더 좋은지 알고 싶었다. 그들은 다른 사람들의 실수에 초점을 맞춘 훈련이 집중력을 높이고 기억에 오래 남아 더 효과적일 거라고 예상했다.

연구팀은 긴박한 상황에서 중요한 의사 결정을 해야 하는 사람들을 대상으로 이 가설을 실험해보기로 하고 소방관을 대상으로 실험을 진행했다. 연구팀은 실험에 참가한 소방관들에게 여러 가지 사례가 포함된 훈련 및 개발 프로그램을 제공했는데, 소방관들을 두 그룹으로 나누어 각각의 그룹에 서로 다른 사례들이 포함된 프로그램을 제시했다. 한 그룹은 다른 소방관들이 잘못된 결정을 내려서 실제로 안 좋은 결과를 초래한 사례로 배웠다. 다른 그룹은 소방관들이 올바른 결정을 내려서 나쁜 결과를 피할 수 있었던 사례를 가지고 배웠다. 연구팀의 분석 결과 실패 사례로 훈련을 받은 소방관들이 성공 사례로 훈련을 받은 소방관들보다 판단력이 더 향상된 것으로 나타났다.

훈련이란 다른 사람들에게 영향을 미치는 방법을 배우는 것이다. 따라서 영향력을 행사하는 책임자에게 조직의 훈련 프로그램이 얼마나 중요한 의미를 갖는지는 굳이 언급할 필요가 없을 것이다. 일반적으로 훈련의 초점을 긍정적인 부분, 즉 옳은 결정을 내리는 쪽에만 맞추는 회사들이 많다. 하지만 이 실험의 결과로 볼 때, 훈련 프로그램의 상당 부분은 다른 사람들이 과거에 한 실수와 그 실수들을 피할 수 있었던 요령, 그리고 앞으로 닥칠 상황에 대처하는 방법 등으로 구성해야 할 필요가 있다. 비슷한 상황에서 어떤 조치를 취하는 것이 가장 적합할지 토론한 다음 구체적으로 사례를 살펴보고 다른 사람의 개인적인 실수담을 들어보는 식으로 진행해야 한다.

물론 과거에 잘못된 의사 결정을 한 사람의 예를 든답시고 특정인을 꼭 집어낼 필요는 없다. 실수에 초점을 맞춘 훈련 프로그램의 사례들은 완전히 익명으로 소개할 수 있다. 하지만 경험 많고 존경받는 역전 노장들 중에는 실수로 점철된 자신의 무용담을 기꺼이 늘어놓고 싶어 하는 사람도 있을 것이다.

이런 전략적 접근법은 회사의 책임자 등을 포함해 스포츠 감독 등 다른 사람을 훈련하는 입장에 있는 사람이라면 누구나 이용할 수 있다. 물론 부모도 예외가 아니다. 예를 들어 자녀들에게 낯선 사람을 가까이 하지 말라고 가르칠 때 아이가 낯선 사람의 꼬임에 넘어가는 가상 시나리오를 만들어 설명할 수 있다. 시나리오 속의 아이가 그 상황에서 벗어나기 위해 할 수 있는 행동에 초점을 맞춘다면, 아이는 실제 상황이 닥쳤을 때 잘 대처할 수 있을 것이다.

41
똑똑한 사람은 잘못을 인정한다

◆

◆

　2007년 2월 뉴욕 소재 저가 항공사인 제트블루 항공은 미국 북동부의 혹독한 겨울 날씨에 적절히 대처하지 못해 수천 명의 고객들을 실망시켰다. 이 지역에서 서비스를 제공하는 항공사들은 거의 예외 없이 폭풍을 예상하고 무더기로 항공 스케줄을 취소했지만 제트블루 항공사는 이륙할 수 있다고 판단해 운항스케줄을 잡았다. 그러나 폭풍은 잠잠해지지 않았고 제트블루의 고객들은 크게 실망했다.

　제트블루는 수천 명의 고객들을 곤경에 빠뜨린 후 이 난국을 어떻게 타개해야 할지 난감했다. 누구 혹은 무엇 탓으로 돌려야 할까? 기상악화 같은 외부 요인을 지적해야 하나? 아니면 회사 운영진의 실수 같은 내부 요인에 초점을 맞춰야 할까? 회사는 후자의 방법을 선택하기로 하고, 이런 잘못된 판단은 내부 요인으로 인한 것이었음을 인정했다. 실수를 인정하려면 대단한 용기와 일종의 겸손함이 필요한 법이다. 판단 착오나 잘못된 조치에 대한 비난을 달게 받으려 하는 조직과 사람을 찾아보기가 얼마나 힘든가.

사회과학자 피오나 리Fiona Lee의 연구팀은 실패의 원인을 내부 실수로 돌리는 조직은 대중에게 좋은 이미지로 각인될 뿐 아니라 수익 면에서도 유리하다고 주장한다. 즉, 통제할 수 있었던 일을 통제하지 못한 내부의 실수를 자책하면, 조직이 내부 자원과 조직의 미래를 더 잘 통제할 수 있는 것처럼 보인다. 또한 대중은 조직이 문제의 원인을 우선적으로 해결할 계획이 있다고 생각할 수도 있다.

리의 연구팀은 이런 생각을 검증하기 위해 간단한 실험을 했다. 그들은 어떤 회사의 연차 보고서를 가상으로 작성해 두 그룹의 참가자들에게 보여줬다. 둘 다 회사가 전년도 실적이 저조했던 이유를 설명하는 내용의 보고서였다. 참가자들 중 절반은 통제할 수도 있었던 내부적인 문제를 저조한 실적의 원인으로 규정한 다음과 같은 연차 보고서를 읽었다.

가상의 연차 보고서 A

올해 예기치 않은 수익률 하락은 주로 작년에 이루어진 전략적인 결정 때문입니다. 새로운 회사를 인수하고 국제시장에 신약을 출시하기로 한 결정이 단기수익 감소에 직접적인 영향을 미쳤습니다. 경영진은 국내외의 불리한 여건에 완벽하게 대처하지 못했습니다.

나머지 절반의 참가자들에게는 저조한 실적의 원인을 통제할 수 없었던 외부적인 문제의 탓으로 돌리는 다음과 같은 연차 보고서를 읽도록 했다.

가상의 연차 보고서 B

올해 수익률 하락은 주로 예기치 않은 국내외 환경 침체와 국제적인 경쟁 심화 때문입니다. 이런 불리한 시장 여건이 직접적으로 단기매출 감소에 영향을 미쳤고 회사에서 주력하는 약품의 출시를 어렵게 만들었습니다. 이런 뜻밖의 상황은 연방정부의 법률 제정으로 인한 것이었으며 절대 통제할 수 없는 것이었습니다.

보고서 A를 읽은 참가자들은 보고서 B를 읽은 참가자들보다 여러 가지 측면에서 이 회사를 더 긍정적으로 평가했다.

실험은 여기서 그치지 않았다. 그들은 실제 환경에서 가설을 실험해 보고 싶었다. 그래서 14개 회사를 대상으로 21년간의 연차 보고서를 검토하고, 이런 종류의 진술을 수백 가지 수집했다. 결과적으로 회사들이 연차 보고서에서 저조한 실적의 원인을 설명할 때 통제할 수 없는 외부적인 문제 탓으로 돌린 경우보다 통제할 수도 있었던 내부적인 문제 탓으로 돌린 경우에 1년 후 주가가 더 올라갔다. 실수에 책임을 지고 잘못을 인정하는 것이 옳은 일일 뿐 아니라 회사를 위해서도 좋은 일이라면 왜 그렇게 하지 않는 걸까? 막대한 손해를 끼친 결정이나 민망한 실수에 대해 흔히 일어나는 반응은 문제의 원인으로부터 관심을 돌리기 위해 외부 사람이나 외부적인 요인을 비난하는 것이다. 하지만 이런 접근법을 취하면 더 큰 두 가지 문제가 생긴다. 첫째, 실험 결과가 보여주듯이 그런 전략은 효과적이지 않다. 왜냐하면 우리가 그 문제를 적절히 다룰 수 있다는 것을 믿지 못하는 사람들을 설득하는 데 아무런 도움이 되지 않기 때문이다. 둘째, 단기적으로는 사람들의 관심을 다른 곳으로 돌

릴 수 있다 할지라도 장기적으로는 다시 내부로 불똥이 튈 것이다. 그때
는 회사 내부의 문제가 더 훤히 드러날 뿐 아니라 회사의 기만적인 모습
까지 만천하에 공개될 것이다.

이것은 개인에게도 마찬가지다. 실수했다는 것을 깨달으면 즉시 인
정하고, 스스로 상황을 통제하고 바로잡을 수 있는 능력이 있음을 보여
주는 후속 조치를 취해야 한다. 그런 조치를 통해 우리는 궁극적으로 더
많은 영향력을 가질 수 있다. 사람들이 우리를 능력 있고 정직한 사람으
로 평가할 것이기 때문이다.

이런 연구 결과는 우리가 자신이 아닌 외부 요인의 탓만 한다면, 우리
는 물론이고 우리가 속한 조직까지도 결국 실패하고 말 것임을 보여준다.

42
감출 수 없다면 벗어라

◆

◆

컴퓨터가 한번 고장났다 하면 우리가 일하는 곳은 난장판이 되고 만다. 그러나 최근 실시된 실험들은 컴퓨터 고장이 일을 망치는 것이 아니라 일을 잘되게 할 수도 있음을 보여준다.

사회과학자 찰스 나퀸Charles Naquin과 테리 커츠버그Terri Kurtzberg는 조직이 어떤 사건의 주요 원인으로 사람이 아니라 기술 문제를 지목하면, 고객이나 외부 사람들은 사태의 책임이 조직에게 있다고 생각할 가능성이 적어진다는 가설을 세웠다. 이 가설을 검증하기 위해 대학생들을 대상으로 가상의 신문 기사를 읽도록 했다. 기사는 시카고 교통국에서 운영하는 통근 열차 두 대 사이에 실제로 일어났던 사건을 바탕으로 만들었다. 이 사건으로 수십 명이 다쳤고 셀 수 없이 많은 사람들이 불편을 겪었다. 실험에 참가한 학생 절반에게는 사건이 기술적 오작동으로 인한 것이라고 말했다. 구체적으로는 열차의 컴퓨터 프로그램에 오류가 생겨서 정지해야 할 때 그렇게 하지 못한 것이 문제였다고 알려줬다. 나머지 절반의 학생들에게는 사건이 인간의 실수로 인한 것이라고 말했다. 즉, 기관사가 정지해야 할 때 기차를 세우지 않았다고 알려줬다. 연구팀은 학생들이 기술적 오류로 인해 사고가 일어났다고 생각했을 때 시카고 교통국을 덜 비난하는 것을 발견했다.

또 다른 실험에서 연구팀은 한 대학교에서 실제로 일어난 사건을 이용했다. 학내 이메일 시스템에 문제가 생기면 사용자들은 캠퍼스 이메일 이외의 계정으로는 이메일을 보낼 수 없었다. 문제는 꼬박 하루 동안 지속됐다. 연구팀은 MBA 학생들을 대상으로 이번 사태에서 대학교의 컴퓨터 네트워크를 관리하는 정보기술국이 어느 정도 책임이 있다고 생각하는지 묻는 설문조사를 실시했다. 설문지를 나눠주기 전에 학생들 절반에게는 "컴퓨터에 오류가 생겨서 서버가 다운된 것 같다"고 말했고, 나머지 절반에게는 "관리자의 실수 때문에 서버가 다운된 것 같다"고 말했다. 결과적으로 학생들은 혼란의 원인이 기술적 오류가 아니라 인간의 실수라고 생각했을 때 정보기술국을 더 많이 비난했고, 경제적으로 더 강력한 처벌을 해야 한다고 응답했다.

왜 이런 결과가 나왔을까? 사람들은 어떤 문제의 원인을 알게 됐을 때 그것을 피할 수 있었느냐 없었느냐를 생각한다. 인재로 인한 사고에 더 많은 비난을 퍼붓는 것도 이 때문이다. 사람들은 인간의 실수로 일어난 사고는 통제할 수 있는 것이라고 생각한다.

앞에서 살펴봤듯이 대부분의 사람들은 본능적으로 실수를 축소하고 은폐하려는 경향이 있다. 특히 고객이나 동료들에게 부정적인 영향을 끼칠 수 있는 문제일 때는 더더욱 그렇다. 문제에 관여된 사람들은 책임을 회피하기 위해 다른 누군가의 실수 때문이라고 쉽게 단정하게 된다.

그런데 정말로 인간의 실수가 아닌 기술적 고장으로 인한 것이라면 관련된 모든 사람들에게 반드시 그 사실을 알려줘야 한다. 이 점은 사소하지만 매우 중요하다. 우리가 문제를 정확히 집어냈다는 점을 분명히 해두면, 그것은 곧 우리가 상황을 통제하고 사고의 재발을 방지할 능력이 있다는 것을 입증해주기 때문이다.

우리의 일상생활에서 기술적 문제로 인한 사고는 더 많아지고 있는 듯하다. 실제로 영국 시민들은 대중교통의 기술적 문제 때문에 매년 평균적으로 18시간 이상을 허비하는 것으로 추산된다. 이는 한 사람의 인생에서 55일이 넘는 시간을 잡아먹는 셈이다. 사정이야 어찌 됐든 모든 사고는 짜증스러운 일이지만 원인을 제대로 알 수 없어서 더 화가 날 때도 많다. 따라서 어떤 사고의 원인을 밝히고 발표해야 하는 입장이라면 주저할 것 없이 가능한 한 빨리 관련된 사람들에게 사실을 알려줘야 한다. 그렇게 하면 두 가지 점에서 긍정적인 효과를 거둘 수 있다.

첫째, 당신은 도움이 되는 유익한 사람이고 그들의 편에 있다는 인상을 줄 것이다.

둘째, 당신은 사실을 알려줌으로써 실수의 원인을 파악하고 있음을 밝힌 셈이다. 따라서 앞으로는 상황을 좀 더 잘 통제할 것이라는 믿음을 줄 수 있다.

PART 5

희소성 원칙
부족하면 더 간절해진다

"독점에 대한 욕망은 그 무엇보다 강렬하다. 지난 50년 동안 설득을 주제로 실시된 과학적 연구들은 희귀한 물건이 더 많은 가치를 지닌다는 점을 여러 번 입증했다."

43
독특한 점을 어필하라

◆

◆

2005년 4월 2일 저녁 교황 요한 바오로 2세가 선종했다는 소식이 발표되자마자 이상한 일이 일어났다. 뚜렷한 이유 없이 수많은 사람들이 기념품 가게에 가서 커피 잔, 은수저 따위의 기념품을 사기 시작한 것이다. 그들이 가톨릭교회의 수장이었던 사람을 기념하기 위해 요한 바오로 2세의 얼굴이 들어간 작은 장식품 등을 사려고 한 것이라면 이 일은 언급할 필요도 없다. 하지만 사람들이 산 기념품에는 방금 죽은 교황의 얼굴은 없었다. 실제로 이 사건은 교황청에서 1,600킬로미터도 넘게 떨어진 곳에서 일어났다. 그러나 이처럼 이상한 구매 행위에 교황의 죽음이 영향을 미친 것만은 분명해 보였다.

요한 바오로 2세는 사회주의 몰락에서부터 낙태에 이르기까지 전 세계의 다양한 이슈에 큰 영향력을 미쳤다. 그런데 교황과 커피 잔 기념품이 무슨 관계가 있을까? 그것은 그냥 커피 잔이 아니라 정확하게 말하자면, 2005년 4월 8일 금요일 영국 윈저에서 열리는 찰스 황태자와 카밀라 파커 불스의 결혼을 기념하는 잔이었다. 실제로 매출이 폭등한 것은 단지 커피 잔뿐만이 아니었다. 티 세트, 은수저, 행주, 마우스 매트, 열쇠고리 등 수많은 기념품이 쇼핑객들의 타깃이었다. 무엇 때문에 이런 희한한 난리가 벌어졌을까?

2005년 4월 4일 월요일 바티칸 시는 돌아오는 금요일 로마에서 교황 요한 바오로 2세의 장례식을 거행할 것이라고 발표했다. 그날은 왕실의 결혼식이 예정된 날이기도 했다. 왕실은 존경의 표시로 급히 결혼식 날짜를 변경했다. 찰스 황태자도 장례식에 참석해야 했으므로 당연한 조치였다. 그래서 결혼식은 장례식 다음 날인 2005년 4월 9일 토요일에 열기로 했다. 그 결과 윈저 시내의 기념품 가게에는 잘못된 날짜가 새겨진 기념품 재고들이 무더기로 쌓이게 됐다. 사람들은 수지맞는 장사를 할 절호의 기회라고 생각하고 날짜가 잘못 새겨진 기념품들을 마구잡이로 사들이기 시작했다. 그들은 하나같이 그 물건들이 곧 희귀한 물품이 될 것이라고 상상했고, 그러면 이베이에 팔거나 원하는 수집가와 거래할 수도 있으리라고 생각했다.

이런 소동에 대한 소문이 퍼지자 기념품 사냥꾼들의 수는 점점 더 늘어났다. 가게마다 문제의 물건은 곧 품절이 됐다. 윈저에서 왕실의 결혼 기사를 쓰기 위해 준비하고 있던 수많은 기자들은 기념품이 잔뜩 든 가방을 들고 가게에서 나오는 사람들을 붙잡고 원래 기념품을 잘 사는 편인지 물어봤다. 놀랍게도 대다수는 전혀 아니라고 대답했다. 기념품 사냥꾼들은 커피 잔이 필요하다거나 제품의 품질이 뛰어나다거나 심지어 왕실 행사를 기념한다는 이유로 물건을 산 게 아니었다. 그들은 날짜가 잘못 새겨졌다는 사실 하나 때문에 나중에 가치가 올라갈 것을 기대하고 그 제품을 구매한 것이었다.

지난 50년 동안 설득을 주제로 실시된 과학적 연구들은 희귀하고 독특한 물건이 더 많은 가치를 지닌다는 점을 여러 번 입증했다. 어떤 물건이 한정 수량으로 한정된 시간 동안에만 구할 수 있는 흔치 않은 것이라는 사실이 알려지면 그것을 더 간절히 원하게 된다. 왕실 기념품의 경우 사람들은 아마도 가게 주인들이 날짜가 잘못 새겨진 물건들을 몽땅 갖다 버릴 거라고 생각했을 것이다. 그런데 묘하게도 이 결혼식은 인기 있는 왕실 행사가 아니었기 때문에 며칠 후 결혼식 날짜가 제대로 새겨진 기념품들이 가게에 들어오자 날짜가 맞는 기념품을 가진 사람들보다 날짜가 잘못된 기념품을 가진 사람들이 더 많아지게 됐다. 희귀해질 줄 알았던 물건이 오히려 더 흔해지고, 결과적으로 가치가 떨어졌다.

그러나 지혜로운 구매자들도 있긴 있었다. 그들은 며칠 후 다시 가게로 가서 날짜가 제대로 새겨진 똑같은 기념품을 구입했다. 그들은 사람들이 열광하는 희소가치가 가장 큰 물건은 다름 아닌 풀세트라는 점을 잘 알고 있었다. 즉, 날짜가 잘못 새겨진 커피 잔과 제대로 새겨진 쌍둥이 잔으로 이루어진 한 세트 말이다.

그렇다면 이런 에피소드가 설득력을 높이는 방법과 무슨 상관이 있을까? 기업을 운영하는 사람이라면 회사의 제품이나 서비스가 어떤 점에서 정말로 희귀하고 독특한지 고객이 알 수 있게 해야 한다. 당신 회사 제품만이 가지고 있는 장점을 지적하면 고객이 우리의 제안을 받아들이도록 쉽게 설득할 수 있다. 마찬가지로 어떤 프로젝트의 특징을 직장 동료들에게 설명한다면 그들이 우리를 도와주겠다고 나설지도 모른다. 이를테면 다음과 같은 식으로 말해보자. "우리가 이런 프로젝트에 참여할 기회는 그리 흔치 않아요." 우리의 제품, 서비스, 시간, 도움 등이 한정적이라는 사실을 그저 정직하게 말하는 것만으로 가치는 높아져서 사람들의 인정을 더 많이 받을 수 있다. 게다가 일반적으로 사람들은 자신이 가치를 인정하는 것들을 받아들일 가능성이 더 크다.

일상생활에서도 희소성 원칙이 작용하는 사례를 확인할 수 있다. 요즘은 부모들이 크리스마스를 앞두고 매진 직전인 게임콘솔을 서로 사겠다고 싸우는 세상이다 보니 훈훈한 '명절 분위기'조차 희귀해졌다. 그러나 가족들도 서로의 시간과 도움이 정말 귀중하고 앞으로 점점 줄어들 것임을 알면 다른 반응을 보일 가능성이 높다.

2000년 여름 영국에서는 석유 부족으로 기이한 현상들이 나타났다. 사람들은 극히 제한적으로 공급되는 연료를 구하기 위해 아귀다툼을 벌였다. 2003년 2월에는 영국 항공이 콩코드 항공기를 더 이상 사용하지 않을 것이라는 소식을 발표하자마자 콩코드 항공기의 좌석이 날개 돋친 듯 팔려나가기도 했다. 그리고 같은 해 10월 뭔가를 잃는다는 생각에 수천 명의 사람들이 이상한 행동을 했다. 그들은 길이 막히든지 말든지 차를 세우고 콩코드 항공기의 마지막 이륙을 지켜봤다. 그 모습이 지난 30여 년간 매일 보던 광경과 조금도 다를 바 없었는데도 말이다.

우리는 모두 일상생활에서 희소성 원칙이 심리학적으로 어떤 영향을 미치는지 경험한 적이 있을 것이다. 이 원칙이 미묘하면서도 강력하게 작용하는 분야가 있다. 바로 정보 분야다. 독점적 정보는 좀 더 가치 있게 받아들여질 뿐만 아니라 이런 정보를 이용하면 설득력을 높일 수도 있다. 예를 들어 암람 크니신스키Amram Knishinsky의 연구팀이 실시한 실험에서 쇠고기 도매업자들은 호주의 기후 조건 때문에 호주산 쇠고기 부족이 예상된다는 정보를 입수하자마자 주문량을 두 배 더 늘렸다. 이것은 재화 자체의 희소성이 어떤 효과를 불러오는지를 명백하게 보여주는 예다. 그러나 도매업자들은 정보가 독점이고 일반 대중은 모르는 정보라는 사실을 알게 되자(즉, 정보 희소성의 두 가지 요건이 충족되자), 주문량을 무려 600퍼센트 늘렸다.

만약 나 혼자만 알고 있는 정보를 누군가에게 전달한다면 반드시 그 정보의 독점성을 언급해야 한다. 그래야 효과적으로 사람의 마음을 움직일 수 있는 절호의 기회를 잃지 않을 것이다.

44
가질 수 없다고 느끼게 하라

◆

◆

1985년 4월 23일은 〈타임〉이 훗날 '마케팅 역사상 10년에 한 번 나올까 말까 한 대실수'라고 명명한 '어떤 결정'이 내려진 날이었다. 코카콜라는 많은 사람들이 펩시의 단맛을 더 좋아한다는 조사 결과를 바탕으로, 콜라의 전통적인 제조 공식을 버리고 단맛을 더 강화한 '뉴 콜라'를 만들기로 결정했다. 많은 사람들이 그날을 기억할 것이다. 어느 기자의 말을 빌리자면, "코카콜라는 그 방침 때문에 얼마나 많은 사람들이 분노하고 실망할지 예측하지 못했다. 뱅거, 버뱅크, 디트로이트, 댈러스 등 미국 전역에서 수만 명의 콜라 마니아들이 벌떼처럼 일어나 새로운 콜라를 욕하고 옛날 콜라를 돌려달라고 요구했다."

아마도 이런 분노와 향수가 가장 극단적으로 결합된 예는 시애틀의 게이 멀린스라는 은퇴한 투자자의 이야기일 것이다. 그는 '옛 콜라를 사랑하는 미국인들의 모임'이라는 것을 만들어서 삽시간에 전국적인 유명인사가 됐다. 이 단체의 회원들은 사법적·입법적으로 가능한 모든 수단을 동원하고 시민운동을 벌이면서 기존의 콜라를 부활시키기 위해 불철주야 노력했다. 예를 들어 멀린스는 시민들이 울화를 터뜨리고 자신의 감정을 표현할 수 있도록 직통 전화를 개설했다. 6만 통이 넘는 전화가 이 핫라인을 통해 걸려왔다. 그는 뉴콜라에 반대한다는 메시지를 담은 배지와 티셔츠를 수천 개씩 만들어 팔았다. 그리고 코카콜라 회사를 상대로 집단 소송을 걸기도 했지만, 연방법원에서 재빨리 이 소송을 기각해버렸다. 멀린스의 행동에서 가장 놀라운 것은 블라인드 테스트 결과 그가 오리지널 콜라보다 뉴콜라를 더 좋아하고 두 콜라의 차이를 구별할 수 없다는 사실이 증명됐지만, 그런 건 그에게 중요하지 않았다는 점이다.

여기서 주목할 점은 멀린스에게 '더 좋아하는 것'은 '잃어버린 것'에 비하면 별로 가치가 없다는 사실이다. 이 점에 대해서는 잠시 후에 다시 살펴보기로 하자. 그전에 먼저 고객의 요구에 굴복하고 '오리지널 콜라'를 되살린 후에도 회사 간부들은 혼란을 느끼고 정신이 멍한 상태에서 빠져나올 수 없었다는 점을 지적할 필요가 있다. 당시 코카콜라의 사장이었던 도널드 키우Donald Keough는 오리지널 콜라에 대한 소비자들의 한결같은 충성심에 대해 이렇게 말했다.

"훌륭한 미국의 미스터리, 사랑스러운 미국의 수수께끼입니다. 사랑, 자부심, 애국심을 측정할 수 없는 것처럼 이 현상도 측정할 수 없습니다."

그러나 우리는 이것이 미스터리도 수수께끼도 아니라고 자신 있게 말할 수 있다. 첫째, 희소성 원칙이 작동하는 방법, 특히 사람들이 이미 가지고 있던 것을 잃어버릴 때 민감해지는 특성을 이해한다면 그것은 절대 미스터리가 아니다. 특히 코카콜라처럼 전 세계 사람들의 역사와 전통에 깊이 스며들어 있는 제품이라면 더더욱 그렇다.

둘째, 코카콜라 애호가들의 이런 경향은 얼마든지 예상이 가능하며, 코카콜라 역시 자체 시장조사를 통해 이미 알고 있던 사실이라는 점이다. 코카콜라가 수치스러운 결정을 내리기 전에 시장조사 결과는 이미 그들 앞에 버젓이 나와 있었다. 하지만 그들은 눈앞에 놓인 자료를 사회적 영향력이라는 요소와 결합하여 생각하지 못했다.

코카콜라는 시장조사에 돈을 아끼지 않는다. 그들은 새로운 제품을 출시할 경우 기꺼이 수백만 달러를 써서 시장을 정확하게 분석한다. 뉴콜라를 출시하기로 결정 내리기 전에 그들은 1981년에서 1984년까지 25개 도시의 20만 명을 상대로 새로운 배합과 기존의 배합을 매우 신중하게 실험했다. 대부분 블라인드 테스트로 치러진 실험 결과 오리지널 콜라보다 뉴콜라가 더 좋다고 답한 사람은 45에서 55퍼센트로 나타났다. 그런데 개중에는 표시를 한 샘플을 가지고 실시한 실험도 있었다. 다시 말해 어떤 것이 오리지널 콜라이고 어떤 것이 뉴콜라인지 참가자들에게 미리 알려주고 실험을 진행한 것이다. 그런 조건에서 뉴콜라에 대한 선호도는 6퍼센트 더 증가했다.

그런데 막상 뉴콜라를 출시하자 사람들은 오리지널 콜라에 열광적인 선호를 표시했다. 이 사실을 어떻게 설명할 수 있을까? 이 혼란스러운 문제를 해결할 수 있는 유일한 방법은 희소성 원칙을 적용하는 것이다. 테스트 당시 사람들은 뉴콜라를 살 수 없었다. 따라서 어떤 샘플이 오리지널 콜라이고, 어떤 샘플이 뉴콜라인지 아는 상태에서는 가질 수 없는 쪽에 강한 선호를 표시했던 것이다. 그러나 나중에 회사가 기존의 배합 방식을 버리고 새로운 배합 방식을 도입하여 뉴콜라를 출시하자 사람들이 가질 수 없게 된 것은 오리지널 콜라였다. 그래서 사람들은 오리지널 콜라가 더 좋아진 것이다.

이와 같은 이유로 블라인드 테스트와 어느 것이 오리지널 콜라이고 뉴콜라인지 알려주고 실험한 테스트 간에 차이가 생겼고, 뉴콜라에 대한 선호도가 6퍼센트 더 증가한 것이다. 문제는 코카콜라가 이 결과를 잘못 해석했다는 사실이다. 그들은 아마도 이렇게 생각했을 것이다. "오, 좋아. 사람들은 새로운 맛을 볼 수 있다는 걸 알면 그것에 대한 욕구가 커지는 모양이군." 그러나 실제로 증가한 6퍼센트의 진정한 의미는 사람들은 뭔가를 가질 수 없다는 걸 알면 그것에 대한 욕구가 커진다는 사실이었다.

오리지널 콜라를 아예 없애버린 것은 단지 제품을 구할 수 없게 만들어버리는 것보다 훨씬 강력했다. 실제로 그것은 평생 콜라를 마셔온 사람들이 늘 규칙적으로 가질 수 있었던 뭔가를 잃게 됐음을 의미했다. 이익보다 손실에 더 예민한 경향은 사회과학에서 가장 많은 지지를 받는 연구 결과 중 하나다. 행동과학자 대니얼 카너먼Daniel Kahneman과 아모스 트버스키Amos Tversky의 연구팀은 처음으로 '손실 기피loss aversion'라는 개념을 실험하고 결과를 정리했다. 이 개념은 금융, 의사 결정, 협상, 설득 등의 분야에서 일반적으로 나타나는 인간 행동이라 할 수 있다.

예를 들어 미숙한 투자자들이 가치가 올라간 주식을 일찍 팔아버리는 것도 손실 기피 경향으로 인해 생기는 현상이다. 왜냐하면 사람들은 이미 얻은 것을 잃고 싶어 하지 않기 때문이다. 마찬가지로 이런 투자자들은 손실이 생길 수 있는 모든 가능성을 피하려는 욕구 때문에 매수한 이후 계속 가치가 떨어지는 주식을 계속 붙들고 있게 된다. 이 시점에 주식을 팔면 공식적으로 회복할 수 없는 손실을 받아들여야 하기 때문이다. 이런 투자자들 대다수가 비슷한 경향을 보이기 때문에 주가가 점점 더 떨어지는 경우도 흔히 있다.

손실 기피는 마케팅 측면에서도 중요하다. 일반적으로 마케터와 광고주의 최대 관심사는 제품의 이점을 담은 메시지를 잠재 고객에게 전달하는 것이다. 그러기 위해서 그들은 잠재 고객이 제품을 통해 얻을 수 있는 것에 초점을 맞춰 메시지를 설계할 때가 많다. 그러나 그렇게 하면 보다 설득력 있는 방법으로 메시지를 전달할 기회를 놓쳐버리는 것이다. 그보다 고객이 잃어버릴 수 있는 가능성에 초점을 맞춰 메시지를 설계하는 것이 좀 더 확실한 방법이다. "20퍼센트 할인된 가격으로 신제품을 체험할 수 있는 기회를 이용하세요"라고 말하는 것보다 "20퍼센트 할인된 가격으로 신제품을 체험할 수 있는 기회를 놓치지 마세요"라고 말하는 것이 훨씬 더 성공적일 수 있다. 후자의 경우 이 거래 조건은(한시적으로만 제공되므로) 어느 정도 희소성이 있기 때문에 자칫하면 할인된 가격으로 제품을 구매할 기회를 잃을 수 있다는 점을 강조하는 것이다.

마찬가지로 동료에게 어떤 프로젝트에 동참해달라고 설득하고 싶은 경우에도 얻을 수 있는 기회와 경험을 설명하는 데 그칠 것이 아니라 잃을 수 있는 것에 대해서도 지적하는 태도가 중요하다. 실제로 사회과학자 마저리 셸리Marjorie Shelley의 연구팀이 실시한 실험에 따르면, 관리자는 어떤 정보를 잠재적인 이익으로 제시할 때보다 잠재적인 손실로 제시했을 때 훨씬 더 비중 있게 받아들이는 것으로 나타났다. 예를 들어 어떤 부서에 매년 최대 10만 파운드의 절감 효과를 가져다줄 수 있는 아이디어가 있다고 해보자. 그렇다면 이 아이디어를 절감 효과로 제시할 것이 아니라 아이디어를 채택하지 않을 경우 똑같은 금액을 잃어버리게 된다는 식으로 메시지를 설계한다면 훨씬 더 설득력 있게 들릴 것이다.

손실 개념은 우리가 메시지를 받는 입장일 경우에도 마찬가지로 강력하다. 캘리포니아대학교의 한 연구팀은 전기회사에서 나온 사람인 것처럼 가장하고 실험을 실시했다. 주민들에게 매일 50센트를 절약할 수 있다고 말했을 때보다 평균 50센트를 잃어버리고 있다고 말했을 때 지침 사항이 최대 300퍼센트까지 더 잘 지켜지는 것을 발견했다. 이 예에서 주목할 점은 전달된 메시지에 경제적인 차이는 없었다는 사실이다. 두 경우 모두 경제적인 가치는 50센트로 똑같다. 그러나 심리학적으로는 손실을 강조한 메시지가 세 배나 더 설득력이 있었다.

하지만 이런 전략에 의해 역효과가 발생할 수 있다는 점도 기억해야 한다. 예를 들어 일부 교활한 협상가나 자동차 영업사원은 최종 합의가 눈앞에 보일 때까지 기다렸다가 별 신통치 않은 거래를 제안하면서 받아들이든가 말든가 하는 식으로 나올 수 있다. 그들은 상대가 여기서 그만두지는 않을 것이란 점을 너무나 잘 알기 때문이다. 어쨌든 그만둬버리면 (흔히 '매몰 비용'이라고 하는) 그동안 들인 수많은 시간과 노력과 기회를 허비한 셈이 된다. 당신이 상대하고 있는 영업사원이 그런 식으로 당신의 손실 기피 성향을 조종하려 드는 것 같으면, 손해를 볼 사람은 당신이 아니라 영업사원 자신이라는 점을 뼈저리게 느끼도록 해줘야 한다.

45
'왜냐하면' 전략

◆

◆

우리는 마법사를 만나러 간다네.

멋진 오즈의 마법사

왜냐면, 왜냐면, 왜냐면, 왜냐면, 왜냐면!

그는 멋진 일을 하니까.

프랭크 바움Frank Baum의 유명한 동화책을 바탕으로 한 영화 〈오즈의 마법사〉(1939)는 대표적인 가족영화 중 하나다. 많은 사람들은 도로시와 그녀의 친구들인 허수아비, 양철나무꾼, 사자가 노란 벽돌이 깔린 길을 따라 위험천만한 여행을 하면서 겪는 모험을 잘 알고 있다. 분명히 오즈의 마법사는 자기를 만날 가치가 있다는 것을 도로시와 친구들에게 설득시키는 데 성공했다. 그런데 여기서 다른 사람을 설득해서 우리가 원하는 길로 이끄는 방법을 알아내는 것과 영화 속 네 명의 여행자가 불렀던 노래가 무슨 상관이 있는 걸까?

줄 서기에 대해 생각해보자. 은행이든 슈퍼마켓이든 놀이공원이든 어디서나 줄 서기는 별로 즐거운 일이 아니다. 거의 모든 사람들이 가능한 한 빨리 줄이 줄어들기를 바란다. 그런데 당신 같으면 어떤 경우에 다른 사람을 당신 앞에 세워주겠는가? 이 책의 핵심 주제는 부탁하는 방법을 조금만 바꿔도 놀랄 만큼 엄청난 결과를 도출할 수 있다는 것이다. 하지만 단 한마디만으로 "그래요. 제 앞에 서세요"라는 말을 이끌어낼 수 있을까?

그럴 수 있다. 그리고 문제의 한마디는 바로 '왜냐하면'이다. 행동과학자 엘렌 랭어Ellen Langer의 연구팀은 이 단어의 설득력을 실험해보기로 했다. 한 실험에서 랭어는 복사기를 사용하기 위해 줄을 서 있는 사람들에게 낯선 사람을 접근시키고 이렇게 말하도록 했다. "실례합니다. 저는 다섯 장만 복사하면 되는데요. 제가 먼저 복사기를 써도 될까요?" 이렇게 직접적으로 양보해달라는 요청을 받은 사람들 중 60퍼센트가 낯선 사람에게 먼저 복사기를 사용해도 좋다고 허락해줬다. 그러나 부탁하는 사람이 이유를 덧붙였을 때, 즉 "제가 먼저 복사기를 써도 될까요? 왜냐하면 제가 좀 급한 일이 있거든요"라고 말했을 때는 거의 모든 사람들(94퍼센트)이 먼저 복사기를 사용하도록 해주었다.

그런데 이 연구가 정말로 흥미로워지는 것은 지금부터다. 랭어는 실험 한 가지를 더 해보기로 했다. 이번에도 낯선 사람은 '왜냐하면'을 사용했다. 그러나 그다음에는 완전히 무의미한 이유를 대면서 이렇게 말했다. "제가 먼저 복사기를 써도 될까요? 왜냐하면 복사를 해야 되거든요." 복사를 해야 된다고? 그럼 복사를 하려고 복사기를 쓰는 거지 누구는 연필을 깎으려고 복사기를 사용하나? 동어반복적인 공허한 '이유'를

댔음에도 불구하고, 적절한 이유를 댔을 때와 거의 비슷한 정도로 사람들의 허락을 얻을 수 있었다(93퍼센트).

복사기 실험은 '왜냐하면'이라는 한 단어가 가진 독특한 동기부여 효과를 입증해준다. 이 단어가 설득력을 얻는 까닭은 '왜냐하면'과 그다음에 따라오는 합당한 이유 사이에 우리가 살아오면서 지속적으로 강화된 연상관계가 존재하기 때문이다. 이를테면 다음과 같은 식이다.

"…왜냐하면 그건 내가 승진하는 데 도움될 테니까." "…왜냐하면 나는 시간이 없거든." "…왜냐하면 영국 대표팀에는 세상에서 제일 훌륭한 스트라이커가 있으니까."

물론 대부분의 경우처럼 '왜냐하면'의 힘에도 한계가 있다. 복사기 실험에서는 '왜냐하면' 다음에 따라온 이유가 빈약한 경우에도 마찬가지로 많은 사람들이 부탁을 들어줬다. 그러나 그것은 사소한 부탁이었다. 달랑 다섯 장만 먼저 복사를 하자는 것이었다. 랭어는 좀 더 큰 부탁을 했을 때 어떤 일이 일어나는지 알아보기 위해서 다른 종류의 실험 조건을 설계했다. 이번에는 낯선 사람이 스무 장을 복사해야 한다고 말했다.

낯선 사람이 '왜냐하면'을 붙이지 않고 부탁했을 때 부탁을 들어준 사람의 비율은 24퍼센트에 불과했다. 한편 빈약한 이유를 댄 경우, 즉 "왜냐하면 복사를 해야 되거든요"라고 말한 경우에는 어떻게 됐을까? 그런 부탁을 들어준 사람의 비율은 전혀 증가하지 않았다. 그러나 합당한 이유를 대며 큰 부탁을 했을 때("왜냐하면 제가 좀 급한 일이 있거든요.")는 두 배 더 많은 사람들이 부탁을 들어줬다. 이런 연구 결과를 종합하면, 부탁을 받았을 경우 부담해야 할 것이 별로 크지 않을 때 사람들은 오랫동안 고민해 행동을 결정하지 않고 정신적인 지름길을 택할 확률이 크다. 반면 부담해야 할 것이 클 때는 부탁의 내용이 얼마나 합당한지를 열심히 생각한 다음에 행동을 결정할 가능성이 크다.

이런 결과는 부탁을 할 때는 항상 합당한 이유를 대야 한다는 점을 다시 한 번 강조한다. 부탁을 하는 이유가 '꽤 당연하다'는 생각이 들더라도 이유를 분명히 밝히는 것이 좋다. 예를 들어 고객과 만날 약속을 정하거나 또는 동료에게 새로운 프로젝트를 도와달라고 부탁할 경우 반드시 부탁 뒤에 숨은 합리적인 이유를 언급해야 한다. 그 이유가 너무 당연하게 들릴지도 모르지만, 다른 사람들이 당연히 부탁 뒤에 숨은 이유를 알고 있을 거라는 생각이 실제로는 지레짐작에 불과한 경우가 너무나 많다.

이런 전략은 가정에서도 유용하다. 아이들에게 "당장 밥 먹으러 와"라고 하거나 "바로 잠자리에 들어라"라고 명령하는 것보다는 왜 그렇게 하라고 시키는지 이유를 설명하면 훨씬 효과적인 전략이 될 수 있다. "하라면 해!" 같은 말은 해서는 안 된다.

여기서 중요한 것은 '왜냐하면'이란 단어가 두 가지 방향으로 작용한다는 사실이다. 따라서 우리는 다른 사람들도 우리한테 '왜냐하면'이라고 말하도록 유도해야 한다. 예를 들어 우리가 IT 회사에서 일한다고 가정하자. 우리 회사의 오랜 고객들은 우리와 함께 일하는 데 익숙해져 있을지도 모른다. 하지만 해가 갈수록 우리 회사와 계속 거래해야 하는 이유가 점점 희미해지고 있을 것이다. 어쩌면 아예 그 이유를 잊어버렸을지도 모른다. 따라서 우리 회사는 경쟁사보다 불리한 처지에 있을 수 있다.

고객이 의리를 지키고 회사를 더욱 신뢰하도록 만들려면, 고객에게 왜 우리 회사 제품을 이용하는지 이유를 말하도록 하는 것이 효과적인 방법이다. 설문조사 등의 방식으로 그런 행동을 유도할 수 있는데, 고객에게 왜 우리 회사와 거래하는 것을 좋아하는지 설명해달라고 요청하는 것이다. 그레고리 마이오Gregory Maio의 연구팀이 실시한 실험에 따르면, 이런 방법은 고객과 우리의 관계가 단지 습관적으로 지속되는 것이 아니라 합리적인 이유를 바탕으로 한다는 점을 상기시키므로 고객의 헌신을 강화하는 효과가 있다. 즉, 사람들로 하여금 우리한테 '왜냐하면'이라고 말하게 만들면, 결국 그들은 도로시와 친구들처럼 우리를 칭찬하는 노래를 부르게 될 것이다.

46
열 가지 이상의 장점은 단점이다?

◆

◆

"첫째, 해를 끼치지 말라." 이 말은 히포크라테스 선서에서 의료 실무자들이 환자에게 지켜야 할 가장 우선적이고 중요한 의무를 기술한 것이지만, 광고주가 제품을 팔려고 할 때 지켜야 할 의무 조항으로서도 손색이 없다. 최소한 제품이나 서비스의 판매에 해를 끼쳐서는 안 되는 것이다. 하지만 좋은 의도로 만든 카피가 잠재 고객들을 경쟁사로 떠나게 만드는 일이 벌어지는 이유는 무엇일까?

'사람들에게 특정한 입장을 지지하는 이유를 말해보라고 하면 그런 입장에 대한 믿음을 강화한다'는 앞에서의 주장을 떠올려보자. 그 원리에 따른다면, 소비자들에게 해당 제품과 서비스를 선택하는 이유를 가능한 한 많이 생각해내게 하는 것이 맞을 것이다. 하지만 한 연구에서 특정 상황에서는 이런 전략이 역효과를 일으킬 수 있다는 사실이 밝혀졌다.

당신이 고급 자동차를 새로 사려 한다고 가정하자. 그리고 BMW 아니면 벤츠를 사기로 결정했다고 치자. 어느 날 당신은 잡지를 보다가 다음과 같은 BMW 광고를 보게 된다. "BMW를 타시겠습니까, 벤츠를 타시겠습니까? BMW를 선택해야 하는 이유는 여러 가지가 있습니다. 열 가지를 말해보시겠습니까?"

미카엘라 벵케Michaela Wanke의 연구팀은 경영학과 학생들을 대상으로 실험을 실시했다. 연구팀은 학생들을 두 그룹으로 나눈 다음 한 그룹에는 위와 같은 광고를 보여주고 다른 그룹에는 다음과 같이 약간 다른 광고를 보여줬다. "BMW를 타시겠습니까, 벤츠를 타시겠습니까? BMW를 선택해야 하는 이유는 여러 가지가 있습니다. 한 가지만 말해보시겠습니까?"

그러고 나서 실험에 참가한 학생들에게 BMW와 벤츠에 대한 의견을 물었다. 언젠가 두 자동차 중 하나를 구입한다면 어느 쪽에 관심이 있는지도 물었다. 결과는 명백했다. 소비자들에게 BMW를 선택해야 하는 이유 열 가지를 대라고 했던 광고는 한 가지 이유를 대라고 했던 광고보다 BMW에 대한 평점을 낮춘 반면 벤츠에 대한 평점은 더 높았다.

이런 역효과의 책임은 누가 져야 하는가? 연구팀은 참가자들이 BMW에 대한 판단의 근거로 삼은 것은 BMW 브랜드를 지지하는 이유를 얼마나 쉽게 생각해낼 수 있는지 여부였다고 설명한다. 한 가지 이유만 말해보라는 요청을 받았을 때는 비교적 쉬웠다. 그러나 열 가지 이유를 생각해내는 것은 너무 어려웠다. 그래서 그들은 생각해낼 수 있는 이유의 많고 적음을 평가 지표로 사용하지 않고, 이유를 생각해내는 과정의 난이도를 판단의 근거로 삼았던 것이다. 일반적으로 심리학자들은 뭔가를 경험하는 일의 용이함 정도를 표현하는 말로 그 경험의 '유창성'이라는 단어를 사용한다. 이 개념에 대해서는 나중에 다시 언급할 것이다.

연구 결과를 참고한다면, 상대방에게 우리의 입장을 지지하는 이유를 말해보라고 요구하기 전에 그들이 얼마나 쉽게 이런 요구를 실천할 수 있을지를 고려해야 함을 알 수 있다. 이유를 대는 일이 어려운 것처럼 보이면 그냥 몇 가지 이유만 말해보라고 하자. 또한 이 연구 결과를 활용하면 다소 역설적인 전략을 세울 수 있다. 즉, 상대방에게 경쟁사 제품을 지지하는 이유를 여러 개 말해보라고 요구한다면 유리한 위치를 점할 수 있다. 상대방이 여러 가지 이유를 생각해내기 어려우면 어려울수록 우리의 제품이나 서비스 혹은 프로그램이 상대적으로 더 좋아 보일 것이다.

단순히 제품을 사용하는 것을 상상하기 쉬우냐 어려우냐의 문제도 소비자의 결정에 영향을 미친다는 점을 보여주는 연구도 있다. 사회과학자 페티아 페트로바Petia Petrova가 실시한 실험에서는 참가자들에게 고급식당에 가거나 휴일에 어딘가로 놀러가는 즐거운 경험을 상상해보라고 요청했다. 그런 장면을 상상하는 것이 쉬울 경우에는 그것만으로도 그곳에 가고 싶은 욕구가 커진다는 점이 밝혀졌다.

뿐만 아니라 어떤 제품을 팔려고 할 때, 좀 더 쉽게 말해서 누군가에게 어떤 행동을 요청하려고 할 때는 그것이 상대방 입장에서 얼마나 새롭고 낯설게 느껴지는지도 고려하는 것이 좋다. 예를 들어 소비자들이 신제품을 구매하도록 설득하려 한다고 하자. 목표 집단이 해당 제품을 거의 또는 전혀 경험하지 못했거나 복잡한 기술적 특징에 대한 설명을 이해하지 못했다면, 그 제품을 사용하는 것을 상상하기가 어려울 수 있고 그러면 제품을 선택할 가능성도 낮아진다.

광고를 제작할 때도 이런 원리는 중요하다. 아트디렉터는 자유롭게 역량을 발휘해 눈길을 잡아끌거나 뇌리에 각인될 만한 이미지를 만들어내는 경우가 많다. 그러나 그 이미지가 제품 사용을 시각화할 때 소비자에게 어떤 영향을 미치는지 고려하지 않는다면 매우 추상적인 이미지로만 남을 수 있다. 연구 결과에 따르면, 추상적인 이미지보다는 구체적인 이미지가 훨씬 더 효과적이다. 게다가 이런 경우에는 광고를 테스트하기 전에 카피라이터와 좀 더 긴밀히 협력하면 의사 결정 과정을 개선할 수 있다. 또한 소비자들이 특정 상황 속에 있는 자신의 모습을 상상하기 쉬운지 어려운지를 파악하기 위해 특별히 설계된 포커스 그룹을 활용하는 것도 좋은 방법이다.

47
팔리는 메시지

◆

◆

　수많은 브랜드와 제품들이 대중의 관심을 털끝만큼이라도 더 차지하기 위해 온갖 수단을 동원해 경쟁하는 통에 뒤죽박죽 메시지가 넘쳐나는 요즘 같은 세상에서 오히려 세부적인 요소가 결정적인 역할을 할 수도 있다. 지금까지 우리는 메시지 설계 방식의 변경, 미묘하게 변화를 준 제안, 심지어 제안서를 받기 직전의 감정 상태와 같은 세부적인 요인이 결과에 지대한 영향을 미친다는 사실을 살펴보았다. 여기에 주목할 만한 중요한 세부사항이 하나 더 있는데, 그것은 바로 제시하는 메시지의 문장 형태이다. 서술문인지 의문문인지에 따라 상대방에게서 얻는 대답이 달라질 수도 있다.

　나이키는 과감하게 '일단 한번 해봐!Just do it!'라고 말한다. 이와 대조적으로 네스프레소는 '더 좋은 게 있나요?What else?'라고 점잖게 묻는다. 영국의 페인트 제조업체인 론실은 '깡통에 적힌 그대로입니다It does exactly what it says on the tin'라고 확신에 찬 어조로 말한다. 그런데 미국의 금융회사 캐피탈 원은 '당신 지갑에는 뭐가 들었나요?What's in your wallet?'라는 질문을 던진다. 고객과 소비자에게 어필하는 데는 어떤 문장 형태가 더 설득력이 있을까?

한 연구 보고서에 따르면, 일반적으로 의문문보다는 서술문이 설득력이 월등히 높다고 한다. 그 이유는 사람들이 대부분 분명하고 확신을 주는 메시지를 선호하기 때문이다. 정보 과부하에 시달리는 요즘 세상에 충분히 이해되는 설명이다. 기업이나 정부가 괜한 질문으로 마음에 불확실성을 키우지 않아도 우리에게는 이미 신경 쓸 일들이 충분히 많다. 결과적으로 사람들은 대부분 확신감을 주는 브랜드와 메시지를 고마워하는 것처럼 보인다. 그리고 서술문은 강한 확신을 전달하는 데 적합한 문장 형식이다.

그렇다면 '당신 지갑에는 뭐가 들었나요?', '더 좋은 게 있나요?'라고 질문을 던지는 캐피탈 원이나 네스프레소의 카피는 설득력이 떨어질까?

인간 행동의 특성을 고려하면, '상황에 따라' 그럴 수도 있고 아닐 수도 있다. 의문문과 서술문 중 무엇을 사용할 것인가 하는 문제에서 종속 요인은 제품이나 서비스에 대한 기존의 관심 정도이다.

매사추세츠 주 보스턴대학의 헨리크 하크베트Henrik Hagtvedt 마케팅 교수가 실시하고 〈소비자 심리학 저널〉에도 게재되었던 실험은 이 사실을 뒷받침해준다. 하크베트는 실험에서 참가자들에게 다양한 종류의 제품을 홍보 문구와 함께 제시했다. 그는 참가자를 두 조건 그룹으로 나눠 한 그룹에는 서술문으로 된 홍보 문구를 제시하고, 다른 그룹에는 의문문으로 된 홍보 문구를 제시했다. 한 만년필 브랜드를 '당신이 찾던 펜입니다'라는 서술문과 함께 제시하거나, '당신이 찾던 펜이죠?'라는 의문문과 함께 제시했다. 평균적으로, 똑같은 제품인데도 서술문과 함께 만년필을 제시한 그룹보다 의문문과 함께 제시한 그룹이 그 펜을 더 좋아하고 훨씬 더 흥미를 보였다. 그러나 이러한 효과는 소비자들의 '각성 상태'가 낮을 때, 다시 말해 제품에 관심이 없거나 싫증이 나 있는 상태일 때만 유효했다.

각성 상태가 높은 소비자들, 즉 제품에 관심이 있고 흥미를 느끼는 사람들은 의문문보다 서술문과 함께 제품을 제시했을 때 훨씬 쉽게 설득되었다.

변화에 대한 관심과 욕구가 낮은 소비자층을 대상으로 광고 메시지를 작성하는 임무를 맡은 캠페인 전문가는 이런 결과에서 어떤 힌트를 얻을 수 있을까? 이런 상황에서는 서술문보다는 의문문으로 메시지를 설계하는 것이 훨씬 성공적일 수 있다. 질문이 흥미를 자극할 수 있기 때문이다. 반면에 메시지에 적극적으로 귀를 기울일 의사가 있는 소비자층에게는 서술문을 사용하는 것이 좋다. 이러한 마음 상태에 있는 사람들은 대개 자신이 가진 생각에 확신을 더해줄 명쾌한 정보를 찾기 때문이다. 이미 관심이 있는 사람들에게는 질문을 던지면 오히려 역효과가 난다. 질문은 제품에 대해 다시 생각해보게 하기 때문에 의사 결정에 방해가 될 뿐만 아니라, 궁극적으로는 제품에 대한 흥미를 잃거나 마음을 바꾸는 사태로 이어질 수 있다.

하크베트의 실험은 다른 사람에게 전달되는 서술문과 의문문의 설득력에 초점을 맞추었지만 이 전략은 자기 자신을 설득할 때에도 적용된다. 개인적인 목표도 의문문으로 설계했을 때 작지만 매우 효과적인 변화를 일으킨다는 사실을 보여주는 실험 결과가 있다.

이브라힘 세네이Ibrahim Senay와 동료 연구자들은 실험 참가자들을 두 그룹으로 나누어 완수해야 할 일련의 활동 과제를 나누어주었다. 그리고 두 그룹에게 모두 과제를 시작하기 전에 각 과제의 목표와 결과를 적으라고 했는데, 적는 방식에는 미묘한 차이를 주었다. 한 그룹은 종이 상단에 '내가 할 일'이라는 제목을 붙인 다음 이어서 목표를 나열하도록 하고, 다른 그룹은 '한번 해볼까?'라는 제목에 이어 목표를 적게 했다. 실험 결과 의문문을 사용한 그룹이 서술문을 사용한 그룹보다 더 많은 과제를 완수했다.

만약에 그날그날 해야 할 모든 과제와 업무를 목록으로 작성하며 의욕적으로 매일 아침을 시작하지만, 일과를 마치고 하루를 되돌아볼 때 마음먹은 만큼 성취하지 못해 힘이 빠지는 사람이라면 놀랄 만큼 간단한 해결 방법이 있다. 목록의 제목을 '내가 할 일' 또는 '할 일 목록'이라고 적는 대신 '한번 해볼까?'라고 의문문으로 적어보는 것이다.

팀원들이 조직의 목표에 애착을 갖게 설득해야 하는 상사 입장이라면, 앞에서 살펴보았듯이 약속과 행동을 자발적이고 능동적이며 공개적으로 선언하게 하는 동시에 목표가 적힌 문서 맨 위에 '한번 해볼까?'라는 질문을 적어보게 하자.

이런 전략이 통할 것이라 확신하는 독자들에게는 딱 세 단어만 말하겠다. '일단 한번 해봐!' 그리고 회의적인 독자들에게는 이렇게 말하고 싶다.

'못할 건 뭐야?'"

48
단순한 게 좋은 이유

◆

◆

언젠가 J. P. 모건은 주식 시장이 앞으로 어떻게 될 것 같으냐는 복잡한 질문을 받고 나서 다음과 같은 단순명쾌한 대답을 했다. "등락이 있겠죠." 우리의 영향력을 높이는 데 단순함은 어떻게 도움이 될까? 특히 제품이나 프로젝트, 회사 이름을 짓는 것과도 관련이 있을까?

사회과학자 애덤 알터Adam Alter와 대니얼 오펜하이머Daniel Oppenheimer에 따르면, 사람들은 발음하기 어려운 단어나 이름보다 발음하기 쉬운 단어나 이름에 애착을 많이 느낀다고 한다. 다시 말해 더 '유창한' 단어나 이름을 선호한다는 것이다. 그들은 사람들이 읽기 쉽고 발음하기 쉬운 회사 이름과 주식종목 기호를 더 긍정적으로 생각한다고 주장한다. 그런 심리학적인 경향 때문에 회사 이름이나 주식종목 기호가 쉬울수록 더 가치 있어 보이고, 결과적으로 주가가 올라간다고 한다.

우선 이 가설을 통제군에서 실험해보기 위해 유창하거나 유창하지 않은 가상의 종목 기호들을 만들었다. 참가자들은 그것이 진짜 회사의 종목 기호라고 생각하고 향후 실적을 예측했다. 결과는 명백했다. 참가자들은 비교적 발음하기 쉬운 종목 기호들(슬링어맨, 밴더, 탠리 등)이 다른 기호들(색스터, 프루리오, 재지브단 등)보다 실적이 더 우수할 거라고 예측했을 뿐 아니라 전자는 주가가 오르고 후자는 떨어질 것이라고 예측했다.

실제로도 이런 일이 일어나는지 알아보기 위해 알터와 오펜하이머는 뉴욕 증권거래소에서 주식이 거래되는 회사들 중에서 1990년과 2004년 사이에 주식을 상장한 89개 회사를 무작위로 골랐다. 그런 다음 종목 기호의 유창성에 따라 주식 상장 후 1일, 1주, 6개월, 1년간 실적이 어떻게 달라지는지 살펴봤다. 결과적으로 89개 회사들 중에서 이름이 가장 유창한 기업 10곳의 실적은 이름이 어려운 10곳의 기업 실적보다 우수했다. 일례로 주식 상장 후 1년간 수익 차이는 333달러였다. 게다가 연구팀이 실시한 또 다른 실험에서는 뉴욕 증권거래소 또는 미국 증권거래소에 상장된 750개가 넘는 기업들을 종목 기호가 한 단어로 발음되는지(예를 들면 KAR) 그렇지 않은지(예를 들면 RDO)에 따라 분리한 후 실적을 비교했는데 비슷한 결과가 나왔다.

그렇다면 우리는 당장 '므시츠프틱'이라는 회사의 주식을 팔고 야후 주식을 사야 한다는 것인가? 아니면 금융 컨설턴트를 해고하고 주식 고르는 원숭이들과 다트보드(원숭이와 펀드매니저 간 투자수익률 대회를 열었는데, 시세판에 다트를 던져 찍은 종목에 투자한 원숭이가 이겼다. 온갖 분석기법으로 점쳐진 투자가 원숭이의 막무가내식보다 못할 수도 있다는 의미로 자주 인용된다 - 옮긴이)를 구해야 한다는 것인가? 그런 것은 아니다. 하지만 우리는 제품이나 프로젝트, 회사 이름을 짓거나 고를 때 단순함의 위력을 무시하지 말라고 충고하고 싶다. 사람들은 영향력이 커 보이는 쪽에 지나치게 초점을 맞추느라 정작 듣는 사람에게 전달해야 할 정보의 첫 번째 요소를 간과하는 경우가 많다. 그것은 바로 이름이다. 다른 모든 조건이 동일할 때 읽기 쉽고 발음하기 쉬운 이름일수록 소비자와 주주, 기타 의사 결정자들에게 긍정적인 인상을 줄 가능성이 더 높다.

비슷한 맥락에서 손으로 쓴 메시지의 경우에는 필체에 따라서 설득의 강도가 달라진다는 사실도 입증됐다. 즉, 필체가 나쁠수록 메시지의 설득력도 떨어진다. 그러니까 읽는 사람은 나쁜 필체의 메시지를 읽을 때 느끼는 거부감을 메시지 자체가 어렵기 때문이라고 오해한다. 그렇다면 필체에 문제가 있는 사람들은 그냥 타이핑을 치면 되지 않을까? 맞는 말이다. 하지만 그렇게 할 경우에도 한 가지 단서가 붙는다. 어떤 연구 결과에 따르면, 읽기 쉬운 글씨체로 타이핑된 메시지가 훨씬 설득력 있는 것으로 보인다고 한다.

이 모든 연구 결과는 일반적으로 사람들이 선택하는 의사소통 수단에 대해서 많은 것을 알려준다. 예를 들어 사람들은 의사소통을 할 때 호언장담을 하고 허풍을 떨고 길고 장황하게 자신의 박식함을 전달하려고 노력하는 경우가 많다. 다시 말해 불필요하게 긴 단어 또는 기술적인 전문용어를 사용하면서 똑똑하게 보이려고 애쓴다. 한 관리자가 팀원들에게 보낸 다음 메시지를 살펴보자(2006년 10월 〈뉴욕 포스트〉에 보도된 기사를 참고했다). "우리는 내실 있는 지식센터를 창조하기 위해 우리의 자산을 활용하고 전략적인 제휴를 수립하고 있습니다. 고객 중심적인 사업구조를 채택한 이 지식센터는 업계 최고의 기술을 사용해 인적자원 시스템의 효율을 극대화했습니다."

뭔 소리일까? 한마디로 '우리는 컨설턴트'라는 뜻이다. 최근의 한 연구는 이런 식의 지나치게 복잡한 말은 의도한 것과 정반대의 효과를 낼 수 있음을 보여줬다. 듣는 사람이 무슨 말인지 모를 때는 메시지의 설득력이 떨어지는 것으로 간주하고 말을 한 사람의 지적 능력도 의심하게 된다.

기업의 커뮤니케이션이든 의료 전문가의 조언이든 혹은 학생이 쓴 보고서든, 이런 종류의 메시지는 유감스럽게도 우리의 일상생활에서 흔히 볼 수 있다. 예를 들어 스탠퍼드대학교에서 실시한 설문조사에 따르면, 설문에 응한 학생들 중 86.4퍼센트가 똑똑하게 보이고 싶어서 보고서에 복잡한 말을 쓴 적이 있다고 인정했다. 그러나 더 어이없는 것은 영국의 한 컨설팅 회사가 보고한 통계 자료다. 이 자료에 따르면, 상사가 명확하게 의사를 전달하지 않고 종종 이해할 수 없는 말로 메시지를 혼란스럽게 만든다고 생각하는 직원들이 56퍼센트에 달했다. 따라서 부하 직원에게 메시지를 보내기 전에 직접적인 관련이 없는 동료들에게 메시지를 보여주고 조언을 들어보기를 권한다.

더하여 메시지가 지루할 정도로 너무 단순해지는 것도 좋지 않다는 점을 기억할 필요가 있다. 메시지에 불확실한 요소를 주입해서 듣는 사람의 흥미를 자극할 수 있는 때가 있다. 한 실험에서 사람들에게 다양한 롤러코스터의 이름만 들려주고 얼마나 위험할 것 같은지, 그래서 더 아슬아슬하고 재미있을 것 같은지 평가해달라고 요청했다. 사람들은 놀이기구의 이름이 발음하기 쉽고 친근하게 들릴수록 덜 빠르고 덜 재미있을 것 같다고 예상했다. 따라서 메시지를 생동감 있게 만들고 싶다면 지나치게 기초적인 언어가 되지 않도록 해야 한다. 명료함은 유지하되 참신한 요소를 포함하는 단어들을 선택해서 메시지를 구성하자. 하지만 위험 요소를 유난히 꺼리는 사람들을 설득해야 하는 과제를 맡았을 경우에는 이해하기 쉬운 언어를 사용하는 것이 훨씬 더 중요하다.

메시지는 명백하다. 읽기 쉽고, 목적이 명확하고, 막힘없는 문장을 사용할수록 당신의 메시지는 효율성이 높아지고 결과적으로 더 강력한 힘을 발휘할 것이다.

49
말에 리듬감을 줘라

◆

◆

"미시간 공장에서 여러분의 밥상으로." 이것은 어떤 회사의 광고 문구일까? 아니 무엇을 광고하는 것일까? 하인즈 주식회사는 구운 콩을 광고하기 위해 이 슬로건을 만들었다. 1869년 펜실베이니아 주 샤프스버그에서 헨리 존 하인즈는 동네 잡화점에 식료품을 공급하는 회사를 설립했다. 처음에는 고추냉이를 공급하다가 나중에는 피클, 토마토케첩 등을 마차에 실어 배달했다.

1896년 하인즈는 '스물한 가지 슈즈 스타일'이라는 광고 문구를 보게된다. 그는 자기가 파는 제품에는 스타일보다 버라이어티란 단어가 어울린다고 생각했다. 그리고 당시 그의 회사에서 나오는 식료품의 종류는 60가지가 넘었지만 일부러 '57 버라이어티즈'라는 슬로건을 만들었다. 그가 숫자 5와 7을 좋아했기 때문이다. 이렇게 새로운 광고 전략이 시작됐다. 라임을 맞춘 구운 콩 광고를 비롯해 '하인즈 57 버라이어티즈'의 수많은 기발한 광고 슬로건은 지금도 여전히 사용되고 있다.

1960년대 영국 텔레비전에 방영되기 시작한 광고는 두 아이를 위해 저녁식사를 준비하는 엄마를 묘사한 전형적인 것이었다. 아이들은 예고도 없이 배고픈 친구들을 집에 데리고 와서 엄마를 조른다. "엄마, 셀리랑 로빈이랑 제프리랑 데비랑 같이 차 마셔도 돼요?" 엄마는 잠시 화난 표정을 짓는 듯하다가 이내 웃으며 찬장 선반에서 하인즈의 구운 콩 통조림을 꺼낸다. 기다렸다는 듯 CM송이 시작된다.

"매일 수많은 주부들이 구운 콩 통조림을 따지요. 빈즈 민즈 하인즈."

광고의 효과는 굉장했다. 하인즈 주식회사는 30년 넘게 이 광고를 내보냈다. 실제로 영국에서 이 광고가 방영되던 당시 길거리에서 아무나 붙잡고 "매일 수많은 주부들이 구운 콩 통조림을 따지요"라고 선창한 뒤 마이크를 들이대면, 대다수 사람들이 주저 없이 "빈즈 민즈 하인즈"라고 노래를 마무리할 수 있을 정도였다.

이 유명한 광고의 특히 놀라운 점은 소비자에게 제품의 어떤 특징이나 장점을 전달하려고 하지 않았다는 점이다. 단지 회사 이름을 가지고 운을 맞췄을 뿐이다. 하고많은 광고 전략들 중에서 하인즈는 왜 하필 메시지의 라임을 맞출 생각을 했을까? 아마 라임, 즉 운이 잘 맞는 광고는 호감을 불러일으키고 기억하기 편하며 쉽게 따라 할 수 있다는 이유에서였을 것이다. 하지만 운을 맞춘 메시지는 정확성이나 진실성 면에서도 더 유리한 것일까?

사회과학자 매튜 맥글론Matthew McGlone과 제시카 토피그바크시Jessica Tofighbakhsh는 '유유상종' 등과 같이 운을 맞춘 속담이 전파되기 쉽다는 점에 주목하고, 라임이 맞는 문장이 그렇지 않은 문장보다 더 정확한 것으로 보이는지 조사해보기로 했다. 연구팀은 실험 참가자들이 모르는 속담 중에서 운이 잘 맞는 것 몇 개를 고른 다음 뜻은 같지만 운이 맞지 않는 버전으로 바꿨다. 예를 들어 비교적 운이 뚜렷하지 않은 편이긴 하지만, 'Caution and measure will win you treasure(조심하고 신중하면 재물을 얻을 수 있다)'라는 속담을 'Caution and measure will win you riches'로 바꿨다. 또는 'What sobriety conceals, alcohol reveals(맑은 정신은 감추고 술은 드러낸다)'라는 속담을 'What sobriety conceals, alcohol unmasks'로 바꾸기도 했다.

그러고 나서 참가자들에게 이런 속담들 몇 개를 보여준 다음 그것들이 세상의 이치를 얼마나 잘 반영하고 있다고 생각하는지 물었다. 모든 참가자들이 라임은 정확성의 지표가 아니라고 믿고 있었음에도 불구하고, 그들은 운이 맞는 속담이 그렇지 않은 속담보다 더 정확하다고 인식했다.

연구팀의 설명에 따르면, 라임은 정보 처리의 유창성을 높이는 특징이 있기 때문에 라임이 없는 표현보다 있는 표현이 머릿속에서 더 쉽게 처리된다고 한다. 그리고 사람들은 정확성을 판단할 때 머릿속에 유입되는 정보의 유창성을 기준으로 삼는 경향이 있으므로 운이 잘 맞는 표현을 더 정확한 것으로 판단하게 된다.

이런 결과는 일상생활에 여러 가지로 적용할 수 있다. 첫째, 마케터나 회사를 운영하는 사람들은 슬로건, 모토, 상표, CM송 등을 만들 때 라임을 이용하면 사람들에게 호감을 줄 수 있을 뿐 아니라 정확성에 대한 인식도 높일 수 있다는 것을 유념해야 한다. 한 시즌 광고 책임자는 회사 제품군에 변화가 없을 때는 광고에서 무슨 이야기를 해야 되느냐는 질문을 받은 적이 있다. 그가 "음, 제품에 대해 할 얘기가 없으면 노래를 부르면 되지요"라고 대답한 것은 아마 라임의 효과를 잘 알고 있었기 때문일 것이다.

둘째, 부모들은 집안에서 흔히 벌어지는 곤란한 상황에 처했을 때 라임을 유리하게 이용해서 현명하게 대처할 수 있다. 즉, 잠을 재울 때마다 한바탕 난리를 치러야 하는 아이가 있다면 운이 잘 맞는 자장가를 꾸준히 들려줘보자. 아마 'It's off to bed for sleepy head(이제 잠자리에 들 시간이야)'의 몇 소절만 따라 부르게 해도 금세 효과가 입증될 것이다.

마지막으로 라임의 힘은 법적인 환경에도 적용할 수 있다. 실제로 연구팀은 라임의 무게 때문에 정의의 천칭이 뒤집혔을지도 모르는 악명 높은 사례를 지적한다. 1994년 전 부인을 살해한 미식축구선수인 O. J. 심슨의 재판 당시 심슨의 변호사 조니 코크런은 배심원들에게 말했다. "장갑이 맞지 않으면 여러분은 무죄를 평결해야 합니다!" 라임의 미묘한 영향력을 고려할 때 만약 코크런이 "장갑이 맞지 않으면 여러분은 유죄가 아니라는 것을 아셔야 합니다!"라고 호소했다면 평결이 달라졌을지도 모를 일이다.

PART 6

권위 원칙

전문가에게 의존하려는 경향

◆ ◆

"당신이 보여줄 수 있는 것은 무엇이든 설득하고 싶은 사람들에게
보여라. 당신은 그것들을 직접 노력해서 얻었다. 이제 그것들이 당신
을 위해 사람들을 설득할 차례다."

50
'잘난 척'도 잘하면 돈

◆

◆

대부분의 사람들은 자기가 가장 잘 아는 것에 대해서는 여기저기 떠벌리고 싶어 한다. 그러나 어떤 주제에 대한 권위자라고 할지라도 전문지식을 다른 사람들에게 전달하려고 할 때 극복해야 할 딜레마가 있다. 남들보다 우월해지려고 하다가 괜히 잘난 척하기 좋아하는 거만한 사람으로 보일 수 있다는 위험이다. 그렇게 되면 당신에 대한 호감도가 떨어지거나 사람들이 당신의 충고를 무시할지도 모른다. 따라서 뻔뻔스러운 자화자찬을 해서는 안 된다. 진짜 전문가들은 이럴 때 어떻게 할까?

다른 사람이 나를 대신해 말하게 하는 것이 한 가지 방법이 될 수 있다. 이 방법은 강연이나 공연을 하는 사람 또는 저자와 같이 공개적인 커뮤니케이션을 하는 많은 사람들이 오랫동안 사용해온 방법이다. 다른 사람이 대신해서 나의 전문성과 자격을 청중에게 설명하면 내가 말하는 것들에 귀를 기울여야 한다는 사실을 효과적으로 암시할 수 있다.

게다가 뻔뻔스러운 자기 자랑의 폐해도 피해갈 수 있다. 가장 이상적인 것은 진정으로 당신의 능력과 지식을 신뢰하는 누군가가 자발적으로 당신이 얼마나 똑똑한 사람인지 알리는 것이다. 그런 일이 불가능하다면 돈 주고 사람을 사서 시킬 수밖에 없다.

사람들이 누군가가 돈을 받고 나를 칭찬하는 일을 하고 있다는 사실을 알게 되면 반감만 사지 않을까? 하지만 사람들은 사회심리학자들이 보통 '근본 귀인 오류'라고 부르는 실수를 흔히 저지르기 때문에 상관없다. 즉, 우리는 누군가의 행동을 관찰할 때 그런 행동을 하게 만든 상황적 요인(예를 들면 돈)을 충분히 고려하지 않는 경향이 있다.

우리는 제프리 페퍼Jeffrey Pfeffer의 연구팀과 함께 여러 가지 실험을 실시한 결과 사람들이 그런 정보를 충분히 검토하지 않는다는 사실을 발견했다. 따라서 당신의 능력을 보증하기 위해 대변자를 고용하는 것은 여전히 효과적인 설득 수단임에 틀림없다. 한 실험에서는 참가자들에게 자신을 출판사의 편집장이라고 가정한 다음 저명한 저자와 같이 일하게 됐다고 상상해보라고 요청했다. 그리고 꽤 두꺼운 책의 홍보 자료를 미리 읽어보게 했다. 한 그룹에게는 에이전트가 선전하는 자료로 저자의 업적을 읽게 했고, 다른 그룹에게는 똑같은 자료인데 저자가 직접 쓴 자료를 읽게 했다. 그 결과는 우리의 가설을 확인해줬다. 즉, 참가자들은 저자 자신이 스스로를 선전했을 때보다 에이전트가 저자를 칭찬했을 때 거의 모든 면에서(특히 호감도 면에서) 저자를 더 호의적으로 평가했다.

이 연구는 수완 좋은 제3자가 나를 대신해 말해주는 것이 나의 전문성을 전달하는 데 있어 매우 생산적이고 가치 있는 전략이라는 사실을 확인해준다(실제로 가능하다면 계약 조건이나 급여를 협상할 때도 제3자가 대신 하는 것이 좋다). 또한 나를 잘 알지 못하는 사람들한테 소개할 일이 있을 때도 다른 사람이 나를 대신해 소개하도록 하는 방법이 효과적이다. 그런 면에서 가장 효과적인 방법은 약력을 미리 준비하는 것이다. 약력이 길 필요는 없지만 최소한 특정 주제에 대해 말할 자격이 있다는 것을 나타낼 만큼의 배경, 교육 수준, 경험에 대한 어느 정도의 정보를 담고 있어야 한다. 또한 해당 분야에서 거둔 성공 사례를 언급하는 것도 좋다.

최근 우리는 한 부동산 중개소와 같이 일할 기회가 있었다. 그 부동산 중개소는 이런 방법을 이용해 단기간 내 큰 성공을 거뒀다. 중개소는 매매와 임대 부문을 분리했는데, 전화한 고객들은 먼저 접수 직원과 대화를 나누게 된다. 접수 직원은 고객이 원하는 부문을 확인한 다음 "아, 임대하시려고요? 그럼 샌드라와 이야기하셔야겠네요"라고 말하거나 혹은 "매매 담당자와 상담하셔야 해요. 피터에게 연결해드릴게요"라고 말한다.

이 중개소는 제3자가 자격을 갖춘 담당자를 소개하는 것이 좋다는 우리의 조언을 받아들여 접수 직원이 고객들에게 필요한 담당자를 연결해줄 뿐 아니라 이제는 한술 더 떠서 동료들의 전문성에 대한 정보까지 곁들이고 있다. 예를 들어 임대에 대해 더 많은 정보를 원하는 고객들은 이런 말을 듣는다. "오, 임대하시려구요? 그럼 샌드라와 이야기하셔야겠네요. 샌드라는 이 지역에서 임대 중개 경험만 15년이 넘어요. 지금 연결해드릴게요." 마찬가지로 부동산 매매에 대해 더 많은 정보를 원하는 고객들은 이런 말을 듣는다. "매매 담당자 피터에게 연결해드릴게요. 피터는 부동산 매매 경력이 20년이에요. 최근에는 고객님이 소유하

신 것과 아주 비슷한 부동산을 팔기도 했지요."

이 사례에는 네 가지 주목할 만한 특징이 있다. 첫째, 접수 직원이 동료들의 경력에 대해서 고객에게 하는 말은 전부 다 사실이다. 샌드라는 실제로 15년 경력이 있고, 피터는 매우 성공한 부동산 영업사원이다. 그러나 피터나 샌드라가 고객에게 이런 사실을 직접 말한다면 잘난 척하는 것처럼 보일 것이다. 따라서 별로 설득력이 없다.

둘째, 피터나 샌드라와 명백한 이해관계가 있는 사람이 소개를 한다는 사실이 그리 중요해 보이지는 않는다. 이런 소개가 샌드라와 피터에게 이익이 되는 것이 분명한데도 말이다.

세 번째로 눈에 띄는 특징은 이런 방법이 대단히 효과적이라는 점이다. 중개소 사람들은 제3자가 담당자를 소개하지 않았을 때와 비교해 고객과의 약속 건수가 눈에 띄게 늘었다고 보고한다.

네 번째 특징은 이렇게 소개하는 데 추가 비용이 전혀 안 든다는 점이다. 모든 사람이 폭넓은 경험과 전문성을 가진 사람을 알고 있다. 그러니까 가장 중요한 잠재 고객들만 제외하고는 모든 사람이 다 알고 있다는 말이다.

그런데 다른 사람이 나를 칭찬하게 할 수 없는 경우에는 어떻게 해야 할까? 큰 소리로 외치지 않고 나의 능력을 드러낼 수 있는 묘안이 없을까? 한 가지 있긴 있다.

언젠가 병원에서 의사를 보조하는 직원들이 우리에게 조언을 구한 적이 있었다. 그들은 환자들이 꼭 필요한 조치를 잘 따르지 않는 것 때문에 골치를 앓고 있었다. 직원들이 그런 조치의 긴급성을 아무리 열심히 전달해도 환자들은 그들의 충고를 따르지 않았다. 우리는 병원의 검사실을 둘러보고 있었는데 느닷없이 번개 같은 아이디어가 떠올랐다. 병원 벽에는 의사들의 자격을 보여주는 자격증이 한 장도 붙어 있지 않았다. 벽뿐 아니라 다른 어디에도 자격증 비슷한 것은 보이지 않았다. 우리는 환자들이 잘 볼 수 있는 곳에 그들의 자격증을 붙여두라고 조언했다. 그 후 직원들은 환자들이 의사들의 조치를 따르는 비율이 많이 높아졌다고 말했다.

이런 사례가 나타내는 교훈은 무엇일까? 학위수여증이든 자격증이든 상장이든 당신이 보여줄 수 있는 것은 무엇이든지 설득하고 싶은 사람들에게 보여주라는 것이다. 당신은 직접 노력해서 그 증명서들을 얻었다. 이제 그것들이 당신을 위해 사람들을 설득할 차례다.

51
쉽게 순응하지 마라

◆

◆

　자기가 가장 잘난 사람이라고 생각하는 것보다 더 심하면 심했지 결코 덜하다고 할 수 없는 경우가 있다. 바로 다른 사람들이 자기를 가장 명석하거나 가장 노련한 사람이라고 생각한다고 여기는 것이다. 조직이 항공기의 조종실이고 리더가 기장인 경우라면 이런 태도는 가히 치명적이다. 다음 대화를 예로 들어보자. 이 대화는 1982년 에어 플로리다 플라이트 항공기가 워싱턴 DC 인근의 꽁꽁 언 포토맥 강에 추락하기 전에 녹음된 내용의 일부다.

　부기장 저기 윗부분(날개)의 얼음을 다시 한 번 점검해봐야겠어요. 여기 좀 오래 있었잖아요.
　기장 안 돼. 곧 출발해야 해.
　부기장 (이륙 준비를 위해 기기를 점검하며) 그러면 안 될 것 같아요. 그렇지 않아요? 아, 안 돼요. 안 되는 일이에요.

기장 괜찮다니까.

부기장 음…, 괜찮을지도 모르죠.

(고도를 유지하려고 애쓰지만 순조롭지 못한 비행기 소음이 들린다.)

부기장 기장님, 추락하고 있어요.

기장 나도 알아!

(기장과 부기장 그리고 76명의 목숨을 앗아간 충돌이 일어난다.)

위의 이야기는 적법한 권위의 인물로 간주되는 리더의 위상을 맹목적으로 추종하는 습성이 가져온 비극적인 사례다. 또한 이 사례는 리더들도 자신의 위상과 전문성이 어떤 영향력을 미치는지 제대로 알지 못한다는 점을 보여준다. '캡티니티스Captainitis'라고 불리는 이런 종류의 행동은 원래 항공기 기장이 명백하게 잘못된 결정을 내리는데도 반대를 하지 않는 조종사들의 치명적인 수동성을 뜻한다. 항공기 사고 조사관들은 기장의 잘못을 다른 조종사들이 교정해주지 않아 대형사고로 이어진 사례들을 반복적으로 보고한다.

'캡티니티스'는 단지 비행기 조종에만 해당하는 문제가 아니다. 한 연구팀은 유능한 간호사들이 전문의의 명령 때문에 환자에 대한 직업적인 책임을 자발적으로 포기하는 경향이 얼마나 심각한지 실험해봤다. 찰스 호플링Charles Hofling은 여러 병동의 간호사국 22군데에 전화를 거는 실험을 했다. 전화를 건 사람은 의사라고 신분을 밝힌 다음 특정 환자에게 에스트로겐 20밀리그램을 주사하라고 지시했다. 전체 간호사들 중 95퍼센트가 곧바로 약품 캐비닛으로 가서 약물을 가져다가 환자에게 주사하려고 했다. 병원용으로 허가된 약물도 아니고, 게다가 20밀리그램은 일일 권장량의 두 배인데도 말이다.

연구팀은 실험 결과에서 눈에 띄는 점을 발견했다. 병원에서는 여러 '전문가(의사, 간호사, 약사)'가 협력해서 결정을 내리도록 하고 있었지만, 실제로는 한 전문가 계층이 단독으로 영향력을 행사하고 있었다. 호플링의 실험에서만 봐도 간호사들은 상당한 경험과 전문성을 가지고 있음에도 불구하고 의사들을 절대적으로 따르는 것처럼 보인다. 물론 간호사들의 행동은 이해할 만하다. 전문의는 권위적인 시스템의 한 자리를 차지하고 있을 뿐 아니라 실제로도 권위 그 자체다. 책임자로서 의사는 순응하지 않는 사람에게 불이익을 줄 수 있는 권력을 가지기 때문이다. 의사들은 다른 사람들보다 월등한 의료 교육을 받았기 때문에 주변 사람들이 의사의 전문적인 위상을 추종하도록 만들 수 있다. 이런 전문성에 대한 인식을 고려한다면, 병원 직원들이 의사가 지시하는 치료 방법을 맹목적으로 따르는 것도 놀랄 일이 아니다.

리더가 팀원들에게 의견을 구하지 않고 팀원들도 리더에게 자기 의견을 밝히지 않으면, 의사 결정의 수준이 떨어져 좋지 않은 선택을 하게 되고 결국은 피할 수 없는 실수를 범할지도 모른다. 스포츠 팀의 감독, 단체의 장, 중소기업의 사주, 다국적 기업의 CEO 등 어떤 종류의 리더든지 이런 악순환을 깨려면 지식이 풍부한 다른 직원들의 의견도 기꺼이 수용하는 협력적인 리더십을 발휘해야 한다. 중요한 결정이 이뤄지는 곳에서는 자존심을 좀 죽인다고 큰일이 나는 건 아니다.

52
'예'를 부르는 '아니오'

◆

◆

　미국의 우주 탐사 역사상 전 국민을 슬픔에 잠기게 한 비극적인 사건이 두 번이나 일어났다. 2003년 2월 1일 우주선 컬럼비아 호는 대기권으로 진입하자마자 파괴됐다. 그리고 1986년 1월 28일 우주선 챌린저 호는 발사되는 동안 폭발했다. 두 번의 재앙은 모두 일곱 명의 목숨을 앗아갔다. 얼핏 보기에는 두 비극의 원인이 달랐다. 한 경우에는 우주선 좌측 날개의 앞쪽 가장자리가 손상됐고, 다른 경우에는 우주선 솔리드 로켓 부스터의 오링이 완전히 밀봉되지 않았다. 그러나 문제를 자세히 조사해봤더니 근본적으로는 같은 원인에 의한 사고였음을 알 수 있었다. 두 비극은 모두 나사의 부실한 의사 결정 문화 때문에 발생한 것이었다.

　우리는 이런 실패들에서 무엇을 배울 수 있을까? 그리고 우리가 실수하고 있을 때 다른 사람들이 우리를 기꺼이 설득할 수 있는 문화를 만들려면 어떻게 해야 할까? 먼저 이 재앙이 어떻게 일어났는지 파악하기

위해서 컬럼비아 호 사고를 조사했던 사람과 업무관리 팀의 책임자가
나눈 대화를 살펴보자.

조사관 책임자로서 당신은 반대 의견을 어떻게 수렴합니까?

책임자 음, 제가 반대 의견을 들으면….

조사관 반대 의견의 특성상 당신은 그런 이야기를 들을 수 없었을 겁
니다. 당신은 반대 의견을 수렴하기 위해 어떤 방법을 사용합니까?

책임자 ….

컬럼비아 호 참사의 경우 하급 직원들이 국방부에 요청해서 스파이
위성을 이용해 손상 가능성이 있는 부위의 사진을 찍어야 한다고 주장
했다. 그러나 안타깝게도 책임자는 이를 무시했다. 챌린저 호의 경우에
는 기술자들이 발사 당일 날씨가 추워서 오링에 문제가 생길지도 모른
다고 경고했다. 그러나 역시 관리자들에게 무시당했다. 도대체 무엇 때
문에 이런 식의 부실한 의사 결정이 이뤄지는 것일까?

사회심리학자 어빙 재니스Irving Janis는 케네디의 피그스 만 침공이나
닉슨의 워터게이트 스캔들처럼 실제 발생했던 의사 결정의 실패 사례
를 조사했다. 이를 바탕으로 집단이 어떤 식으로 부실한 의사 결정을 하
게 되는지에 대한 이론을 수립했다. 집단의 부실한 의사 결정을 일명
'집단사고'라고 하는데, 저널리스트인 윌리엄 와이트William H. Whyte가 만
든 말이다. 집단사고는 집단 안에서 일어나는 의사 결정 방식의 일종으
로, 보통 집단 구성원들이 대안적인 관점을 찾거나 비판적으로 평가하
기보다는 서로 불화 없이 의견 일치를 보려는 성향이 강한 경우에 나타

난다.

이런 현상은 집단의 응집성에 대한 욕구, 외부 영향력의 차단, 자기 생각을 공공연히 밝히는 권위주의적인 리더 등 조직의 여러 단계에 존재하는 요인들 때문에 생기는 경우가 많다. 이와 같은 요인들은 리더의 의견에 순응해야 할 것 같은 부담을 느끼게 만든다. 또한 반대 의견을 검열하고 리더의 귀에 들어가지 않게 차단해야 한다는 생각을 하게 한다. 그래서 모든 구성원들의 의견이 같아야 하고 외부 의견은 열등하다는 식의 잘못된 분위기가 형성될 수 있다. 결과적으로 토론과 의사 결정 과정에 결함이 발생한다. 그렇게 되면 대안적인 아이디어를 충분히 조사하지 않게 되고, 정보 탐색 과정이 왜곡되며, 리더가 지지하는 방법의 위험성을 제대로 평가하지 못하게 된다.

이렇게 열악한 수준의 의사 결정을 피하려면 어떤 조치를 취해야 할까? 집단 구성원들의 모든 관점, 특히 리더가 지지하는 관점을 비판하고 의심하는 분위기를 장려해야 한다. 리더는 자신의 입장을 밝히기 전에 다른 사람들의 생각을 물어야 한다. 그래야 팀원들은 리더가 듣고 싶어 하는 말이 아니라 정말로 자기가 생각하는 것을 말하고 진짜 의견과 진실을 말한다.

리더는 '찍히는' 두려움 없이 개인적인 의견들이 논의될 수 있는 개방적이고 정직한 환경을 조성해야 한다. 가장 중요한 것은 이미 결정이 끝났다 할지라도 털끝만큼의 의혹이 있다면 다시 모여 토론을 해야 한다는 점이다. 아이디어를 평가할 때 왜곡의 위험이 덜한 외부 전문가를 영입하는 것도 좋은 방법이다. 특히 조직 내 시각이 너무 근시안적이어서 이미 알려진 방식을 반복하게 되는 경우에 더 효과적이다.

요약하자면, 설득해야 하는 사람들로부터 "예"라는 소리를 듣고 싶다면, 때로는 집단 내부에서 "아니오"라고 말하는 소리를 들을 줄 알아야 한다.

53
호기심을 자극하는 이름을 붙여라

◆

◆

빨강, 노랑, 파랑……. 단순한 색깔이 지배하던 시대는 갔다. 요즘 크레용 상자를 열어보면, 옛날의 평범한 색깔 이름들이 트로피컬 레인포레스트나 레이저 레몬, 퍼지우지 브라운과 같은 이름들로 바뀌었다는 것을 금세 알게 된다. 콘플라워라든가 래즈머태즈 같은 색깔 이름이 회사가 블루칩을 유지하고 적자를 면하는 데 무슨 도움이 될 수 있을까?

엘리자베스 밀러Elizabeth Miller와 바버라 칸Barbara Kahn의 연구팀은 이런 측면에 주목하고, 크레용을 비롯한 여러 제품에서 이름의 차이가 소비자들의 선호에 어떤 영향을 미치는지 파악하려고 했다. 연구팀은 먼저 색깔과 맛을 나타낸 이름들을 네 가지 범주로 구별해봤다.

1. 평범한 것, 일반적이고 특수하지 않다(예시: 블루).
2. 평범하고 설명적인 것, 일반적이고 특수하다(예시: 스카이 블루).
3. 뜻밖이고 설명적인 것, 일반적이지 않고 특수하다(예시: 커밋 그린).

4. 모호한 것, 일반적이지 않고 특수하지 않다(예시: 밀레니엄 오렌지).

연구팀은 뜻밖이고 설명적인 것(3번)과 모호한 것(4번)의 범주에 들어가는 이름들이 다른 두 가지 유형(1번과 2번)에 속하는 이름들보다 제품에 대해 더 긍정적인 느낌을 줄 거라고 가정했다. 이 두 가지 유형의 이름들이 효과를 발휘할 거라고 짐작한 이유는 다음과 같다. 커밋 그린처럼 뜻밖이고 설명적인 이름은 그 자체로 일종의 풀어야 할 퍼즐처럼 작용한다. 그래서 대부분의 사람들은 그 이름을 들으면 제품의 더 많은 측면, 특히 긍정적인 측면을 생각하게 된다. 비록 소비자들이 이 사소한 퍼즐을 푼다고 멘사 회원 자격을 얻는 것은 아니지만, 그들은 '아하!' 하는 순간을 경험함으로써 제품에 대해 더 긍정적인 느낌을 가질 수 있다.

한편 밀레니엄 오렌지처럼 모호한 이름은 소비자로 하여금 제품을 만든 회사가 이름을 통해 전달하고자 하는 메시지를 발견하게끔 애쓰게 만든다. 결과적으로 소비자는 이름을 통해 강조하려고 하는 긍정적인 측면에 대해 생각하게 된다. 밀러와 칸은 여러 가지 맛의 젤리 빈과 스웨터 색깔에 대한 이름을 조사한 결과 이 가설을 확인했다.

기업의 입장에서는 이런 결과가 어떤 의미가 있을까? 우선 기업은 덜 직선적인 이름을 사용하는 것을 불안해할 필요가 없다(덜 직선적인 이름도 읽기 쉽고 발음하기 쉽게 만들 수 있다는 사실을 기억하자). 또한 이 접근법은 제품과 서비스에만 효과가 있는 것이 아니다. 예를 들어 새로운 프로젝트나 훈련 프로그램을 위해 직장 동료의 지원이 필요하다고 하자. 이럴 때 프로젝트에 뜻밖의 제목을 붙이거나 모호한 제목을 사용하면 훨씬 더 매력적으로 보일 수 있다.

또한 이 실험의 교훈은 집에서도 실천할 수 있다. 예를 들어 아이들이 친구들과 나가서 저녁을 먹을지 그냥 집에서 먹을지 고민하고 있다면, 요리에 다채로운 이름을 붙이는 방법으로 애들을 집에 붙들어놓을 수 있다(이를테면 그냥 닭고기 요리라고 하지 말고 '치킨 서프라이즈'가 준비돼 있다고 해 보자). 물론 오붓한 저녁 시간을 보내고 싶다면 '브로콜리와 방울양배추 요리' 같은 메뉴는 언제나 효과만점일 것이다.

54
초기 영향력을 유지하는 방법

◆

◆

부모에게 흥분과 기대가 가득 찬 표정으로 크리스마스 선물을 푸는 아이의 모습을 보는 것만큼이나 행복한 일이 또 있을까. 애석하게도 이런 행복은 대개 오래가지 않고 금세 좌절과 당황으로 바뀐다. 꼭 갖고 싶다던 장난감, 조니와 샐리가 몇 달 동안 매일 밤 산타에게 기도하던 그 장난감 선물은 한쪽 구석에 나동그라져 있다.

똑같은 실수를 다시는 반복하지 않으리라 맹세하기 전에 잠시 숨을 고르고 과거의 경험에서 얻었던 교훈을 되짚어보면 어떨까? 식사량을 줄이도록 자기 자신을 독려할 때, 삶을 좀 더 행복하고 충만하게 채우고 싶을 때, 팀과 동료들에게 지속적으로 동기부여하고 싶을 때 사용하는 방법을 여기에도 적용해볼 수 있지 않을까?

소비자를 연구하는 사람들이 '포만감satiation'이라고 부르는 현상의 희생양이 되는 것은 비단 어린아이들만이 아니라는 점을 다시 한 번 떠올려보자. 누구나 포만감의 희생양이 될 수 있다.

흔히 포만감이라고 하면 식음료를 섭취한 후에 배가 가득 찬 느낌을 연상하기 쉽지만, 이 개념은 우리가 소비하는 모든 것에 적용된다. 한 번 입고 옷장 속에 처박아둔 값비싼 신상품을 생각해보자. 인생을 뒤바꿔놓을 것만 같았던 그 최첨단 기기는 어디에 뒀더라?

　포만감이 삶의 일부라는 것은 단순한 사실이다. 우리는 무언가를 얼마간 즐기다가 싫증을 느끼면 다음으로 넘어간다. 인간은 누구나 참신함과 다양함을 원하고 갈망하기 마련이다. 이는 자연적으로 발생하는 삶의 특징이므로 인플루언서 지망생이나 누군가를 설득하려는 사람들도 이런 점을 이용하면 타인의 행동이나 결정에 영향을 미칠 수 있다. 실제로 광고주들은 항상 이 점을 이용한다. 그런데 새로움을 추구하는 인간의 욕망을 이용하기보다는 사람들이 계속해서 흥미를 유지하게 하고 싶다면 어떻게 해야 할까? 포만감을 느끼는 과정을 지연시켜서 사람들이 우리 제품에 계속해서 흥미를 느끼고 직원들이 업무에 더 열중하게 하려면 어떻게 해야 할까?

　한 과학 연구 보고서는 포만감이 발생하는 속도를 조절할 수 있다는 사실을 입증했다. 예를 들면 사람들은 어떤 것을 천천히 소비할 때, 특히 그 종류가 다양할 때 비교적 더 오래 흥미를 느끼는 경향을 보였다. 이것이 바로 제과 회사들이 꾸러미나 상자 안에 맛과 색상이 다양한 사탕이나 초콜릿을 담아 판매하는 이유이다. 사람들은 대부분 좋아하는 맛이 한두 개로 정해져 있지만 말이다. 매번 자신이 가장 좋아하는 것을 선택하는 것이 논리적으로 보이지만, 모험심을 발휘해 평소 하던 선택을 뒤집어보는 것에도 긍정적인 면이 있다. 자신이 좋아하는 것을 소비하는 시간을 연장할 뿐만 아니라 가장 좋아하는 것만큼 어쩌면 더 사랑하게 될지도 모를 새로운 경험을 할 수 있다. 하루 동안만 친구와 음악 재생목록을 바꿔서 들어보라. 무슨 뜻인지 이해가 될 것이다.

포만감으로부터 '회복'하는 정도는 소비하는 기간 사이의 자투리 시간에도 영향을 받는다. 상사들의 흔한 고민거리는 어떻게 하면 개인이나 팀이 과제나 프로젝트에 권태를 느끼지 않고 집중력을 유지하여 끝까지 업무를 완수하도록 할 수 있을까이다. 이때 요령이 있는 상사들은 프로젝트 진행 기간 안에 휴식 시간을 따로 확보해 팀원들이 잠시 일상 업무에서 벗어나 권태감을 해소할 수 있게 돕는다. 다소 반직관적인 것 같아도 중요한 과제를 진행하는 중에 머리를 식힐 시간을 주면 일을 더 빨리 끝낼 수 있을 뿐만 아니라 수행 중인 과제에 대한 집중력이 높아져 과제의 완성도도 더 높아질 수 있다.

마지막으로 권태로움은 과제, 프로젝트나 제품이 개인의 자의식과 일치하는 부분이 많을 때 지연된다. 〈스타 트렉〉의 열성 팬이라면 3시간씩 에피소드를 몰아서 시청해도 지루해하지 않을 것이다. 자신의 세일즈 능력에 자부심이 있는 사람은 계약이 마무리되기 전까지는 구매 권유를 포기하지 않을 가능성이 크다. 사람들은 대체로 자신의 개성과 정체성을 반영하는 것들을 즐기는 데는 선수라서 그런 일에는 지루함을 느낄 가능성이 상당히 낮은 것으로 보인다.

특별 프로젝트에 착수할 팀을 꾸려야 하는 상황에서 관리자나 감독자는 단순히 각 팀의 업무량과 일정만 보고 합류할 직원을 결정하기 쉽다. 가용성은 물론 중요한 요인이다. 하지만 적합성도 마찬가지로 중요하다. 작업 개시일이 며칠 미뤄지더라도 프로젝트의 특정 측면에 부합하는 정체성이나 개성을 지닌 직원을 팀에 합류시키는 전략은 언제나 현명하다. 언뜻 감당할 비용이 커진 것처럼 보일 수 있다. 특히나 시일이 급한 프로젝트에서는 부담이 더 크게 느껴질지 모른다. 하지만 새로운 프로젝트를 시작할 때 충만했던 의욕이 차츰 사그라들고 나면 적합성이 떨어지는 팀원의 태업으로 인해 낭비되는 시간은 더 큰 골칫덩이가 될 수 있다.

이러한 전략들이 과연 조니와 샐리가 다음 크리스마스까지도 새 장난감을 계속 재미있게 갖고 놀게 만들 수 있을 것인가는 물론 전혀 다른 차원의 문제다.

55
거울, 설득을 위한 최고의 도구

◆

◆

"거울아, 거울아, 세상에서 제일 설득력 있는 물건이 뭔 줄 아니?
그건 바로 너, 거울이란다."

거울은 우리가 어떻게 보이는지를 확인하기 위한 물건이다. 여기에
는 외부적인 관점, 내부적인 관점 모두가 포함된다. 그리고 거울의 더
중요한 역할은 우리가 보이고 '싶은' 모습을 보여주는 창문 역할을 할
수도 있다는 점이다. 결과적으로 거울에 비친 자기 모습을 보는 것은 우
리가 좀 더 사회적으로 바람직한 행동을 하도록 한다.

사회과학자 아서 비먼Aruthur Beaman의 연구팀이 핼러윈에 실시한 실험
을 살펴보자. 비먼은 대학교 연구소나 길거리 대신에 인근 지역의 가정
집 18곳을 임시 실험실로 만들었다. 사탕을 얻으러 다니는 아이들이 실
험에 참가한 집의 초인종을 누르면 연구조교가 문을 열어주고 아이들
을 맞이했다. 그리고 이름을 물은 다음 근처 테이블에 놓여 있는 커다란

사탕 그릇을 가리키면서 한 사람당 사탕을 하나씩만 가져갈 수 있다고 말했다. 그리고 조교는 할 일이 있다면서 재빨리 자리를 떴다. 여기까지는 별문제가 없어 보이지만 사실 함정이 숨어 있다. 아이들은 빈틈없이 설계된 실험에 참가하고 있다는 사실은 물론이고, 누군가 숨겨진 구멍을 통해 자기들을 보고 있다는 것도 몰랐다. 구멍으로 엿보는 사람은 또 다른 연구조교로, 그는 아이들이 사탕을 하나 이상 가져가는 부정직한 행동을 하는지 기록했다.

실험 결과 사탕을 두 개 이상 가져간 아이들의 비율은 3분의 1이 넘었다. 정확하게는 33.7퍼센트였다. 그런데 연구팀은 거울을 사용하면 이 사탕 도둑들의 비율을 줄일 수 있는지 알고 싶었다. 그래서 연구조교는 초인종이 울리기 전에 커다란 거울을 사탕 그릇 옆에 비스듬히 세워 놓았다. 사탕을 얻으러 온 아이들이 사탕을 가져갈 때 거울을 볼 수밖에 없는 위치였다. 자, 이제 사탕 도둑들의 비율은 어떻게 달라졌을까? 이번에는 사탕을 두 개 이상 가져간 아이들의 비율이 8.9퍼센트에 불과했다.

비슷한 맥락에서 우리는 사람들의 관심을 자기 자신과 자신의 이미지에 집중시켰을 경우 그들이 어떤 식으로 자신의 가치에 맞는 행동을 하는지 실험해봤다. 행동과학자 칼 칼그렌Carl Kallgren의 주도하에 실시된 이 실험은 먼저 학기 초에 학생들이 쓰레기를 버리는 것에 대해서 어떤 생각을 하는지 조사했다. 학기 말 학생들이 다시 실험실에 왔을 때 그중 절반에게는 자신의 이미지가 나오는 폐쇄회로 텔레비전을 보여줬다(거울로 자신의 모습을 보는 것과 동일한 효과였다). 반면 나머지 절반에게는 기하학적인 도형이 나오는 폐쇄회로 텔레비전을 보여줬다. 그런 다음 실험을 마무리하기 위해 맥박을 재야 한다고 말하면서 학생들의 손에 젤을 묻혔다. 학생들이 실험에서 자기 역할이 끝났다고 생각했을 무렵 연구조교는 젤을 닦아내라고 휴지를 주고 계단으로 나가라고 했다. 우리가 확인하고 싶었던 것은 학생들이 나가면서 계단에 휴지를 버리는지 여부였다.

휴지를 버리기 전에 폐쇄회로 텔레비전을 통해 자신의 모습을 보지 않은 학생들의 경우에는 약 46퍼센트가 계단에 휴지를 버렸다. 그러나 자기 이미지를 본 학생들의 경우에는 24퍼센트만이 계단에 휴지를 버렸다. 이 실험에 한 가지 의의가 있다면 다음과 같은 질문에 해답을 제시한다는 점이다. "쓰레기 버리는 사람들은 과연 매일 거울로 자기 모습을 보는 걸까?" 실제로 그들은 거울을 보지 않는다.

일상생활에서 거울을 적절히 이용하면, 매우 미묘한 방식으로 사람들이 사회적으로 좀 더 바람직한 행동을 하도록 설득할 수 있다. 실험 결과는 핼러윈 사탕을 배치하는 방법 말고도 거울을 신중하게 배치함으로써 아이들이 서로 사이좋게 지내도록 유도할 수 있다는 사실을 보여준다. 또한 회사 창고 같은 곳에서 직원들이 물건을 훔치는 것을 알게 된 관리자는 거울을 배치한 후 도난율이 현저히 줄어드는 효과를 발견하게 될 것이다. 이 경우 거울은 CCTV를 대신하는 좋은 방법이다. CCTV는 돈이 많이 들 뿐 아니라 직원들에게 그들을 신뢰할 수 없다는 신호를 보내는 것이다. 그러면 실제로 직원들의 절도율이 줄어드는 것이 아니라 더 늘어날 수 있다.

특정한 위치에 거울을 두는 것이 현실적으로 불가능하다면, 거울과 비슷한 효과를 낼 수 있는 두 가지 다른 방법이 있다.

사회심리학자 에드 디너Ed Diener의 연구팀은 우선 사람들에게 이름을 물으면 비슷한 효과를 얻을 수 있음을 발견했다. 즉, 아이들이나 직원들에게 이름표를 달게 하면 보다 바람직한 행동을 유도하기 위한 기틀을 마련하는 셈이다.

둘째로 과학자 멜리사 베이트슨Melissa Bateson의 연구팀이 최근 실시한 실험에 따르면, 벽에 단순한 눈 그림을 붙이는 것만으로도 사람들이 좀 더 사회적으로 의식 있는 행동을 하게 만드는 효과가 있음이 드러났다.

예를 들어 연구팀은 직원들이 커피나 차를 마실 때 항아리에 일정량의 돈을 넣게 돼 있는 공동 휴게실에 그림을 붙였다. 그림은 매주 바뀌었다. 어떤 주에는 꽃 그림을 붙이고 그다음 주에는 눈 그림을 붙였다가 그다음 주에는 다른 꽃 그림을 붙였고 그다음 주에는 다른 눈 그림을 붙이는 식으로 계속 반복했다. 그 결과 커피나 차를 마시러 온 사람들은 꽃 그림을 봤을 때보다 눈 그림을 봤을 때 2.5배 더 많은 돈을 냈다.

이처럼 어떤 상황을 감독할 필요가 있을 때는 내 눈이든 다른 사람의 눈이든 상황을 지켜보는 또 다른 눈의 존재를 둬서 나쁠 것이 없다.

56
바보들은 항상 슬플 때 쇼핑을 한다

◆

◆

큰 성공을 거둔 텔레비전 시리즈 〈섹스 앤 더 시티〉의 한 에피소드에서 주인공 캐리가 친구 사만다와 함께 뉴욕 거리를 걷고 있다. 사만다는 캐리에게 요즘 들어 우울한 이유를 말하고 있다. 계속 절뚝거리던 사만다는 이야기를 하다 말고 "와우!" 하고 외마디 비명을 지른다. 그 소리를 듣고 캐리가 묻는다. "그렇게 아픈데 굳이 왜 쇼핑을 하러 가려는 거야?" 그러자 사만다가 반박하며 말한다. "발가락이 아프지 영혼이 아픈 건 아니잖아."

매년 우울한 사람들 수백만 명이 쇼핑을 하며 슬픔을 달래보려고 한다. 사회과학자 제니퍼 러너Jennifer Lerner의 연구팀은 슬픔 같은 감정이 어떻게 사람들의 구매(판매) 행동에 영향을 미치는지 조사했는데, 그 결과 이런 현상에 대해 몇 가지 흥미로운 사실을 알게 됐다.

연구팀은 슬픔이란 감정은 사람들이 자신의 상황을 바꾸도록 동기를 유발한다는 가설을 세웠다. 그래야 기분 전환에 도움이 되기 때문이다.

또한 그들은 그런 동기가 구매자와 판매자에게 각각 다른 방식으로 영향을 미칠 것이라고 생각했다. 즉, 슬픈 감정에 빠진 구매자는 중립적인 상태에 있는 구매자보다 높은 가격의 물건도 기꺼이 사들일 것이고, 반면 슬픈 감정에 빠진 판매자는 중립적인 상태의 판매자보다 낮은 가격에도 똑같은 물건을 팔아치울 것이라고 봤다.

연구팀은 이 가설을 실험하기 위해 참가자들을 두 그룹으로 나눠서 두 가지 영상 중 하나를 보여줬다. 그리고 한 그룹의 사람들에게는 슬픔을 유도하는 영상을, 다른 그룹의 사람들에게는 아무런 감정도 유도하지 않는 영상을 보여주었다. 슬픔을 유도한 그룹의 참가자들은 영화 〈챔프〉 중에서 소년의 멘토가 죽는 장면을 봤다. 그런 다음 참가자들에게 영화 속에 묘사된 것 같은 상황에 있다면 어떤 감정을 느낄 것 같은지 간단히 써보라고 했다. 아무 감정도 유도하지 않은 그룹의 참가자들에게는 물고기가 나오는 감정적으로 중립적인 영상을 보여준 후 자신들의 일상에 대해 써보라고 했다. 그 후 모든 참가자들에게 앞의 실험과 관련이 없는 두 번째 실험에 참여해달라고 부탁했다. 그중 절반에게는 형광펜 한 세트를 주고 그것을 얼마에 팔 것인지 정하라고 했다. 한편 나머지 절반에게는 형광펜을 산다면 얼마에 살 것인지 정하라고 했다.

연구 결과는 러너의 가설을 뒷받침해주었다. 슬픈 감정에 빠진 구매자는 감정적으로 중립인 구매자보다 약 30퍼센트 더 높은 가격으로 물건을 구매할 의사를 표시했다. 그리고 슬픈 감정에 빠진 판매자는 감정적으로 중립인 판매자보다 33퍼센트 더 낮은 가격으로 물건을 팔 의사를 표시했다. 게다가 연구팀은 영화로 인해 유발된 감정이 경제적인 결정으로 전이되는 과정이 완전히 참가자의 인식 밖에서 일어난다는 사실을 발견했다. 참가자들은 자신의 내부에 잔류하는 슬픈 감정이 그렇게까지 강한 영향을 미쳤다는 사실을 깨닫지 못했다.

이 연구는 우리들의 생활과 어떤 관련이 있을까? 우리가 중요한 결정을 내리거나 협상에 가담하거나 불쾌한 이메일에 답장을 쓰기 전에 자신의 감정 상태를 정확히 파악하는 것이 매우 중요하다는 사실이다. 예를 들어 우리가 유통업자와 금전적인 계약 조건을 협상해야 한다고 가정하자. 우리는 최근의 감정적인 경험이 의사 결정 능력에 아무런 영향을 미치지 않는다고 생각할지 몰라도 협상을 미루는 것을 진지하게 고려해볼 필요가 있다. 조금만 미루면 감정이 잠잠해질 것이고 좀 더 합리적인 선택을 할 수도 있다.

감정 상태가 어떻든 일반적으로 일정 시간 동안 자신의 마음을 정리하는 습관을 들이면 중요한 의사 결정 상황에서 큰 도움이 될 수 있다. 종종 사람들은 편의를 위해 회의 스케줄을 연속으로 빽빽하게 잡는 경우가 있다. 그러나 회의 사이에 짧은 휴식 시간을 끼워 넣으면 한 회의로 인해 유발된 감정이 다음 회의에 영향을 미칠 가능성이 줄어든다. 특히 두 번째 회의 때 중요한 결정을 해야 한다면 더욱더 그렇게 해야 한다.

집에서 결정을 내리는 경우에도 마찬가지다. 우리는 새로운 가구 혹은 가전제품을 사거나 집을 리모델링하거나 새 집을 구매하는 등의 결정을 내려야 할 때가 있다. 또는 온라인으로 판매하려는 물건의 가격을 정해야 할 때도 있다. 이럴 때는 한 걸음 물러나 자신의 감정이 어떤 상태인지 차분히 살펴본 후에 중립적인 감정이 될 때까지 기다리는 것이 현명하다.

마지막으로 다른 사람의 결정에 영향을 미치고 싶은 사람 또한 이와 같은 감정의 작용을 알아야 한다. 물론 안 좋은 소식을 듣고 슬픔에 빠져 있는 사람들을 설득하려 하는 것은 현명하지 못할 뿐 아니라 나쁜 일이다. 다른 사람을 우울한 기분에 빠뜨릴 만한 주제를 꺼내는 것은 더 나쁘다. 예를 들자면 다음과 같은 식이다.

　"기르던 개가 잘못되었다는 소식은 들었어. 그건 그렇고 내가 우리 거래에서 제시할 수 있는 가격은 이만큼이야."

　이런 상황에서 이루어진 결정은 후회로 이어질 가능성이 높고, 장기적인 관계를 쌓는 데도 도움이 되지 않는다. 그 대신 감정적으로 안 좋은 경험을 한 사람에게 협상을 연기하자고 제안한다면, 우리는 배려심이 깊고 현명한 사람처럼 보일 것이고, 결과적으로 그 사람과 더욱 돈독한 관계를 다지게 될 것이다. 이것은 설득력을 높이고 싶은 사람이라면 누구나 갖춰야 할 소중한 자질이다.

57
감정에 따라 변하는 숫자들

◆

◆

    2002년 아시아에서 사스가 발병했을 당시 아시아로 오는 관광객 수가 눈에 띄게 줄었다. 바이러스로 죽는 것은 고사하고 사스에 걸릴 확률조차 극히 미미함에도 불구하고 그런 일이 일어났다. 그러나 우리는 사람들이 보인 반응을 통해 감정이 개입된 이슈가 사람들의 의사 결정 방식을 바꿔놓고 타인으로부터 영향을 받는 방식까지도 달라지게 만든다는 사실을 숙고할 필요가 있다.

    크리스토퍼 시Christopher Hsee와 유발 로텐스트리히Yuval Rottenstreich의 연구팀은 사스 발병 같은 사건이 사람들의 판단 및 의사 결정 능력을 손상시키는 이유는 부정적인 감정을 유발하기 때문이 아니라 그것이 유발하는 감정의 본질과 상관없이 '감정적인 이슈'이기 때문이라고 주장했다. 구체적으로 말해 감정은 '수적인 차이'에 둔감하게 만든다는 것이 그들의 주장이었다. 사람들은 비슷한 종류의 이슈를 접했을 때 단순히 사건의 발생 여부에만 관심을 기울일 가능성이 크다. 사업으로 말하자면, 사람들은 어떤 제안의 구체적인 수치보다 그 제안에 감정이 개입되어 있는지에 더 큰 관심이 있다는 것이다.

이런 가정을 실험하기 위해 연구팀은 실험 참가자들에게 어떤 문제에 대해 감정적으로 혹은 감정을 개입시키지 않고 잠시 생각을 해보라고 요청했다. 그리고 얼마 후 친구 한 명이 마돈나 CD 세트를 팔고 있다는 상상을 해보라고 했다. 그중 절반에게는 CD 5장이 한 묶음으로 돼 있다고 말했고, 나머지 절반에게는 CD 10장이 한 묶음이라고 말했다. 그런 다음 이 CD 세트에 최대한 얼마를 지불할 의사가 있는지 알려달라고 했다.

실험 결과 감정을 개입시키지 않고 생각한 그룹의 사람들은 5장 세트보다 10장 세트에 더 많은 돈을 내겠다고 말했다. 이것은 꽤 합리적인 결정이다. 그러나 흥미롭게도 감정을 개입시켜 생각한 그룹의 사람들은 5장 세트든 10장 세트든 거의 비슷한 돈을 지불할 것이라고 말했다. 즉, 그들은 CD가 몇 장이라는 차이에 덜 민감했다.

이런 결과는 감정적인 경험이 의사 결정에 해로운 영향을 미칠 수도 있음을 보여준다. 다시 말해 우리는 설득당해서는 안 될 제안에 설득당할 수도 있다.

예를 들어 우리가 원자재 공급자와 협상을 하고 있다고 가정하자. 그런데 우리가 제시한 액수와 공급자가 그 금액에 제공할 수 있는 물량 간에는 1만 파운드의 차이가 있다. 이런 불일치를 알고 있지만 우리가 제시하는 금액에 대해 더 이상의 원자재를 제공할 의사가 없는 공급자는 신제품 50개를 덤으로 주겠다고 제안한다. 사실 1만 파운드에 상당하는 물량은 50개가 아니라 100개에 가깝다. 그러나 감정이 개입된 제안은 구매자가 50개의 가치를 과대평가하게 만들어서 잘못된 결정 혹은 불리한 결정을 내리게 만들 수 있다.

이런 요소가 우리에게 영향을 미치지 않게 하려면 어떻게 해야 할까? 실험 결과에 따르면, 협상을 하기 전에 수치에 관심을 집중하는 단순한 노력을 하는 것만으로도 수 감각을 회복할 수 있다고 한다. 우리의 집중력을 가릴 수 있는 감정을 걷어내자. 그러면 사실적이고 타당한 정보를 바탕으로 협상을 하고 가능한 한 최선의 결정을 내릴 수 있을 것이다.

58
조용한 '결정 공간'을 만들어라

◆

◆

　예전 중국의 한 정치범이 자신이 세뇌당했던 경험을 이야기한 적이 있다. "완전히 의욕이 꺾이고 진이 빠지고 자기 자신을 통제할 수 없었습니다. 2분 전에 한 말도 기억이 안 났으니까요. 모든 것을 잃었다는 느낌이 들었습니다. 그 순간부터 판사가 나의 진정한 주인이 됩니다. 그가 말하는 것이라면 뭐든지 받아들이게 되죠."

　이 정치범이 말하고 있는 것은 어떤 기법일까? 그의 회고는 설득하는 요령에 대해 무엇을 말해주고 있는 걸까? 앞서 말한 정치범은 다양한 '사고 개조' 전술의 희생자였는데, 그가 당한 고문은 '잠을 못 자게 하는 것'이었다. 사회심리학자 대니얼 길버트Daniel Gilbert가 실시한 실험은 이 정치범의 경험과 완전히 일치하는 사실을 알려준다. 우리는 피곤할 때 다른 사람의 기만적인 영향력에 더 취약해진다. 길버트는 일련의 실험을 통해 피곤한 상태에서 다른 사람의 말을 들으면 진실성 여부와 상관없이 즉시 그 말을 사실로 받아들인다는 것을 발견했다. 다만 1초도 안

되는 아주 짧은 시간 동안 정신적 노력을 기울여 그 진술이 거짓임을 발견하는 재조직 과정을 거친 후에만 그 사람의 말을 거부할 수 있다.

사람들은 대개 자신의 이해가 많이 걸린 경우에는 거짓처럼 들리는 진술을 거부할 인지적인 능력과 동기를 충분히 갖고 있다. 그러나 피곤할 때는 인지 능력과 동기가 줄어들기 때문에 타인의 말에 속기 쉬운 상태가 된다. 길버트의 실험 결과에 따르면, 피곤할 때는 메시지가 거부될 틈도 없이 메시지의 이해 과정 자체가 차단된다고 한다. 그래서 이런 상황에 처한 사람들은 다른 사람의 취약한 주장이나 노골적인 오류를 그대로 믿을 가능성이 더 커진다.

예를 들어 대규모 배급 계약을 체결해야 하는 관리자가 잠을 제대로 못 자고 일을 한다면, 자신의 회사에 배급을 하려는 사람의 얼토당토않은 진술("우리 배급 시스템은 전 세계 최고입니다")에 의문을 가질 가능성이 적어진다. 대신에 그는 그 진술을 액면 그대로 받아들이기 쉽다.

물론 우리가 쉽게 설득당하는 이유가 단지 수면 부족이나 피로 때문만은 아니다. 한 연구에 따르면 집중력 분산도 사람들을 쉽게 설득당하게 만든다. 단지 순간적으로 집중력을 분산시키는 경우라 해도 마찬가지다.

예를 들어 바버라 데이비스Barbara Davis와 에릭 놀스Eric Knowles의 연구팀은 집집마다 돌면서 크리스마스카드를 파는 실험을 했는데, 카드 가격을 달러로 말하지 않고 생각지도 못한 페니 단위로 표현해서 사람들을 방심하게 만들었다. 방문 판매원이 카드 가격을 이야기한 다음 "할인 가격입니다!"라고 덧붙이자 사람들이 크리스마스 카드를 구입할 확률이 두 배 더 높아졌다. 이런 결과는 판매율이 높아진 이유가 단순히 가

격을 페니로 표현했기 때문이 아님을 보여준다. 방문 판매원이 가격을 말한 후 "할인 가격입니다!"라고 설득하는 진술을 했을 때 그 말을 하지 않았을 때보다 사람들을 설득할 확률이 더 높았다. 즉, 사람들이 순간적으로 방심할 때 슬쩍 설득하는 주장을 밀어넣어야 효과를 볼 수 있다.

같은 연구팀이 실시한 또 다른 실험에서는 실외에 매대를 차려놓고 빵을 판매했는데, 판매원이 "컵케이크 사세요"라고 했을 때보다 "하프 케이크 사세요"라고 했을 때 판매율이 더 높았다. 그러나 이번에도 역시 다음에 "진짜 맛있어요!"라는 선전 문구를 덧붙였을 때만 같은 결과가 나왔다.

설득당하도록 만드는 요인들에 굴복하지 않으려면 어떻게 해야 할까? 가장 확실한 방법은 충분한 수면을 취하는 것이다. 물론 누구나 좀 더 눈을 붙이고 싶은 마음이야 굴뚝같을 것이다. 그리고 행동하기보다 말하기가 쉽다는 것은 하나 마나 한 소리다. 그러나 만약 특별히 집중력이 떨어지거나 잠이 부족하다고 느껴진다면, 미심쩍은 주장을 밥 먹듯 하는 홈쇼핑 프로그램 같은 것은 멀리하도록 노력하는 것이 좋다. 그렇지 않으면 '페달을 밟으면 팝콘이 튀겨지는 자전거'가 정말로 꼭 필요하다고 설득당할지도 모른다. 대신에 정신이 가장 맑을 때 다른 사람의 주장이 진실한지 정확히 판단한 후 중요한 결정을 내리도록 해야 한다.

당신이 새로운 공급업체를 선택해야 하는 중요한 과제를 책임지게 됐다고 가정하자. 그때 전화 통화를 하고 있다거나 주위가 산만한 상황에 있다면, 웹사이트에 나와 있는 정보나 공식적인 입찰가 등을 그대로 믿어버릴 가능성이 높다. 집중력이 분산되는 것을 최소화해야 다른 사람의 진술을 더 정확히 평가할 수 있고, 기만적인 설득 전술을 거부할 수 있다.

예를 들어 주위가 고요하고 소음이 없는 집이나 직장을 개인의 '결정 공간'으로 삼는다면 당면한 과제에 정신을 집중할 수 있을 것이다. 많은 이해가 걸린 일일수록 여러 일을 동시에 해야 하는 일정을 피해야 한다. 이중거래자에게 속은 것도 억울한데 화가 난 회사 상사에게 책임을 추궁당하지 않으려면 말이다.

59
설득하기 전에 차를 대접하라

◆

◆

땀으로 이불을 적시고, 입이 바짝 마르고, 불안해 다리를 떠는 등 요즘에는 온갖 종류의 증상을 치료해준다는 약들이 널려 있는 듯하다. 그런데 '1, 3, 7-트리메틸크산틴'이라는 약을 아는 사람이 있을지 모르겠다. 이 약을 먹으면 남에게 쉽게 설득당하고, 이 약을 남에게 먹이면 그 사람을 설득하기 쉬워진다고 한다. 더 충격적인 사실은 이 약이 요즘 우리 주변 어느 곳에나 불쑥불쑥 들어서고 있는 '트리메스 연구소'를 통해 널리 공급되고 있다는 점이다.

이 약은 흔히 카페인이란 이름으로 알려져 있다. 그리고 '트리메스 연구소'는 보통 커피숍이라고 한다. 스타벅스라는 이름의 연구소만 해도 38개국 9,000여 개의 도시에 퍼져 있다. 물론 하워드 슐츠Howard Schultz 회장이 온 동네마다 혹은 쇼핑몰마다 뿌리내리게 한 이 음료가 설득의 도구가 될 수 있다는 사실을 생각해본 적은 없을 것 같지만 말이다. 각성 효과를 높이는 카페인의 수법에 대해서는 우리 모두 들어본 적이 있고

많은 사람이 경험하기도 했을 것이다. 그런데 어떻게 카페인 때문에 설득력이 높아질 수 있다는 것일까? 이 질문에 대한 답을 구하기 위해 과학자 펄 마틴Pearl Martin의 연구팀은 모든 실험 참가자들에게 오렌지주스처럼 보이는 음료수를 마시도록 했다. 그러나 고등학교 디스코 파티에서 펀치 볼에 이상한 물질을 첨가하는 악동들처럼 연구팀은 그중 절반의 오렌지주스에 뭔가를 집어넣었다. 그들은 오렌지주스를 테킬라 선라이즈로 바꾸는 대신 대략 에스프레소 두 잔에 해당하는 양의 카페인을 집어넣었다.

모든 참가자들은 주스를 다 마시자마자 논쟁적인 주제에 관해 타당한 근거를 들어가며 특정 입장을 옹호하는 메시지를 여러 개 읽었다. 메시지를 읽고 나서 특정 입장을 더 우호적으로 받아들인 사람의 비율은 그냥 주스를 마신 경우보다 카페인이 첨가된 음료를 마신 경우에 35퍼센트 더 높았다.

그렇다면 우리가 점심 시간에 가까운 커피숍으로 가면 그곳에 있는 손님들 중 아무나 붙잡고 봉이 김선달처럼 대동강 물도 팔 수 있다는 말인가? 물론 어림 반 푼어치도 없는 소리다. 연구팀은 두 번째 실험에서 참가자들에게 취약한 주장이 포함된 메시지를 읽게 하고 카페인의 효과를 실험했다. 그러나 이때는 카페인이 거의 설득력을 발휘하지 못하는 것으로 나타났다.

이와 같은 결과는 프레젠테이션을 할 때 활용할 수 있는 중요한 정보를 제공한다. 만약 새 고객에게 세일즈 프레젠테이션을 할 일이 있다면 점심을 먹은 직후나 오후 늦은 시간은 바람직하지 않다. 프레젠테이션을 하기 좋은 시간은 고객이 막 모닝커피를 마셨을 때가 딱 좋다. 혹시 시간을 선택할 수 없는 입장이라면, 커피나 카페인이 첨가된 음료수를 들고 가서 건네준 다음 설득을 시작할 수도 있다. 그렇게 하면 우리의 말을 듣는 사람은 우리가 전달하는 메시지에 우호적인 반응을 보일 것이다. 단, 연구 결과가 보여주듯이 우리가 합리적인 주장을 한다는 가정 하에서만 그렇다. 그렇다면 사람들은 십중팔구 긍정적으로 반응할 것이다.

60
머릿속에 오래 머무는 광고

◆
◆

집요한가? 확실히 그렇다. 설득력이 있는가? 당연히 없다.

온라인 배너 광고 이야기이다. 그러한 성가신 요청들을 우리는 쉽게 무시할 수 있다고 생각한다. 소셜 미디어 업데이트, 온라인 뉴스, 가십 기사를 확인하기에도 바쁘니까. 동기를 유발하기보다는 짜증을 유발하는 온라인 배너 광고가 그렇게 효과적일 리 없지 않은가? 그런데 통계전문회사 스태티스타Statista의 자료 따르면, 털끝만큼이라도 사용자의 관심을 사로잡기 위해 지불되는 비용은 연간 약 1,500억 달러로 어마어마한 규모이다. 이는 구글과 마이크로소프트의 연간 매출을 합친 것보다도 큰 금액이다. 돈은 온라인 광고에 대한 시장의 열망을 가늠하는 좋은 도구이지만, 그 광고의 효율성을 평가하는 데는 설득의 과학이 더 나은 방법이다. 그리고 여기에는 말 그대로 .눈에 보이는 것 이상이 있다.

우리가 태블릿, 컴퓨터, 스마트폰으로 작업할 때 관심 있는 콘텐츠에만 주의력을 고정할 수 있다면 얼마나 좋을까? 사회심리학자이자 퀄른

대학교 교수인 카이 카스파르Kai Kaspar가 시행한 것과 같은 시선 추적 연구들은 우리의 시선이 기본적으로 페이지의 주요 콘텐츠로 이끌린다는 사실을 보여준다. 하지만 완전히 그런 것은 아니다. 우리의 눈은 다른 방향으로도 움직이며 무심코 다른 자극을 스캔한다. 무서운 점은 우리가 이렇게 스캔한 정보를 거의 기억하지 못한다는 사실이다.

하지만 갑자기 뜬 로고나 언뜻 스쳐 지나간 슬로건이 차후의 결정이나 구매에 영향을 미치기는 어렵지 않을까? 사실 기억하지 못하지만 우리의 시선을 스쳐 지나간 것들은 이후 우리의 선택이나 결정에 영향을 미친다. 1960년대에 사회심리학자 로버트 자욘스Robert Zajonc는 '단순 노출 효과the mere-exposure effect'라는 심리학적 현상을 설명하며 우리가 이전에 본 적이 있는 이미지를 선호한다는 사실을 실험으로 증명했다. 순간적으로 노출됐거나 의식하지 않은 상태에서 본 이미지도 마찬가지였다.

좀 더 최근에는 위스콘신대학교 경영대학원의 샹 팡Xiang Fang이 한 가지 실험을 진행했다. 이 실험에서 참가자들에게 상단에 5초 간격으로 바뀌는 배너 광고 시리즈가 띄워진 화면에서 온라인 기사를 읽도록 했다. 5초마다 바뀌는 광고 중에는 카메라 광고가 있었다. 참가자들에게 온라인으로 읽은 기사에 관한 질문한 다음, 두 개의 카메라(그중 하나는 배너 광고에 실제로 등장했던 카메라였다) 중 어떤 카메라가 웹페이지에 게시됐었냐고 물었다. 아무도 어떤 카메라를 봤는지 기억하지 못했다. 표면적으로는 참가자들이 광고를 못 본 것 같지만, 각각의 카메라에 대해 느끼는 호감의 정도에 약간의 영향을 미쳤다. 어떤 카메라가 더 좋은지 물었을 때 참가자들은 화면에 노출되었던 카메라를 훨씬 선호했다. 카메라를 다섯 번 노출했을 때보다 스무 번 노출했을 때 카메라에 대한 평가가 높았다는 점도 흥미롭다.

이 마지막 결과가 특히 놀라운 이유는 반복적인 광고로 '마모 효과 wear-out effect'를 경험했던 수많은 광고 사례에 위배되기 때문이다. 짧은 기사를 읽는 동안 스무 번이나 노출되었던 배너 광고에는 왜 마모 효과가 발생하지 않은 것일까? 그 이유는 우리 뇌가 그것을 의식적으로 처리하는 경우가 드물기 때문이다. 이런 배너 광고는 우리의 무의식을 직접 겨냥하며, 이미 과부하가 걸린 채 분주히 돌아가는 의식을 귀찮게 하는 경우는 거의 없다.

이런 맥락에서 보면 온라인 광고에 왜 그렇게 엄청난 돈을 쏟아붓는지 이해가 되고, 온라인 광고비도 앞으로 계속 늘어나면 늘어났지 줄어들지는 않을 듯싶다.

자연적으로 해결해야 할 문제도 늘어난다. 어떻게 하면 경쟁 업체보다 더 설득력 있는 광고를 만들어 소비자들에게 더 큰 관심을 끌 수 있을까 하는 문제다.

이때 '개인화' 전략을 사용할 수 있다. 앞에서 포스트잇 메모와 식당의 박하사탕 실험을 통해 설명했듯이 사람들은 개인적으로 자신과 관련이 있는 것에 관심을 기울이는 경향이 있다. 이와 비슷한 맥락에서 개인화된 온라인 광고가 그렇지 않은 광고보다 더 손쉽게 사람들의 관심을 사로잡는다는 실험 결과가 있다. 그런 광고는 기억에도 더 오래 남았다.

카이 카스파르는 한 실험에서 참가자들에게 뉴스 웹사이트에서 시사 분야의 기사들을 검토하도록 한 다음, 참가자들이 기사를 읽는 동안 다양한 종류의 광고를 화면에 띄웠다. 일부는 일반적인 성격의 광고였고 일부는 개인화된 광고였다. 이 실험은 개인화된 광고가 더 관심을 끈다는 사실은 물론이고, 이어서 실시한 기억력 테스트에서 참가자들이 개인적으로 관계가 없는 광고보다 개인화된 광고의 슬로건과 이미지를 더 많이 알아보고 기억한다는 사실을 입증했다.

개인화는 개별 맞춤형 제안, 개개인의 취향에 어필하는 제안, 개인의 정체성이나 소속 그룹의 특성에 초점을 맞춘 제안의 형태로 제공될 수 있다. 그리고 우리가 온라인 활동을 하며 남기는 흔적들은 온라인 광고주들이 개인화된 광고를 제시하는 데 상당한 도움이 된다.

하지만 개인화된 메시지가 모두 효과적인 것은 아니다. 개인화 전략이 효과를 발휘하려면 사생활을 침해하지 않는 것이 중요하다.

캐서린 터커Catherine Tucker MIT 교수는 지나치게 개인화된 배너 광고는 사생활을 침해당했다는 느낌을 유발해 광고의 효율성을 크게 떨어뜨린다는 사실을 발견했다. 이 사실을 기억해두면 여러분의 동료가 혹시라도 사용자들의 실제 사진에 '스티브, 이 양말을 구매해요. 지금 당장!' 같은 문구를 넣은 배너 광고 디자인을 제안할 때 현명하게 대처할 수 있을 것이다.

광고의 주목도를 높이려면 위치에도 신경을 써야 한다. 개인화되지 않은 배너 광고보다 개인화된 배너 광고의 클릭률(노출된 광고당 클릭 수)이 높다는 실험 결과가 지속적으로 보고되고 있다. 이에 더해 그런 광고를 배치할 최적의 위치는 웹페이지의 오른쪽이라는 실험 결과도 많다. 그런데 광고를 웹페이지 귀퉁이에 배치하면 어떨까? 시선 추적 실험 결과 배너 광고를 왼쪽 위나 오른쪽 아래보다는 오른쪽 위나 왼쪽 아래 귀통이에 배치했을 때 더 효과적이었다.

　이제 잠재 고객의 시선을 사로잡고 기억에 오래 머무르게 하고 싶은 기업이 어떻게 메시지를 설계해야 할지는 명백하다. 광고의 위치를 고려하고, 사생활을 침해하지 않는 선에서 개인화된 요소를 도입하는 것이다.

설득의 시대를 살아가는 법

여자는 오프라인에 약하다

◆

◆

우리가 회사 안팎에서 맺는 관계는 21세기에 들어와 두 가지 방식으로 변화했고, 이는 설득 방법에 크게 영향을 미쳤다. 우선 가정과 거의 모든 비즈니스 영역에서 인터넷이 널리 사용되면서 일상적으로 소통하는 방식이 매우 달라졌다. 둘째, 그 어느 때보다도 우리와는 다른 문화적 배경을 가진 사람들과 업무상 관계를 맺고 상호작용할 기회가 많아졌다. 이렇게 급변하는 환경과 관련된 연구들을 살펴보면 설득의 과학에 대해 보다 가치 있는 정보를 얻을 수 있을 것이다.

미국 중서부에 위치한 대규모 무선 통신업체인 유에스 셀룰러는 다른 통신업체와 마찬가지로 사업 운영의 대부분을 기술에 의존하는 회사다. 그렇기 때문에 이 회사가 몇 년 전 수립한 정책은 좀 의아해 보인다. 완전히 정신이 나간 게 아니라면 말이다. 5,000명이 넘는 이 회사 직원들은 앞으로 금요일에는 이메일로 다른 사람과 의사소통할 수 없다는 통보를 받았다.

어떻게 그런 일이 있을 수 있단 말인가? 동료들과 빠르고 정확하게 효과적으로 의사소통하기 위해서 다들 전자통신을 이용하는 시대에 이메일을 금지한다는 것은 계산기를 사용하지 말고 손가락과 발가락을 써서 셈을 하라는 소리나 마찬가지다. 회사 전무인 제이 엘리슨은 왜 이런 발표를 했을까? 직원들이 이메일 대신 휴대전화를 많이 쓰게 해서 회사의 단기 이익을 늘리려는 고위 간부들의 사악한 계획이었을까?

이야기의 전말은 이렇다. 엘리슨 전무는 일일이 열어볼 수도 없는 막대한 양의 이메일 폭격을 받던 와중에 이런 식으로 비개인적인 전자통신의 물결에 계속 휩쓸리다가는 팀워크와 전반적인 생산성을 개선하기는커녕 망쳐버릴 수 있겠다는 생각이 들었다. 당시 ABC 뉴스닷컴에 보도된 기사에 따르면, 엘리슨이 직원들에게 보낸 메모는 다음과 같았다. "나가서 팀원들 얼굴을 보고 이야기하세요. 수화기를 들고 누군가에게 전화를 걸란 말입니다. … 이제 더 이상 여러분들이 보낸 이메일을 받고 싶지 않아요. 하지만 원한다면 언제든지 와서 이야기를 해도 좋습니다."

기사는 계속해서 새로운 정책으로 인한 극적인 변화들을 설명해나갔다. 예를 들어 예전에는 이메일로만 연락을 했던 동료 두 사람이 어쩔 수 없이 전화로 이야기해야 하는 상황이 됐다. 그들은 전화로 이야기를 나누다가 자신들이 서로 아메리카 대륙 반대편에 있는 게 아니라 같은 건물에서 복도 하나를 사이에 두고 일하고 있다는 사실을 알고 깜짝 놀랐다. 이후 두 사람은 얼굴을 보기 위해 만났고 좀 더 친밀한 사이가 됐다.

물론 새로운 상황에 익숙해지기까지 시간이 좀 걸렸지만, 현재 유에스 셀룰러에서는 금요일마다 이메일을 금지하는 정책이 의미 있는 성공을 거둔 것으로 평가하고 있다. 그리고 사람들과의 개인적인 상호작용이 관계를 돈독히 하는 데 중요한 역할을 한다는 점도 밝혀졌다. 그러나 이 사례는 전자통신을 이용하는 상호작용이 직장 내 인간관계에 미치는 영향에만 초점이 맞춰져 있다. 이와 같은 형태의 상호작용은 우리의 전반적인 설득력에 어떤 영향을 미칠까?

예를 들어 협상 과정이 온라인에서 또는 오프라인에서 이뤄지는지에 따라 다른 결과가 나올 수 있을까? 직접 만나거나 전화로만 협상을 하던 시대는 지나갔다. 오늘날에는 온라인으로 협상을 하는 경우가 점점 많아지고 있다. 수십억 달러가 오고가는 계약 조건의 협상에서부터 회식 메뉴를 정하는 문제에 이르기까지 종류도 다양하다.

인터넷이 정보의 고속도로라고 불리기는 하지만, 당사자 간의 개인적 접촉이 없는 협상이 성공적인 결과를 보장하는 지름길이 아니라 걸림돌이 될 수도 있는 것일까? 이 가설을 실험하기 위해 사회과학자 마이클 모리스Michael Morris의 연구팀은 MBA 학생들을 대상으로 직접 만나서 협상을 하거나 또는 이메일로 협상을 하는 과제를 줬다. 연구팀은 이메일을 사용해서 협상한 학생들이 일반적으로 친밀한 관계를 쌓는 데 도움이 되는 개인적인 정보를 덜 교환한 것을 발견했다. 그렇게 되면 궁극적으로 협상 결과가 나빠질 수도 있다.

행동과학자 돈 무어Don Moore의 연구팀은 복잡해 보이는 이 문제를 꽤 간단하게 해결할 수 있다고 생각했다. 협상 전에 당사자들이 서로 일종의 자기 노출 시간을 가져보면 어떨까? 예를 들어 몇 분 동안 협상과 관런이 없는 주제에 대해 온라인상으로 수다를 떨고 나면 서로의 배경에 대해 조금이라도 알게 될 것이다. 연구팀은 이 가설을 실험하기 위해 미국의 유명 경영대학원 두 곳에 등록한 학생들을 선택해 짝을 지어준 다음 이메일을 사용해 거래 협상을 하게 했다. 학생들 절반에게는 단순히 협상만 하라고 했고, 나머지 절반에게는 협상할 상대방의 사진을 주고 간단한 신상 정보(출신 대학교, 관심사 등)를 알려준 다음 협상하기 전에 잠시 이메일을 통해 서로를 알아보는 시간을 갖도록 했다.

실험 결과 참가 학생들에게 아무런 정보를 주지 않은 경우에는 29퍼센트가 합의를 도출하지 못했다. 그러나 좀 더 '개인적인' 관계를 맺은 학생들은 6퍼센트만이 난관을 해결하지 못했다. 연구팀은 또 다른 효과적인 측정 기준을 사용해서 실험에 참여한 쌍들이 상호 간에 수락 가능한 타협안을 도출한 경우 각 당사자가 자기 몫으로 가져가는 것의 총합이 얼마나 차이가 나는지 알아봤다. 이 경우에도 개인적인 관계를 맺지 않은 그룹보다 개인적인 관계를 맺은 그룹이 18퍼센트 더 많은 몫을 가져갔다. 따라서 어느 정도 시간을 들여 협상 파트너의 개인적인 측면을 알아보고 동시에 자신의 개인적인 측면도 노출한다면, 쌍방이 나눌 파이의 크기가 커질 가능성이 높다.

이 실험은 협상에서 전자통신이 수행하는 역할에 초점이 맞춰져 있다. 하지만 의사소통을 하는 당사자들이 특정한 아이디어나 이슈에 대해 다른 사람의 의견을 바꾸려고 시도하는 직접적인 설득의 경우에는 상황이 어떻게 달라질까? 우리는 로자나 과다뇨Rosanna Guadagno의 연구팀과 함께 실시한 실험에서 이 문제를 다뤘다. 실험에 참여한 학생들에게 다른 사람과 일대일로 학내 이슈를 토론하게 될 거라고 말한 후 만나서 직접 이야기를 하거나 이메일로 의견을 나누는 식으로 토론이 진행될 거라고 알려줬다. 참가자들은 알지 못했지만 사실 상대 토론자는 위장한 연구조교였다. 연구조교는 미리 작성된 대본대로 대학교가 포괄적인 시험 정책을 수립해야 한다는 주장을 펼쳤다. 포괄적인 시험 정책이란 광범위한 주제에 대한 지식을 평가하는 '길고 어려운 시험'을 통과하지 못한 학생들은 학사 학위를 받을 수 없게 하는 정책이다. 알다시피 많은 대학생들이 동의할 만한 주제를 찾기는 쉽지 않다. 가끔 희귀한 공부벌레를 제외하고는 학생들에게 포괄적인 졸업시험 정책을 지지하냐고 묻는 것은 음주가 허용되는 최소 연령을 25세로 정하는 것이 어떠냐고 묻는 것과 같다. 처음에는 거의 모든 학생들이 포괄적인 졸업시험에 반대하는 경향을 보였지만 결국 그들을 설득할 수 있었다. 이런 설득 메시지를 얼굴을 보고 전달하는 경우와 이메일로 전달하는 경우에 어떤 차이가 있었을까?

그 답은 참가자들의 성별에 따라 달랐다. 일반적으로 여성은 남성보다 동성의 동료들과 친밀한 관계를 맺으려는 성향이 더 강하고 그러기 위해서는 얼굴을 직접 보는 것이 유리하기 때문에 우리는 여성이 동성과 대화할 때는 이메일보다 직접 만나서 이야기하는 경우에 더 많이 설득당할 것이라고 예측했다. 반면 남성의 경우에는 커뮤니케이션의 형태가 큰 차이를 만들지는 않을 거라고 봤다. 결과는 예상을 빗나가지 않았다. 여성은 직접 만나서 대화할 때 더 많이 설득됐고, 남성은 커뮤니케이션의 매체와 상관없이 설득되는 비율이 똑같았다. 아쉽게도 이성 간의 대화에서 나타나는 차이에 대해서는 실험하지 않았다. 그러나 이성 간의 설득은 그 주제로 책을 한 권 써도 모자란 완전히 다른 종류의 문제이기 때문에 어쩔 수 없었다.

온라인에서 일어나는 설득의 오해와 진실

지금까지 우리는 온라인 커뮤니케이션의 특징이 어떻게 개인적인 관계를 쌓고 유지하는 데 걸림돌이 되는지 살펴봤다. 그러나 온라인 커뮤니케이션이 설득에 해로울 수 있는 이유는 또 있다. 커뮤니케이션에서 오해가 발생하기 쉽기 때문이다. 아무리 주장이 강력하고 설득 전략이 효과적이라 해도 듣는 사람이 메시지의 내용이나 메시지 뒤에 숨은 의도를 오해한다면, 상대방을 설득하기가 쉽지 않을 것이다.

행동과학자 저스틴 크루거Justin Kruger의 연구팀이 실시한 실험은 이메일을 사용한 커뮤니케이션에서 왜 그렇게 오해가 흔한지 설명해준다. 연구팀에 따르면, 비언어적 실마리인 목소리의 억양과 신체 동작은 일반적으로 메시지의 내용이 모호할 때 커뮤니케이션의 진짜 의미를 드러내주는 중요한 지표로 작용한다고 하는데, 이메일 커뮤니케이션에는 그런 요소가 없다. 예를 들어 벤더 계약과 관련해 동료가 보낸 메시지에 다음과 같은 답장을 보냈다고 하자. "그거야말로 정말 최우선적으로 해야 할 일이지." 우리가 매우 진지한 의도로 쓴 말이라고 할지라도 동료는 이것을 비꼬는 말로 해석할 수 있다. 특히 과거에 벤더 계약에 치중하는 것을 반대한 적이 있다면 더더욱 그럴 가능성이 높다. 물론 똑같은 말을 얼굴을 보며 이야기했다면 목소리의 억양이나 얼굴 표정, 몸동작 때문에 의도가 분명히 전달됐을 것이다. 이 사실 하나만으로도 이메일 커뮤니케이션이 문제가 있다고 주장하기에 충분하다. 그러나 크루거의 연구팀은 이런 메시지를 보내는 사람들이 자신의 메시지에 오해의 소지가 있다는 사실을 거의 모른다는 점이 훨씬 더 위험하다고 주장한다. 이메일을 보내는 사람은 메시지를 작성할 때 자신의 의도를 잘 알고 있으므로 받는 사람 또한 그럴 거라고 가정해버리는 경우가 많다.

연구팀은 이 가설을 확인하기 위해 수많은 실험을 실시했다. 한 실험에서는 참가자들을 두 명씩 짝 지은 다음 각각 메시지를 전달하는 사람과 메시지를 받는 사람의 역할을 맡게 했다. 그리고 메시지를 전달하는 사람들은 비꼼, 진지함, 분노, 슬픔의 감정들 중 하나를 메시지 수신자에게 명확히 전달하기 위한 진술을 생각해냈다. 그다음 이를 무작위로 할당된 세 가지 커뮤니케이션 수단 중 하나를 사용해 전달했다. 즉, 이메일이나 전화를 사용하거나 또는 얼굴을 보고 직접 이야기했다. 연구팀은 메시지를 받는 사람에게는 자신이 받은 메시지의 의도를 추측하게 했다. 한편 메시지 전달자에게는 수신자가 제대로 의도를 파악할 것이라고 생각하는지 사전에 미리 예측해달라고 요청했다.

연구 결과 모든 실험 그룹의 메시지 전달자들은 수신자가 자신의 의도를 제대로 해석할 거라고 과대평가했지만, 실제 차이는 이메일 그룹에서 가장 큰 것으로 분명하게 드러났다. 실험 그룹과 상관없이 메시지 전달자들은 수신자가 89퍼센트 정도 자신의 의도를 제대로 이해할 거라고 예측했다. 그러나 목소리로만 메시지를 전달한 그룹과 얼굴을 보고 전달한 그룹의 정확도는 약 74퍼센트였던 반면, 이메일 그룹의 정확도는 63퍼센트에 불과했다. 결과적으로 문자만을 사용한 커뮤니케이션의 경우 메시지 수신자가 전달자의 목소리 억양을 들을 수 없기 때문에 메시지를 명확히 해석하기가 어렵다는 사실을 보여주는 셈이다.

이런 종류의 실험 대부분이 낯선 사람들을 대상으로 하기 때문에 어쩌면 이와 같은 결과가 별로 놀랍지 않다고 생각하는 사람도 있을 것이다. 그렇다면 가까운 친구들끼리는 이메일의 어조를 더 정확하게 해석할 수 있을까? 연구팀도 그렇게 생각했다. 하지만 놀랍게도 연구 결과는 완전히 동일한 듯 보인다. 가까운 사람들끼리도 문자로 된 커뮤니케이션을 완전히 이해할 수 없다는 사실은 착한 우리 친구들이 우리 마음을 책 읽듯 읽을 수 있다고 말하는 것이 터무니없는 소리임을 의미한다. 물론 그들이 오디오북이나 텔레비전 버전으로 읽는다면 이야기가 달라지겠지만 말이다.

그렇다면 메시지 전달자는 이런 위험에 어떻게 대처해야 할까? 어쩌면 감정을 그림으로 전달하기 위해 만들어진 '이모티콘(예를 들면 :-) 같은 것)'을 사용할 수 있을 것이다. 그러나 이모티콘 또한 메시지의 나머지 부분에 섞여버리거나 다른 측면에서 명확하지 않을 수 있으므로 또 다른 혼란을 야기할 가능성이 있다. 그렇다면 이메일을 완전히 없애고 오직 전화로 이야기하거나 얼굴을 맞대고서 대화하면 어떨까? 하지만 그것은 유에스 셀룰러의 경우처럼 일주일에 한 번은 효과가 있을지 몰라도 늘 그런 식으로 의사소통을 하기에는 시간이나 기타 여건이 허락되지 않는다.

이런 문제에 대한 해결책을 찾아내기 위해 커뮤니케이션의 오해를 유발하는 심리학적인 이유 중 하나를 다시 살펴보자. 앞서 언급했듯이 메시지 전달자는 자신이 전달하고자 하는 메시지를 정확히 알고 있기 때문에 본능적으로 수신자의 관점으로 상황을 보지 않는 경향이 있다. 이 논리를 바탕으로 연구팀은 메시지 전달자가 자기 메시지가 의도한 대로 이해될 것이라는 과신을 극복할 수 있는지 알아보기 위해 또 다른 실험을 설계했다. 이 실험은 앞에서 설명했던 '의도 추측' 실험과 설계 면에서는 비슷하지만 약간 변화가 있었다. 첫째, 모든 참가자들은 이메일로만 의사소통했다. 둘째, 일부 참가자에게는 그들의 진술이 어떻게 오해를 낳는지 고려하도록 적당한 지침을 줬다. 그 결과 지침을 받은 그룹의 참가자들은 자신의 메시지가 의도한 대로 이해될 것인지를 예측하는 데 있어서 훨씬 더 정확도가 높아졌다.

이런 실험 결과를 볼 때, 어떻게 하면 보다 효과적으로 온라인 커뮤니케이션을 하고 궁극적으로 온라인상의 설득 능력을 개발할 수 있을까? 아마도 중요한 주제에 대해 이메일을 보내기 전에는 잠시 짬을 내어 메시지 전체를 읽어보고, 수신자가 메시지의 어떤 측면을 다르게 해석할 가능성이 있는지 살펴보는 것이 현명한 태도일 것이다. 그런 다음 필요하다면 의도를 분명히 하기 위해 메시지를 수정할 수 있다. 즉, 결코 되돌릴 수 없는 '보내기' 버튼을 누르기 전에 메시지의 정확성을 높이기 위해 맞춤법 검사를 하듯이 '입장 바꿔 읽어보기'를 통해 메시지의 이해도를 높일 수 있다.

온라인을 활용한 Yes의 노하우

마지막으로 지적할 점은 수신자가 메시지의 의도를 완전히 이해한다 할지라도 그들이 반드시 우리의 요청을 들어주거나 우리를 도와줄 거라고 기대할 수는 없다는 사실이다. 한 가지 예를 들자면 우리가 아는 한 의사가 결혼식에 참석할 일이 있었는데, 근무교대 순번을 바꿔줄 사람을 구하지 못해서 상당히 고생을 했다. 우리는 그가 굉장히 인품이 훌륭하고 호감 가는 사람이며 과거에 동료들을 위해 몇 번이나 순번을 바꿔췄다는 사실도 알고 있기 때문에 무척 혼란스러웠다. 그러나 우리는 그가 동료들의 도움을 구하기 위해 어떻게 했는지 듣자마자 문제가 무엇인지 알게 됐다. 그는 동료들에게 부탁을 하기 위해 단체 메일을 보냈는데, 모든 수신자들이 다른 사람의 이름을 볼 수 있도록 해서 보냈던 것이다.

이런 전략의 문제는 '책임 전가'라고 하는 부작용을 만들어낸다. 똑같은 부탁을 받은 동료들의 이름이 다 보이기 때문에 자신이 도와줘야겠다는 개인적인 책임감을 느낀 사람이 아무도 없었다. 그들은 수신자 목록에 있는 다른 누군가가 도와줬을 것이라고 생각했을 것이다. 사회심리학자 존 달리John Darley와 빕 라타네Bibb Latane는 책임 전가에 대한 고전적인 실험에서 한 학생이 간질 발작을 일으키는 상황을 연출했다. 구경하는 사람이 한 명뿐이었을 때는 그 사람이 간질 환자를 도와줄 확률이 거의 85퍼센트였다. 그러나 구경하는 사람이 다섯이었을 때는 그 비율이 현저히 줄었다. 다섯 사람은 모두 다른 방에 있었고 따라서 누가 환자를 도와주고 있는지 알 수 없는 상황이었지만, 다섯 사람 중에서 누군가 환자를 도와줄 확률은 31퍼센트에 불과했다.

그렇다면 우리의 의사 친구는 근무교대 순번을 바꿔줄 자원자가 나타날 확률을 높이기 위해 어떻게 해야 했을까? 시간이 충분히 있었다면, 승낙할 가능성이 가장 큰 사람들(아마 그가 과거에 순번을 바꿔줬던 사람들이 적당할 것이다)을 고른 다음 직접 그들의 얼굴을 보면서 부탁하거나 개인적으로 이메일을 보내 도움을 요청해야 했을 것이다. 또는 다른 이유가 있어서 그렇게 할 수 없는 상황이었다면, 적어도 몇몇 사람에게 복사한 편지를 각각 따로 보내서 얼마나 많은 사람들이 부탁을 받았는지 아무도 모르게 했어야 한다.

지금까지 우리는 전통적인 커뮤니케이션 수단을 사용하지 않고 이메일을 사용할 경우 다른 사람들과 의사소통을 하는 방식과 그들의 마음을 움직이는 과정이 어떻게 달라질 수 있는지 살펴봤다. 그런데 온라인상에서 이루어지는 설득의 또 다른 측면은 어떨까? 예를 들어 회사의 웹사이트를 디자인하는 방법과 심리학 연구가 무슨 관련이 있을까? 먼저 다음과 같은 예를 살펴보자.

어느 날 당신은 이 책을 다 읽은 후에 책을 두 권 더 갖고 싶다는 생각이 들었다. 한 권은 집에, 한 권은 사무실에 두고 나머지 한 권은 만약을 위해 자동차 서랍에 넣어두면 좋을 것 같았기 때문이다.

당신은 동네 서점의 진열대에서 마지막 남은 두 권을 낚아챈 다음 서둘러 카운터로 가져갔는데, 서점 직원이 하는 말을 듣고 그만 황당해져버렸다. "그 책들을 정말 저희 가게에서 사시겠어요?" 점원은 이렇게 묻는다. "저희 가게도 꽤 저렴한 가격을 제공하는 편이지요. 하지만 큰길에서 조금만 더 내려가면 이 책을 15퍼센트 정도 더 싸게 파는 서점이 있어요. 원하신다면 약도를 그려드릴 수 있어요." 이쯤 되면 이런 식의 고객 서비스, 아니 정확히 말해 경쟁자를 위한 고객 서비스를 제공하는 가게가 어떻게 아직도 안 망하고 있는지 궁금해지지 않을 수 없다.

이 예가 좀 엉뚱하게 들리겠지만, 실제로 이런 식으로 파멸을 자초하는 듯 보이는 관행을 유지하는 회사들이 있다. 예를 들어 미국에서 세 번째로 큰 자동차 보험회사인 프로그레시브 오토 인슈어런스를 살펴보자. 이 회사는 항상 경쟁사와 차별되는 혁신을 시도하는 것에 대해서 자부심을 가져왔다. 1995년 유명 보험회사로서는 세계 최초로 웹사이트

운영을 시작한 것도 혁신의 일환이었다. 1년 후 합리적인 보험료를 찾아다니는 자가 운전자들은 이 웹사이트를 통해 프로그레시브의 보험료는 물론이고 주요 경쟁사들의 보험료를 알 수 있게 됐다. 이 웹사이트에는 '레이트 티커'라는 스크롤 형태의 기능을 통해 웹사이트 방문자들에게서 알게 된 다른 회사의 가격 정보를 제공하고 있다. 물론 프로그레시브의 보험료는 대부분의 경우에 더 저렴했지만 항상 그렇지는 않았다. 예를 들어 우리가 이 글을 쓰기 1분 전에 웹사이트를 조사해봤더니 미국 위스콘신 주에 거주하고 도요타 자동차를 가지고 있는 C. M.이란 이니셜을 쓰는 사람은 프로그레시브의 경쟁사를 선택한 결과 연간 거의 942달러를 절감하고 있다는 사실이 나와 있었다.

그렇다면 프로그레시브는 이 전략으로 더 많은 고객을 유치하고 있을까, 아니면 자멸을 재촉하고 있는 것일까? 회사가 혁신을 실시한 이후로 엄청나게 성장한 것을 보면 효과가 있긴 있다는 뜻이다(연간 평균 성장률이 17퍼센트며, 매년 프리미엄이 34억 달러에서 140억 달러까지 증가하고 있다). 발레리 트리프츠Valerie Trifts와 제럴드 하우블Gerald Haubl의 연구팀이 실시한 실험이 그 이유를 설명해줄 수 있을 것 같다.

연구팀은 실험 참가자들에게 대학교가 몇몇 온라인 서점 중 한 곳과 독점 거래를 고려하고 있다고 말했다. 참가자들이 할 일은 정해진 책 리스트를 온라인으로 검색하고 여러 서점들의 책 가격을 비교한 후 어떤 서점에서 책을 살지 결정하는 것이었다. 전체 참가자들 중 절반에게는 서점들 중 한 곳에 가격 비교 정보를 제공했고, 나머지 절반에게는 해당 서점에 가격 비교 정보를 제공하지 않았다. 연구팀은 또한 해당 서점이 시장에서 차지하는 위치도 다양하게 변화시켰다. 즉, 일부 참가자들의 경우 그 서점에서 제공하는 책들의 평균 가격이 비교적 낮은 수준이라고 생각했고, 다른 참가자들은 비교적 높은 수준이라고 생각했으며, 나머지 참가자들은 다른 서점들과 엇비슷한 수준이라고 생각했다.

이 실험에서 프로그레시브의 전략을 뒷받침하는 결과가 나왔을까? 크게 보면 그렇다고 할 수 있다. 그러나 이런 결과가 나오게 된 데는 문제의 서점이 시장에서 차지하는 위치가 결정적으로 작용했다는 점을 지적할 필요가 있다. 프로그레시브처럼 가격 비교 정보를 제공하는 서점의 가격이 일관되게 다른 서점들의 가격보다 높거나 낮을 때는 가격 비교가 제공되든 말든 결과에 전혀 상관이 없었다. 그러나 해당 서점의 가격이 어떤 책의 경우에는 높고 또 어떤 책의 경우에는 낮을 때는(실제로는 대부분의 회사가 이런 식이다) 가격 비교를 제공하는지 여부에 따라 차이가 있었다. 이런 상황에서 참가자들은 프로그레시브처럼 가격 비교 정보를 제공하는 서점에서 구매할 가능성이 더 높은 것으로 나타났다. 소비자들의 입장에서는 가격 비교를 제공하는 업체를 신뢰할 수 있다고 생각할 뿐 아니라(앞서 살펴봤듯이 정직하지 못한 사람과 조직은 자기 이익에 반하는 주장을 거의 하지 않는다) 아마 한 곳에서 가격 비교 정보를 볼 수 있는 편리함의 가치를 인정하기 때문일 것이다. 덕분에 그들은 자신의 시간과 노력을 절약할 수 있다.

이제 원래 서점의 사례로 다시 돌아가보자. 위에서 설명한 실험 결과와 이 전략을 채택한 프로그레시브가 지금까지 거둔 성공을 생각할 때 잠재 고객들에게 경쟁사의 가격을 알려주는 회사는 때로 고객을 잃을지도 모르지만 분명히 가격 전쟁에서 승리할 수 있는 유리한 위치를 점하는 셈이다.

온라인상의 가격 비교에 대한 실험은 회사 웹사이트의 특징을 어떤 식으로 부각해야 잠재 고객을 설득할 수 있는지 보여준다. 그런데 웹페이지의 특징 중에서 비교적 덜 뚜렷한 요소도 소비자의 행동에 영향을 미칠 수 있을까? 예를 들어 웹페이지의 배경 같은 미묘한 요소도 잠재 고객을 실제 고객으로 만드는 데 기여할 수 있을까?

소비자 연구자 나오미 만델Naomi Mandel과 에릭 존슨Eric Johnson의 연구팀은 그럴 수 있다고 말한다. 한 실험에서 연구팀은 참가자들에게 두 가지 소파 중에서 하나를 선택할 수 있는 가상의 쇼핑 사이트를 방문하도록 했다. 한 소파는 매우 편안하지만 동시에 매우 비싼 것으로 설명됐고, 다른 소파는 약간 편안하지만 저렴한 것으로 설명됐다. 연구팀은 참가자들이 돈을 절약하거나 편안함을 추구하는 쪽으로 의사 결정을 바꾸게 하기 위해서 웹페이지의 배경을 다르게 변화시켰다. 배경 선택에 있어서는 이전 연구의 데이터를 참고했다. 이전 연구에서는 참가자들에게 두 가지 배경 중 하나에 둘러싸인 소파 광고를 보여줬다. 하나는 초록색 배경에 동전들이 그려진 것이었고, 다른 하나는 파란색 배경에 뭉실뭉실한 구름이 그려진 것이었다. 참가자들에게 소파를 살 때 가장 중점적으로 고려하는 특징이 무엇이냐고 물었더니, 동전 배경을 본 참가자들은 구름 배경을 본 참가자들보다 비용의 중요성을 강조한 사람들이 더 많았다. 비슷한 맥락에서 구름 배경을 본 참가자들은 동전 배경을 본 참가자들보다 편안함을 강조한 사람들이 더 많았다.

이 예비 조사 결과를 참고해 만델과 존슨은 참가자들이 구름 배경이 있는 사이트에서 소파를 살 때는 보다 편안한 (하지만 더 비싼) 소파를 살 가능성이 높고, 반대로 동전 배경이 있는 사이트에서 소파를 살 때는 저

럼한 소파를 살 가능성이 높을 거라고 가정했다. 그리고 실험 결과는 이 가설을 확인해줬다. 이와 같은 결과는 한 가지 제품에만 해당하는 것이 아니다. 예를 들어 자동차 쇼핑사이트의 경우 참가자들이 자동차 충돌 시 발생하는 화염을 연상시키는 붉은색이나 주황색 이미지로 된 배경을 본 경우에는 저렴하고 덜 안전한 차보다 비싸도 안전한 차를 선택할 가능성이 더 높았다.

이런 연구 결과에서 특히 주목할 점은 이와 같은 실마리들이 사람들의 행동에 강력하면서도 미묘한 영향을 미친다는 점이다. 예를 들어 실험에 참가한 사람들은 대부분 화면 배경이 무엇이든 자신의 선택에 전혀 영향을 미치지 않는다고 주장했다. 그러나 알다시피 그런 주장은 현실과 다르다.

아마도 연구 결과가 암시하는 가장 중요한 점은 회사 웹페이지의 배경 이미지 같은 요소들이 소비자의 행동에 생각보다 훨씬 더 많은 영향을 미친다는 사실일 것이다. 우리는 제품과 서비스의 장점을 중심으로 웹사이트의 배경과 이미지들을 전략적으로 선택할 수 있다. 다시 말해 사이트의 배경을 신중하게 선택하면 제품의 장점은 물론이고, 회사의 장점까지도 전면에 부각시킬 수 있는 것이다.

글로벌 설득력은 문화에서 나온다

◆

◆

    하이, 하오, 다, 자, 씨, 위, 예스. 전 세계 사람들은 다양한 방법으로 "예"라고 말한다. 그런데 사람들이 우리에게 "예"라고 말하도록 설득하기 위한 전략은 메시지 수신자의 문화적 배경에 따라서 달라지는 것일까? 아니면 사람의 출신지와 상관없이 똑같은 효과를 발휘하는 소위 '만병통치 전략'이 있는 것일까? 우리가 이 책에서 다룬 수많은 전략과 사회적 영향력의 근본 원리들은 어떤 문화에서든 강력한 설득력을 가질 것이다. 하지만 한 연구는 메시지 수신자의 문화적 배경에 따라 메시지와 전술을 미묘하게 조정할 필요가 있다는 점을 암시하고 있다. 본질적으로 그와 같은 미묘한 차이는 문화적 규범과 전통이 다양하기 때문인데, 서로 다른 사회에 속한 사람들은 메시지를 받아들일 때도 저마다 다른 측면에 비중을 두기 마련이다.

    마이클 모리스Michael Morris의 연구팀이 실시한 실험을 예로 들어보자. 이 실험은 세계 최대의 다국적 금융기관 중 하나인 시티은행의 직원들을 대상으로 했다. 모리스의 연구팀은 미국, 독일, 스페인, 홍콩의 시티은행 지점에서 일하는 직원들이 동료의 요청에 얼마나 자발적으로 순응하는지를 조사했다. 응답자들에게 동일한 영향을 미친 요인들도 많았지만 나라별로 특히 더 많은 영향을 미친 요인들도 있었다.

예를 들어 미국 직원들은 직접적인 상호성을 바탕으로 한 접근법을 취할 가능성이 가장 높았다. 그들은 누군가에게 부탁을 받았을 때 "이 사람이 나를 위해 뭘 해줬지?"라고 질문을 던져본 다음 그들에게 빚진 것이 있으면 자발적으로 도와줘야 한다는 의무감을 느꼈다. 반면 독일 직원들은 동료의 요청이 조직의 규정에 부합하는지 여부에 가장 많은 영향을 받았다. 그들은 "공식적인 규정을 고려할 때 내가 이 사람을 도와줘야 할까?"라는 질문을 던져본 다음 부탁을 들어줄지 말지를 결정했다. 스페인 직원들은 지위나 신분과 상관없이 친구들에 대한 의리를 강조하는 우정 규범에 가장 많은 영향을 받았다. 그들은 의사 결정을 내릴 때 "이 사람이 내 친구들과 관련이 있는 사람인가?"라는 질문을 던졌다. 마지막으로 홍콩의 직원들은 집단 내에서 지위가 높은 사람에 대한 충성심, 즉 권위에 주로 반응을 보였다. 그들은 "이 사람이 우리 부서의 높은 사람과 관련이 있는 사람인가?"라는 질문을 던졌다.

모리스의 연구팀이 지적하듯이 이 연구는 몇 가지 중요한 현실적인 의미를 지닌다. 우선 어떤 문화적 환경에 속한 관행이나 정책, 조직 구조를 다른 환경에 전달하고자 하는 기업은 새로운 문화에서 어떤 규범이 의무적인지 민감하게 고려해야 한다. 또한 한 사회에서는 아무 문제 없던 것이 다른 사회에서는 쓸모없는 것이 돼버릴 수 있는 위험성도 인식해야 한다.

위와 같은 연구 결과는 어떤 문화적 환경에서 다른 환경으로 이동한 관리자들이 새로운 팀원들을 리드하기 위해 전략을 변경해야만 하는 경우도 있다는 점을 시사한다. 예를 들어 뮌헨에서 마드리드 지점으로 전근한 관리자는 새로운 직장에서 지지를 얻으려면 사람들과 개인적인 우정을 쌓는 것이 중요하다는 점을 깨닫게 될 것이다. 그러나 반대로 마드리드에서 뮌헨으로 전근한 관리자가 만약 동료에게 서류 절차를 무시해달라는 식으로 조직의 공식적인 지침에 부합하지 않는 요청을 한다면, 그것이 이전 업무 환경에서는 받아들여지는 관행이었다 할지라도 새로운 직장에서는 부적절한 것으로 간주될 수 있다.

비록 시티은행 실험에서 조사한 네 가지 문화는 심리학적으로 중요한 몇 가지 차원에서 차이가 있지만, 사회적 영향력을 연구하는 학자들은 '개인주의'와 '집단주의'라는 한 가지 특정한 차원에 초점을 맞춰서 이것이 설득 과정에 어떠한 영향을 미치는지 조사해봤다. 즉, 개인주의는 개인의 선호와 권리를 가장 우선시하는 경향인 반면, 집단주의는 집단의 선호와 권리를 가장 우선시한다. 지나친 단순화이긴 하지만, 개인주의적인 문화는 '나'를 더 중시하고 집단주의적인 문화는 '우리'를 더 중시한다고 말할 수 있다. 미국, 영국이나 서유럽의 나라들은 개인주의적인 성향이 강한 편이다. 반면 아시아, 남미, 아프리카, 동유럽의 나라들처럼 국제적인 사업 파트너로 급부상하고 있는 지역의 나라들은 집단주의적인 성향이 강한 편이다.

한상필과 샤론 샤비트Sharon Shavitt의 연구팀은 설득과 관련된 문화적인 차이가 마케팅 환경에서 무엇을 의미하는지 조사해보기로 했다. 그들은 집단주의 문화에서는 집단 구성원들(친구, 가족, 직장동료 등)에게 돌아가는 혜택에 초점을 맞춘 광고가 소비자 자신을 위한 혜택에만 초점을 맞춘 광고보다 설득력이 더 강할 거라고 예상했다. 특히 에어컨이나 치약처럼 일반적으로 다른 사람들과 같이 쓰는 제품의 경우에는 그런 경향이 더 뚜렷하게 나타날 거라고 생각했다.

연구팀은 우선 가설을 뒷받침할 증거를 찾기 시작했다. 그들은 미국의 잡지 두 개와 한국의 잡지 두 개를 골랐다. 잡지들은 두 나라에서 각각 인기와 장르 면에서 비슷한 것으로 선택했다. 그다음 잡지에서 무작위로 광고들을 선택한 후 각 언어의 모국어 화자들과 두 언어를 능숙하게 구사하는 사람들에게 광고의 초점이 소비자 자신을 위한 혜택에 맞춰져 있는지 혹은 집단을 위한 혜택에 맞춰져 있는지를 단계별로 평가하도록 했다. 연구팀은 미국의 광고가 한국의 광고보다 개인에게 돌아가는 혜택을 강조하는 경향이 더 크다는 것을 발견했다. 특히 다른 사람과 함께 쓰는 제품의 경우에 이런 경향의 차이가 더 크게 나타났다. 미국 광고는 소비자의 개성('독특해지는 기술')이나 자기계발 욕구('더 나은 당신을 위하여'), 개인적인 목표('새로운 모습 덕분에 이제 새로운 역할도 자신 있어요') 등에 호소하는 반면, 한국 광고는 소비자가 속한 집단에 대한 책임감('가족을 위하는 유쾌한 방법'), 집단 강화 욕구('우리 모두를 위한 성공의 꿈'), 집단 의견에 대한 배려('가족들이 가구가 마음에 든대요') 등에 호소하는 경향이 컸다.

연구팀은 이런 광고 메시지들이 특정 사회의 문화적 경향을 바탕으로 소비자의 욕구를 자극하려는 의도가 있다는 점을 확인하고 나자 심리학적으로 보다 중요한 질문에 대한 답을 찾고 싶었다. 다시 말해 집단주의 혹은 개인주의에 초점을 맞춘 메시지는 정말로 해당 문화권에서 더 설득력이 강할까? 우리가 이 책을 시작할 때 언급했듯이 마케터들이 특정한 유형의 메시지가 가장 효과적일 거라고 생각한다고 해서 반드시 실제로도 효과가 있는 것은 아니다.

연구팀은 이 질문에 답하기 위해서 다양한 제품에 대해 두 가지 버전의 광고를 만들었다. 한 버전은 개인주의적인 성향이 강했고 다른 버전은 집단주의적인 성향이 강했다. 예를 들어 한 껌 브랜드 광고의 개인주의적인 버전은 이런 식이었다. "당신의 입 안이 상쾌해지는 기분을 즐기세요." 이 메시지가 소비자 자신에게만 영향을 미치는 입 안이 상쾌해지는 혜택에 초점을 맞췄다는 점에 주목하자. 그러나 알다시피 한 사람의 구강 상태는 개인적인 문제가 아니며 주위 사람에게도 영향을 미칠 수 있다. 그렇다면 이 광고의 집단주의적인 버전은 다음과 같은 식이 될 것이라 예상할 수 있다. "입 안이 상쾌해지는 경험을 나눠보세요." (물론 미국 참가자들을 위해서는 영어로 된 광고를 보여주고 한국 참가자들에게는 한국어로 된 광고를 보여줬다.)

결과적으로 한국 참가자들은 개인주의적인 광고보다 집단주의적인 광고에 더 많이 설득됐고, 미국 참가자들은 반대의 경향을 나타냈다. 그리고 이전 연구와 일관적으로 이런 효과는 특히 다른 사람들과 같이 쓰는 제품의 경우에 더욱 두드러지게 나타났다. 이 결과를 고려할 때 한 가지 전략을 만병통치약처럼 생각하고 여러 나라에 일괄적으로 적용하려고 하는 마케터들은 다시 한 번 잘 생각해봐야 한다. 대신 해당 사회의 문화적 경향에 적합한 형태로 전략을 수정해야 할 것이다. 그렇게 하느냐 마느냐에 따라 광고의 사활이 결정될 수 있다.

설득의 키워드, 문화를 탐구하라

한상필 연구팀은 개인주의적인 문화권의 사람들은 자신의 경험을 더 중시하는 반면, 집단주의적인 문화권의 사람들은 자신과 가까운 다른 사람들 경험을 더 중시하는 경향이 있음을 보여줬다. 문화적인 차이가 사람들의 사회적 영향력의 기본법칙을 따르는 태도에도 어느 정도 영향을 미칠 수 있을까?

이 문제를 본격적으로 다루기 전에 먼저 한 가지 예를 살펴보자. 가장 개인주의적인 나라(미국) 출신이면서 가장 개인주의적인 운동(골프)을 하는 유명인사보다 개인주의적인 문화권 사람들의 경향을 더 잘 보여주는 사람은 없지 않을까? 미국의 전설적인 골프 선수 잭 니클라우스는 어린 손자의 죽음이라는 가슴 아픈 일을 겪었다. 그로부터 며칠 후 있었던 한 인터뷰에서 니클라우스는 골프계의 가장 성대한 행사라고 할 수 있는 마스터스 대회에 참가할 생각이 없다고 말했다. 하지만 그는 얼마 후 열릴 두 개의 다른 골프 대회에는 참가할 의사를 밝혀서 많은 사람들을 깜짝 놀라게 했다. 비극을 겪고 슬픔에 잠긴 사람이 굳이 그 대회들에 참가하겠다고 말한 이유는 무엇이었을까?

알고 보니 니클라우스는 손자가 죽기 전에 두 대회에 참가하기로 약속을 했었다. 니클라우스는 '약속은 했으면 지켜야 하는 것'이라고 말했다. 우리가 앞서 살펴본 바와 같이 자신의 약속과 일관성을 유지하고자 하는 동기는 사람의 행동에 강력한 영향을 미칠 수 있다. 그러나 그런 경향이 모든 나라들에서 똑같이 영향력을 발휘하는 걸까? 다른 모든 요소가 동일하다면, 문화적 배경이 다른 골퍼도 똑같은 상황에서 이전에 했던 행동과 약속에 대해 의무감을 느낄까?

이 질문에 대한 답을 보다 잘 이해하기 위해서 우리는 스티븐 실스 Stephen Sills와 페티아 페트로바Petia Petrova의 연구팀과 함께 실험을 실시했다. 이 실험에서 우리는 미국에서 태어난 학생들과 아시아 출신의 학생들에게 온라인 설문조사에 참여해달라는 이메일을 보냈다. 첫 요청 이메일을 보낸 지 한 달 후 모든 학생들에게 첫 번째 프로젝트와 관련된 온라인 설문조사에 참여해달라는 이메일을 또 보냈다. 이번에는 처음 설문조사보다 두 배 더 긴 시간이 필요할 거라고 알려줬다.

결과는 어떻게 됐을까? 먼저 첫 번째 요구를 수락한 학생들의 수는 미국 학생들이 아시아 출신 학생들보다 약간 더 적었다. 그러나 첫 번째 요청을 수락한 학생들 중에서 두 번째 요청을 수락한 학생들의 수는 미국 학생들(약 22퍼센트)이 아시아 출신 학생들(약 10퍼센트)보다 더 많았다. 다시 말해 첫 번째 요청을 수락한 것이 이후 요청을 수락하는 데 더 많은 영향을 미칠 확률은 아시아 출신 학생들보다 미국 학생들의 경우에 더 높았다.

왜 이런 결과가 나온 것일까? 아마 이 혼란스러운 문제에 대해서는 또 다른 연구가 답을 줄 수 있을 것이다. 우리는 다른 동료들과 함께 실시한 실험에서 미국 학생들에게 마케팅 설문조사에 무보수로 참여해달라고 요청했는데, 그들은 자신의 친구들이 과거에 이런 요청에 동의했다는 사실보다 그들 자신이 과거에 그렇게 했던 사실에 더 많은 영향을 받았다. 즉, 그들은 자신이 과거에 했던 약속을 더 중시했다. 하지만 집단주의 성향이 강한 폴란드 학생들의 경우에는 현재 어떤 요청을 수락할 때 더 강력한 동기가 되는 것은 자신의 과거 행동이 아니라 또래 집단의 과거 행동이었다.

이런 결과는 주로 개인주의 및 집단주의와 관련된 문화적 차이 때문이다. 개인주의적인 문화권의 사람들은 개인적인 경험에 더 많은 비중을 두는 경향이 있으므로 이전에 했던 행동과 일관성을 유지하는 것이 강력한 동기가 될 수 있다. 그리고 집단주의적인 문화권의 사람들은 자신과 가까운 다른 사람들의 경험에 더 많은 비중을 두는 경향이 있으므로 타인의 행동이 강력한 동기가 될 수 있다. 다시 말해 영국, 미국, 캐나다 사람들에게 부탁을 할 때는 그 사람이 전에 한 행동과 일치하는 부분을 지적해야 성공 확률을 더 높일 수 있다. 그러나 집단주의 성향이 강한 나라의 사람들에게 부탁을 할 때는 또래 집단의 사람들이 전에 한 행동과 일치하는 부분을 지적해야 더 성공적일 것이다.

　구체적인 예를 들어보자. 이를테면 당신의 회사가 2년 동안 동유럽의 한 회사와 성공적으로 거래를 해오고 있다고 가정하자. 그동안 당신은 동유럽 파트너들에게 업데이트된 시장 정보를 제공해달라는 부탁을 할 일이 종종 있었다. 당신과 주로 연락을 주고받는 슬라베크와 그의 동료들은 자기 일을 제쳐놓으면서까지 당신을 도와주곤 했다. 당신은 새로 업데이트된 정보가 또 필요해서 전화로 다음과 같이 요청을 했다. "슬라베크, 지난번에 당신이 도와준 것은 정말 유용하게 잘 썼어요. 이번에도 업데이트된 정보를 얻을 수 있으면 좋겠어요." 이렇게 말했다면 당신은 실수를 한 것이다. 당신은 연구 결과를 참고해 이렇게 말했어야 더 성공적이었을 것이다. "슬라베크, 지난번에 당신과 동료들이 도와준 것은 정말 유용하게 잘 썼어요. 이번에도 업데이트된 정보를 얻을 수 있으면 좋겠어요." 영국이나 서유럽, 북미 사람들은 이런 실수를 흔히 저지른다. 왜냐하면 그들은 모든 사람이 다 자기처럼 개인적인 일관성 원칙

에 따라 행동하기를 좋아한다고 생각하기 때문이다. 즉, 사람들은 모두 자신이 과거에 했던 행동을 바탕으로 미래의 행동을 결정하는 경향이 있다고 가정하는 것이다. 그러나 위 실험이 보여주듯이 많은 집단주의 문화권에서는 개인적인 일관성 원칙보다 사회적 증거 원칙이 더 중요하다. 이런 나라들에서는 자신이 속한 집단의 과거 행동을 바탕으로 미래의 행동을 결정하는 경향이 강하다.

집단주의적인 문화권과 개인주의적인 문화권의 사람들은 커뮤니케이션의 두 가지 핵심 기능에 부여하는 상대적인 비중도 서로 다르다. 간단히 말해 커뮤니케이션의 첫 번째 기능은 정보 제공이다. 우리는 커뮤니케이션을 할 때 다른 사람들에게 정보를 전달한다. 둘째로 덜 뚜렷하지만 역시 중요한 기능은 관계 형성이다. 우리는 다른 사람들과 관계를 맺고 유지하는 데 도움이 되기 위해 커뮤니케이션을 한다. 이 두 가지 기능은 모든 문화권의 사람들에게 다 중요하지만, 유리 미야모토Yuri Miyamoto와 노버트 슈워츠Norbert Schwarz의 연구팀에 따르면, 개인주의적인 문화는 정보 제공 기능을 더 강조하고 집단주의적인 문화는 관계 맺기 기능을 더 강조하는 경향이 있다고 한다.

이런 문화적인 차이는 커뮤니케이션과 관련된 여러 가지 상황에 적용할 수 있겠지만, 연구팀은 일상적으로 가정과 직장에서 흔히 일어날 수 있는 한 가지 측면을 검토해보기로 했다. 바로 다른 사람에게 음성 메시지를 남기는 것이다. 연구팀은 일본 사람들은 집단주의적인 성향이 강하기 때문에 다른 사람들과 관계를 맺고 유지하는 데 관심이 많을 거라고 생각했다. 따라서 자동응답기에 다소 복잡한 요청을 남기는 것을 어려워할 거라고 예측했다. 일본 사람들이 미국 사람들보다 커뮤니케이션이 메시지 수신자와의 관계에 미치는 영향에 더 많이 신경 쓴다면, 그들이 전달하는 메시지가 어떻게 수신되고 있는지에 대한 피드백을 받지 못하는 경우에 정신적인 피로감이 더 클 것이다. 이 가설을 실험하기 위해 미야모토와 슈워츠는 미국인과 일본인 참가자들에게 자기 나라 말로 자동응답기에 꽤 자세한 요청을 남기도록 했다.

미국인들은 단도직입적으로 핵심적인 정보를 전달한 반면, 일본인들은 메시지를 남기는 데 시간이 더 많이 걸렸다. 그들은 자신의 메시지가 상대방과의 관계에 어떤 영향을 미칠지 더 많이 신경을 쓰는 것처럼 보였다.

연구팀은 또한 일본인과 미국인 참가자들을 대상으로 자동응답기 경험에 대한 설문조사를 실시했다. 미국인은 약 50퍼센트가 자동응답기 멘트가 나오면 전화를 끊는다고 대답했지만, 일본인은 무려 85퍼센트가 전화를 끊는다고 대답했다. 그리고 자동응답기가 어떤 점에서 가장 마음에 안 드는지 물었을 때도 이전 실험과 일관된 결과가 나왔다. 일본인 응답자들은 미국인보다 관계적인 이유를 더 많이 들었고("자동응답기는 개인적인 느낌이 들지 않아요"), 정보 제공과 관련된 이유의 경우에는 정반대의 문화적 패턴이 드러났다("사람들은 때때로 메시지를 확인하지 않아요").

이는 직장 안팎에서 다른 사람들을 설득하는 기술에 대해 무엇을 말해주는 걸까? 우리가 앞서 다뤘듯이 관계는 설득 과정에서 중요한 구성요소다. 집단주의적인 성향이 강한 나라에서는 특히 더 중요하다. 개인주의적인 문화권의 사람들에게 메시지를 남길 때는 정보를 효율적으로 전달하는 데 모든 관심을 쏟는 것이 효과적이며, 메시지 수신자와의 관계는 염두에 두지 않아도 좋다. 반면 집단주의적인 문화권의 사람들을 대할 때는 그들과 공유하는 특징이라든가 인간관계 같은 측면에 특별히 신경을 쓰는 것이 중요하다.

대화에도 똑같은 원리를 적용할 수 있다. 실제로 일본인은 미국인보다 대화를 할 때 더 많은 반응('맞아', '알겠어')을 보이는 경향이 있다는 연구가 보고된 바 있다. 이를 바탕으로 미야모토와 슈워츠의 연구팀은 일본인이 미국인에게 말할 때는 자동응답기에 대고 말하는 것과 비슷하게 느낄 수도 있다는 사실을 발견했다. 이런 점은 다른 조사에서도 확인됐는데, 일본인 참가자들은 자동응답기는 반응이 없기 때문에 말하기가 어렵고 그래서 싫다고 하는 사람들이 많았다. 이런 결과를 잘 활용하려면 집단주의 문화권의 사람들과 대화할 때는 반드시 피드백을 제공해서 우리가 그들이 전달하려고 하는 정보뿐만 아니라 그들과 공유하는 관계에도 관심을 쏟고 있다는 사실을 알려줘야 한다.

또한 이런 결과는 통화를 '음성사서함으로 연결하는 것'이 위험한 결정일 수 있음을 경고해준다. 특히 집단주의적인 성향이 강한 사람이 전화를 걸었을 경우에는 더더욱 그렇다. 최악의 일이 일어난다고 해봤자 전화를 끊기밖에 더 하겠냐고 생각한다면 큰 오산이다. 영원히 그 사람과의 관계가 끊어질지도 모를 일이다.

정직한 사람이 마지막에 웃는다

◆

◆

    이 책에서 우리는 사회적인 영향력을 위한 전략들을 설득을 위한 도구로 묘사했다. 하지만 이런 전략들은 다른 사람들과 진심 어린 관계를 맺고, 메시지나 프로젝트 혹은 제품의 진정한 장점을 강조하고, 궁극적으로 모든 당사자들에게 최대한 유익한 결과를 가져다주는 데 도움이 되는 건설적인 도구로 사용돼야 한다.

    그러나 이런 도구를 윤리적이지 못한 방식으로 무기처럼 사용하려는 사람도 있을 수 있다. 예를 들면 사회에 자연스럽게 영향력을 미치는 법칙들이 존재하지 않는 상황에서 억지로 혹은 부정직하게 설득 전략을 적용하려 들 수도 있다. 그럴 경우 단기적인 이익을 얻을지는 몰라도 대개 장기적인 손실이 뒤따를 것이다. 나쁜 주장에 설득당하거나 속임수에 넘어가 결함 있는 제품을 사는 사람들도 있기 때문에 설득 전략을 부정직하게 사용하는 것이 단기적인 효과를 발휘할 수도 있다. 하지만 결국 부정직함이 발각되면 장기적인 평판은 나빠질 수밖에 없다.

설득 전략을 정직하게 사용하기만 하면 되는 것이 아니다. 우리가 설명한 일부 도구들을 응용하는 과정에서 본질적인 위험에 직면할 수도 있다. 예를 들어 2000년 봄 영국은 심각한 위기에 직면했다. 온 나라의 기업들이 절망적인 비명을 질렀고 학교는 텅텅 비었다. 상점들은 손님을 끌어들이려고 발버둥을 쳤고 공공서비스는 붕괴 직전이었다. 위기의 원인은 무엇이었을까? 석유가 없었기 때문이다. 아니, 이 말은 부분적으로만 진실이다. 석유는 충분했다. 단지 엄청나게 치솟은 가격에 분노한 사람들이 정유소를 봉쇄하면서 주유소에 석유가 공급되지 못했을 뿐이다.

석유 부족의 영향은 순식간에 일파만파로 퍼져나갔다. 자동차 수만 대가 연료를 채우기 위해 주유소 밖에 줄을 섰다. 석유 부족 현상이 점점 더 심해지자 자가 운전자들의 행동이 달라지기 시작했다. 지역 신문 및 전국 신문, 라디오와 텔레비전 방송국은 운전자들이 연료통에 석유를 채우기 위해 한 주유소에 줄을 섰다가 불과 몇 마일을 못 가서 또 다른 주유소에 줄을 서 있는 실태를 묘사하는 기사들을 보도했다. 또 어떤 운전자들은 봉쇄를 뚫고 나온 소량의 석유라도 운 좋게 구할 수 있지 않을까 싶어서 주유소 급유장 옆에 차를 대놓고 밤을 새기도 했다. 희소성 원칙은 이처럼 놀라운 능력을 발휘한다.

위기가 최고조에 달했을 때 그 귀한 석유를 확보했다고 알려진 주유소가 있었다. 실제로 그곳은 인근에서 석유가 있는 유일한 주유소였고 삽시간에 소문이 퍼졌다. 주유소 밖에 늘어선 긴 줄을 보면서 자신의 독보적인 입장을 인식한 사업가는 당연히 이 상황을 이용해 석유 가격을 올릴 마음을 먹었을 것이다. 그러나 주유소의 업주는 가격을 적당한 수준으로 올린 것이 아니라 무려 열 배나 올렸다. 리터당 6파운드가 넘는 가격이었다. 치사하고 더럽지만 여전히 석유가 필요한 운전자들이 부당한 가격을 집단으로 거부했을까? 꼭 그렇지는 않았다. 그들은 화가 났지만 조금이라도 석유를 더 얻기 위해 계속 줄을 서 있었다. 얼마 후 주유소 탱크에서 마지막 석유 한 방울까지 다 흘러나왔을 때 주인은 2주 동안 벌었을 돈을 단 하루 만에 벌었다.

그러나 2주 후 위기가 지나갔을 때 그의 사업은 어떻게 됐을까? 한 마디로 결과는 참담했다. 그는 석유의 희소성을 이용해 절박한 운전자들을 상대로 터무니없는 가격을 부르며 단기적인 이익을 얻었다. 그러나 장기적으로는 완전히 실패하고 말았다. 사람들은 그의 주유소에 가지 않았다. 한술 더 떠서 어떤 사람들은 아예 발 벗고 나서서 친구, 이웃, 동료들에게 주유소의 만행에 대해 알리고 다녔다. 그는 거의 모든 고객을 잃었고 눈 깜짝할 새 망가진 평판 때문에 사업을 접을 수밖에 없었다. 이것은 신뢰할 수 없는 행동을 하는 사람들이 공적인 신뢰를 되찾을 방법은 거의 없다는 점을 보여주는 수많은 연구 결과와 완전히 일치하는 사례다.

주유소 주인이 설득을 위한 강력한 도구를 사용할 생각을 했더라면 확실히 더 나은 방법을 선택할 수도 있었을 것이다. 더구나 그런 선택은 장기적으로 그에게 막대한 이익을 가져다줬을지도 모른다. 예를 들어 그는 동네 사람들이나 단골손님들에게 우선적으로 석유를 공급하고, 그동안 애용해준 것에 대한 답례라는 점을 강조할 수도 있었다. 또는 위기 시에 절박한 운전자들의 지갑을 강탈하지 않겠다는 표지판을 세우는 등 사적인 이익(적어도 단기 이익)에 반하는 행동을 할 수도 있었다. 그랬더라면 고객들은 분명히 그에게 더 호감을 느끼고, 그가 관대하고 신뢰할 만한 사람이라고 생각했을 것이다. 그러면 틀림없이 그에게 장기적으로 엄청난 이익이 됐을 것이다. 설령 그가 한 일이 합리적인 가격을 유지하는 것뿐이었다 할지라도 고객들은 석유를 구할 수 있다는 사실만으로도 기쁜데 그가 이처럼 곤란한 상황에서도 자신의 위치를 악용하지 않는다는 사실에 더 큰 고마움을 느꼈을 것이다.

한편으로 주유소 주인의 행동도 이해할 만은 하다. 우리가 설득하려는 많은 사람들은 정신 없이 돌아가는 주변 환경 때문에 섣부른 결정을 내릴 수밖에 없을 때가 많다. 마찬가지로 설득하려고 하는 우리도 종종 비슷한 입장에 처한다. 마음속에 제일 먼저 떠오르는 설득의 전략이 윤리적인 것이 아닐 때도 많을 것이다. 그러나 새로운 도구상자를 사용해 최선을 다해 현재 우리가 이용할 수 있는 모든 방법을 고려한다면, 진실하고 정직하며 지속적인 방식으로 사람들의 마음을 움직여서 그들이 우리의 의견이나 제품 및 프로젝트를 지지하도록 만들 수 있다. 또한 우리는 사회적인 영향력을 도구가 아니라 무기처럼 휘두르려고 하면 반드시 자멸한다는 점을 기억하고 윤리적인 설득자로 남기 위해 노력해야 할 것이다.

설득의 영향력을 실감한 사람들

◆

◆

이 책에서 우리는 과학적인 관점에서 사회적인 영향력이 어떻게 작용하는지에 관한 수많은 측면을 다루려고 시도했다. 우리는 엄격하게 통제된 실험을 거쳐 효과가 입증된 설득의 전략만을 소개하기 위해 신중을 기했다. 우리 자신의 직감이나 일화를 중심으로 추천하는 것은 일부러 피했다. 대신에 사회적 영향력과 설득에 관한 연구를 통해 유의미한 조사 결과에 전적으로 의존했다. 따라서 독자들은 다른 사람을 설득하고 그들의 마음을 움직이려는 시도가 더 이상 본인의 직관과 경험에만 의존해서는 안 된다는 점을 확신할 수 있을 것이다. 이제 우리는 설득의 과학을 알게 된 것이다.

사람들은 종종 우리에게 설득의 과학을 이용했던 경험을 들려주곤 한다. 그들은 다양한 업무 환경에서 일하는 사람들이다. 다국적 기업에서 일하는 사람도 있고 정부나 교육계에서 일하는 사람도 있다. 또 자영업에 종사하는 사람도 있다. 그중에는 과학적인 설득 방법에 관심이 많은 사람들이 있다. 다음의 예들은 설득력을 높이기 위해 과학적인 통찰력을 윤리적으로 이용했던 사람들의 체험담이다.

▶ 일관성 원칙으로 기대감을 키워라

우리가 고객들과의 관계를 발전시키기 위해 자주 쓰는 방법 중 하나는 교육을 위한 프레젠테이션이나 회의에 고객들을 초청하는 것입니다. 요즘 고객들은 여러 회사들이 주최하는 회의나 행사에 참석하라는 요청을 많이 받습니다. 처음에는 참가하겠다고 말한 사람들 중 상당수가 불참하는 일이 생기는 것도 놀랄 일이 아닙니다. 그러나 그런 일이 발생하면 우리의 사업에 중요한 영향을 미칠 수 있습니다.

우리는 중요한 회의에 고객들을 초청하기 전에 일관성 원칙을 활용합니다. 즉, 고객들에게 우선 관심이 있는 분야를 선택하게 하고, 그다음에는 해당 주제에 관해 알고 싶은 사항을 몇 가지 질문 형태로 만들어보라고 요청합니다.

그런 다음 초청장을 발송하면서 우리의 초청 연사와 전문가들이 해당 주제에 관한 고객의 질문 중 일부에 답을 해줄 거라고 미리 알려줍니다. 공개적인 포럼에서 자신의 질문에 대한 답(이미 들인 노력에 대한 보상)을 들을 수 있다는 기대감은 사람들의 참여율을 눈에 띄게 향상시켰습니다.

– 닉 포프(바슈롬 영업사원 교육팀장)

▶ 상호성 원칙의 놀라운 효능

경품은 스포츠 프랜차이즈 업계의 상징과도 같은 것입니다. 방울 달린 모자, 티셔츠, 무료입장권 등 우리는 팬들을 경기장으로 끌어들이기 위해 여러 가지 경품을 이용합니다. 우리 회사의 사주는 마이너리그의 하키 클럽을 포함해 몇몇 스포츠 구단을 소유하고 있습니다.

우리는 저조한 티켓 판매량 때문에 시즌 티켓을 가지고 있는 팬들에게 홍보용 경품을 줄여야 한다고 말할 수밖에 없었습니다. 몇몇 포커스 그룹에게 이런 방침을 전달하기 위한 행사를 마련했는데, 첫 번째 그룹은 이 소식에 매우 부정적인 반응을 보였습니다. 그들은 경품을 선물이 아니라 거의 당연한 것으로 생각했습니다. 부주의하게도 우리는 그들이 기대하고 있는 것을 잃게 될 가능성에 초점을 맞췄던 것입니다. 행사의 분위기는 순식간에 싸늘해졌고 많은 팬들이 화가 나서 집으로 돌아갔습니다.

그 후 우리는 회의를 열어 다른 전략을 논의했습니다. 그리고 어떻게 하면 상호성 원칙을 활용해 보다 효과적으로 팬들을 설득할 수 있을지 생각해봤습니다. 우리는 다음번 포커스 그룹 모임이 열렸을 때 팬들에게 우리가 수년 동안 제공해온 여러 가지 경품의 이름을 적어달라고 부탁했습니다. 그들은 티셔츠, 공짜 티켓, 선수 사인이 들어간 하키 스틱 등을 적어 내려가기 시작했습니다. 우리는 종이를 걷은 후에 이렇게 말했습니다. "저희는 이제까지 여러분께 이런 선물을 드릴 수 있어서 행복했습니다. 그리고 앞으로도 계속 그렇게 하고 싶습니다만 티켓 판매량이 점점 줄고 있습니다. 그래서 앞으로는 상황이 어려워질 것 같습니다. 더 많은 팬들을 경기장으로 끌어들이려면 어떻게 해야 할까요?" 반응은 첫 번째 그룹과 하늘과 땅 차이였습니다. 팬들은 친구들과 가족들을 경기장에 데려올 수 있는 방법에 대해서 서로 의논하기 시작했습니다. 어떤 팬은 이렇게 말하기도 했습니다. "여러분이 우리를 위해 해준 그 많은 일들을 생각하면 이것은 우리가 할 수 있는 아주 작은 일이에요."

— 댄 노리스(홀트 개발서비스 교육팀장)

▶ 옵션의 폐해를 느끼다

제 아내는 아이들 옷을 만들어 파는 사업을 운영합니다. 사업 초기에는 고객들에게 제공하는 스타일과 패턴이 몇 가지 안 됐습니다. 그러나 사업이 커지기 시작하고 새로운 고객들을 유치하게 되면서 아내는 스타일과 원단 및 패턴을 확장하기로 결정했습니다. 그런데 선택할 수 있는 폭이 커졌는데도 판매량이 감소하는 현상이 지속됐습니다. 대부분의 사람들처럼 우리도 선택권이 많을수록 좋을 거라고 생각했습니다. 하지만 고객에게 선택할 옵션을 많이 제공하면 사업 이익은 오히려 줄어들 수 있다는 사실을 깨달았습니다.

— 존 피셔(영국 프레스턴 거주)

▶ 희소성 원칙에 대한 고마움

제가 하는 업무 중에는 우리 회사를 대표하는 새로운 독립 에이전시를 모집하는 일이 있습니다. 그 일과 관련해 우리는 우리 회사에 대해 자세히 알 수 있는 마케팅 자료를 여러 에이전시에 보냈습니다. 대부분의 에이전시가 우리가 보낸 자료를 읽었으리라고 생각했지만 직접적인 답변은 거의 받지 못했습니다. 우리는 희소성 원칙에 대해 알고 나서야 우리가 눈앞에 있는 기회를 날려버리고 있다는 사실을 깨달았습니다.

우리는 모든 주에서 사업을 운영하지는 않습니다. 그리고 매년 우리의 영업 지역에 새로운 에이전시를 선정하기 위해 적당한 목표를 세웁니다. 우리는 자료에 그런 사실을 그대로 전달하거나 혹은 현재 진행상황을 알려줘야겠다는 생각을 하지 못했습니다. 희소성이 어떻게 사람을 움직일 수 있는지 알게 되자 다음 내용을 마케팅 자료 말미에 덧붙이기 시작했습니다. "매년 저희는 파트너가 될 새로운 에이전시를 찾고 있습니다. 2006년에는 저희가 영업을 하는 28개 주에서 42개 에이전시를 선정하기로 했습니다. 그리고 지금까지 35개 이상을 선정했습니다. 저희가 연말까지 선정할 계획인 나머지 에이전시 중 한 곳이 돼주신다면 대단히 감사하겠습니다."

곧바로 뚜렷한 차이가 나타났습니다. 며칠 지나지 않아서 문의가 들어오기 시작했습니다. 추가 비용도 들지 않았고 새로운 마케팅 전략을 세우지도 않았고 제품이나 시스템을 바꿀 필요도 없었습니다. 유일한 변화는 사실에 입각해 네 문장을 덧붙인 것뿐이었습니다.

— 브라이언 에이언(주립 자동차 보험회사 근무)

▶ 일관성 원칙을 적용하다

저는 3년 전 본격적인 중재자로 일하기 위해 법조계를 떠난 변호사입니다. 제 일은 소송에 관련된 당사자들을 만나 그들이 분쟁을 해결하도록 도와주는 것입니다. 대부분은 변호사들이 이런 일을 합니다. 일반적인 중재는 모든 당사자들을 한 방에 모아놓고 시작합니다. 그리고 모든 사람에게 자기 입장을 설명하라고 요청합니다. 저는 간단히 정리하는 발언을 한 다음 각 당사자를 별도의 방으로 데려갑니다. 그리고 두 방을 왔다 갔다 하면서 각 당사자에게 사건을 해결하려면 기존의 입장을 바꿀 필요가 있다고 설득합니다. 종종 진행을 원활하게 하기 위해 각 입장의 장단점에 대해 개인적인 의견을 말해주기도 합니다.

제가 이 책을 알기 전에는 중재를 시작할 때 각 당사자들로 하여금 상대방이 들을 수 있도록 그들이 원하는 금전적인 요구사항을 말하라고 했습니다. 그러나 일관성 원칙에 대해 이해한 후에는 제가 당사자들을 따로 만나기 전까지 그들이 원하는 금전적인 요구사항이나 제안사항을 보류시켰습니다. 공개적인 약속은 타협을 위한 노력을 방해한다는 사실을 깨달으면서 중재 성공률은 몰라보게 향상되기 시작했습니다. 한 방 안에서 자신의 요구사항을 듣는 사람이 많을수록 사람들이 자기 입장을 철회하기가 더 어렵다는 사실을 알게 됐기 때문입니다.

— 캐시 프래그놀리(레졸루션스 그룹 근무)

▶ 권위 원칙에 대한 감사

제가 지금 있는 사무실로 옮겨왔을 때 람베스 지구에는 운영, 리더십, 관리 책임 등과 관련해 문제가 심각했습니다. 그래서 대대적인 복구 프로그램을 실시하는 중이었습니다. 저는 권위 원칙(사람들이 지식이나 지혜의 수준이 탁월한 사람에게 의존해 행동방식을 결정한다는 원칙)을 이용해 정부 감시단과 자문단이 변화의 속도와 형태를 받아들일 수 있는 유용한 방법을 발견했습니다. 저는 복구 작업을 위해 투입된 사람들의 자격 증명서를 눈에 잘 띄게 전시했고, 작업 성과를 개선하는 데 도움이 되는 다른 조직들의 이름도 홍보했습니다. 작은 일이었지만 이런 조치는 자문단의 태도에 엄청난 변화를 일으켰습니다. 결과적으로 훨씬 더 자유롭게 복구 작업을 진행할 수 있었습니다.

— 딜 시두(런던 람베스 지구 근무)

▶ 설득을 시도하다

저는 학교의 캠페인 기간 동안에 몇 가지 원칙을 테스트할 기회가 있었습니다. 제가 일하는 학교는 오하이오 주에서 9번째로 큰 학군에 속해 있습니다. 우리는 학군 내에 3번째 고등학교와 14번째 초등학교를 세우는 데 필요한 자금을 모으기 위한 과세안을 통과시키려고 세 번이나 노력했지만 번번이 실패했습니다. 2006년 2월에서 5월까지 실시했던 마지막 캠페인 기간에 저는 설득의 과학을 바탕으로 새로운 전술을 시도해보자고 제안했습니다.

우선 부정적인 단어를 사용한 캠페인 테마를 선택했습니다. "우리 아이들은 기다릴 수 없습니다." 예전에는 캠페인 테마에 항상 긍정적인 표현을 사용했습니다. 예를 들면 "우리 아이들에게 내일을 만들어주기 위해 지금 당장 단결합시다" 같은 식이었습니다. 그러나 이번에는 옳은 일을 할 수 있는 시간이 한정적이라는 사실을 전달하고, 손실 기피 성향을 건드리려고 노력했습니다. 여기에는 우리가 지금 행동하지 않는다면 우리 아이들(과 지역사회)은 실패하고 말 것이라는 뜻이 담겨 있습니다.

우리는 지역사회를 대상으로 설문조사를 실시한 다음 의미가 명확한 메시지 세 가지를 개발했습니다. 그리고 이 메시지들을 반복해서 분명하게 전달했습니다(이것은 입증된 정치 전략입니다). 또한 'Mine+9'라고 하는 표 모으기 전략을 이용해 1만 명이 넘는 투표자들의 인맥 네트워크를 형성했습니다. 전화 설문조사를 통해 가장 지지 가능성이 높은 투표자들을 골라냈습니다. 1,000여 명의 자원봉사자들에게 친구나 동료 중 아홉 명을 선택해 선거일까지 3주 남짓되는 기간 동안 전화를 걸어 설득 작업을 진행하도록 했습니다. 자원봉사자들은 상황을 잘 파악하고 있었습니다. 그들 중 대다수는 과거 징세에 반대했던 사람들로, 소위 '전향자'들이었습니다. 한편 투표할 가능성이 높은 사람들로부터 투표하겠다는 약속을 받아낸 동시에 친구와 동료들의 보증도 받았습니다. 게다가 선거 당일 투표가 마감되기 직전까지 선거가 진행 중이라는 사실을 계속 상기시켰습니다. 또한 학군 내에 있는 특정 지역을 위해 맞춤 제작한 캠페인 엽서 등 여러 가지 배포자료를 만들었습니다. 이것 역시 최초로 시도한 것이었습니다.

이 전략들 중 어떤 것이 승리를 도와줬는지 과학적으로 입증할 수는 없지만, 우리는 큰 표 차로 이슈를 통과시켰습니다. 저는 이런 전술들이 성공에 중요한 역할을 했다고 믿으며, 앞으로도 기회가 있을 때마다 다시 사용할 것입니다.

– 크리스티 판보크(힐러드 시립학교 근무)

▶ 가슴 벅찬 설득의 힘

저는 유명 제약회사의 교육팀장으로 일하면서 400명가량의 영업사원들에게 새로운 '프레젠테이션 스킬 프로그램'을 도입하는 일을 담당했습니다. 우리는 이 프로그램이 매우 혁신적이라고 생각했지만, 모든 사람이 그렇게 생각하지는 않는다는 사실을 알고 있었습니다. 수년 동안 조직 생활을 한 직원들이 많았고, 그들은 아마 전에 다 봤던 것이라고 생각했을 겁니다. 우리는 사람들이 남들의 행동을 따라 한다는 사실에 착안해 처음 두 번의 워크숍을 마친 후 사람들에게 워크숍 프로그램에서 가장 마음에 들었던 점 한 가지를 적어달라고 했습니다. 우리는 그것을 긍정적인 피드백으로 받아들이고, 큰 포스터에 인쇄해서 게시판에 붙였습니다. 그런 다음 교육을 시작하기 전에 영업사원들에게 포스터를 보고 다른 동료들이 이 프로그램에 대해 뭐라고 하는지 살펴보라고 했습니다. 처음에는 이런 단순한 조치만으로 효과가 있을지 약간 회의적이었습니다. 하지만 영향력은 믿기지 않을 정도였습니다. 프로그램이 끝날 때쯤 우리는 참가한 사람들로부터 200통이 넘는 이메일을 받았습니다. 이제껏 유례가 없는 일이었습니다. 더구나 이 포스터는 흥미롭게도 제가 앞으로 진행할 프로젝트에 대한 지원을 상사에게 요청할 때도 도움이 됐습니다. 교육팀이 얼마나 훌륭한 일을 하는 곳인지에 대해 말하는 사람이 저 혼자가 아니었기 때문입니다. 뿐만 아니라 이제 저는 직원 200

여 명의 증언이 담긴 기록도 가지고 있습니다.

- 팀 배철러(영국 서리 교육팀장)

▶설득의 과학이 가져온 놀라운 성과

저희는 영업팀의 리더로서 교육이나 제도, 프로세스 개선을 통해 팀의 실적을 향상시킬 방안을 늘 모색하고 있습니다. 어느 날 이 책을 읽은 경영진이 영업교육에 설득의 원칙들을 포함해달라고 요청해왔습니다. 앞에 몇 장을 읽으니 설득의 과학과 우리 업무와의 상관관계가 금방 파악되더군요. 지난 1년간 저희는 이 책을 바탕으로 영업교육 프로그램을 개발하고 전 세계에 모든 지사의 영업팀에 전달했습니다. 결과는 경이로울 정도였고, 수익 증대, 계약 성공률 향상, 신규 사업 성장에 즉각적인 영향을 미쳤습니다. 회사의 모든 업무에 영향력 전략을 적용할 더 많은 방법을 개발해나가던 중에 저자를 직접 만나는 기회도 얻을 수 있었습니다. 저희는 설득의 과학을 절대적으로 신뢰합니다.

- 마이클 알드리치, 캐런 레피트(윌리엄스 스코츠맨 근무)

옮긴이의 글
과학으로 입증된 설득심리의 비밀

유난히 남의 마음을 잘 구워삶는 사람이 있는가 하면 '습자지'처럼 얇은 귀를 가져서 걸핏하면 남의 말에 홀랑 넘어가버리는 사람이 있다. 한 사람이 웃으면 한 사람은 울게 되는 이 제로섬 게임의 특징은 언제나 웃는 사람과 우는 사람이 정해져 있다는 사실이다. 하지만 억울하지 않은가? 한 번쯤 흔쾌하게 다른 사람의 승낙을 얻어내고 싶다. 한 번쯤은 쭈뼛거리지 않고 내가 원하는 바를 관철시키고 싶다. 그렇지만 '설득'이란 것은 타고난 화술과 배짱, 비상한 지략을 소유한 사람들만이 자유롭게 다룰 수 있는 특별한 무기인 것만 같다.

이 책의 전작인《설득의 심리학 1》에는 수많은 수식어가 붙어 있다. '나만 알고 있을 수 있게 빨리 절판됐으면 하는 책', '경쟁자에게 추천하고 싶지 않은 책', '전율을 느끼게 한 책', '사회과학 서적이 무섭기는 처음', '이 책을 읽은 사람을 조심하라' 등등.

경제경영서의 '해리포터'라고 할 만큼 12년이라는 시간이 무색할 정도로 지금까지 사랑받고 있는《설득의 심리학 1》은 당시 비즈니스맨들을 비롯해 가정주부, 대학생에 이르기까지 엄청난 센세이션을 일으켰다. 저자인 로버트 치알디니는 영향력과 설득에 관한 세계 최고의 전문가로서 그의 연구 결과는 다양한 학회지 및 기업 저널에 발표되며 재계와 정부의 관심을 끌고 있다. 그런 그가 이번에 두 명의 전문가와 함께《설득의 심리학 3》이라는 가슴 한 구석을 서늘하게 만드는 역작을 탄생시켰다.

우리의 뒤통수를 쳤던 설득의 기법들이 지난 12년 동안 진화하면서 더 섬세하게 바뀌어왔다는 것을 우리는 잘 알고 있다. 때문에 이 책은《설득의 심리학 1》에서 소개한 일곱 가지 원칙을 바탕으로 하되 최신 이론이 반영된 설득기법을 60개로 세분화해 제시함으로써 아주 작은 말 한마디로도 무의식중에 설득당하는 우리들의 모습을 적나라하게 보여주고 있다.

더욱 두려운 사실은 이 책에 나온 설득의 기법들이 과학을 근간으로 증명된 것들이란 사실이다. 흔히 설득의 '기술'을 이야기하는 사람들은 많지만, 설득의 '과학'을 말하는 사람들은 그리 많지 않다. 기술이라고 하면 왠지 내 약점을 이용해서 등쳐먹을 연구만을 하는 불순한 사람들의 비법 같은 기분이 든다.

하지만 설득의 과학은 나를 포함한 모든 인간의 심리에 대한 연구를 바탕으로 한다. 단순히 어떤 단어를 쓰느냐의 문제가 아니라 설득의 과학이 지향하는 바는 인간에 대한 이해와 모든 인간이 더불어 살아가는 방법에 대한 고민이라는 점이 중요하다.

평생 남의 '봉' 노릇을 하느라 마음에 울분이 쌓인 사람들이 퍼뜨렸을 만한 속설 혹은 신화 같은 것이 있다. 남을 잘 설득하는 사람은 뭔가 공정치 못한 수단을 사용하는 게 분명하다는 것이다. 그도 그럴 것이 실제로 비윤리적인 방법으로 남에게 영향력을 미치는 사람들이 우리 주위에는 많이 있고, 우리는 저마다 크고 작게 그들의 희생자가 된 경험이 있기 때문이다. 그러나 이 책은 아무리 설득이 현대 사회에서 생존하기 위해 없어서는 안 될 부분이라 하더라도 그것은 반드시 윤리적으로 이뤄져야 한다고 초지일관 주장하고 있다. 생각해보면 너무나 당연한 이야긴데도(윤리적이지 못한 설득은 이미 '설득'이 아니라 '사기'니까) 저자들의 올곧은 근성이 유독 신선하게 느껴진 이유가 무엇인지 모르겠다. 한 가지 예를 들어보자.

2000년 봄 영국에서 심각한 석유 부족 사태가 벌어졌을 때 무슨 수를 썼는지는 모르지만 석유를 확보한 주유소가 있었다. 이 주유소의 사장은 인근 지역에서 유일하게 석유를 공급할 수 있는 독보적인 위치를 이용해 석유 가격을 무려 열 배나 올렸다. 이 사람은 단기적으로 꽤 많은 이익을 거뒀지만 사태가 해결된 후 결국 사업을 접어야 했다. 사장의 치사한 행동에 화가 난 고객들이 그 주유소에 발길을 끊었기 때문이다. 특별히 성인군자가 아니더라도 영리한 사람이라면 가격을 열 배나 올리는 그런 무식한 짓은 하지 않았을 것이다. 다시 말해 그는 인격이 형편없을 뿐 아니라 머리까지 나쁜 사람이었던 것이다. 이처럼 이 책에는 윤리성과 합리성이 별개의 것 혹은 서로 대치되는 것이 아니라는 점을 보여주는 증거가 많이 나와 있다. 즉, 정직하게 살아도 손해 보지 않을 수 있다는 희망을 선사해준다.

《설득의 심리학 1》이 설득에 관한 심리학 원칙을 설명한 책이었다면,

이 책은 최신 심리학 이론을 바탕으로 하되 실천적 노하우를 강화했다는 점에서 차별적이다. 설득에 서툰 사람들은 남의 마음을 움직이려고 시도할 때마다 왠지 어눌해지고 마음이 편치 못하다. 그런 자신의 모습이 더 어색해서 그게 또 스트레스가 된다. 가뜩이나 상황이 이런 마당에 아무리 효과적인 방법이라 해도 그것이 실천하기 쉽고 간편하지 않으면 결국 무용지물이 될 수밖에 없다. 그런 면에서 이 책의 단순한 실천 지침이 돋보인다는 것이다. 개인적으로 너무나 간단해서 허탈할 정도였던 실험을 한 가지 소개해보겠다.

우리가 일상생활에서 흔히 사용하는 '포스트잇'은 그 깜찍한 접착력만큼이나 인상적인 능력을 갖고 있다. 동료들에게 귀찮은 설문지 작성을 부탁하거나 보고서를 검토해달라고 부탁할 일이 있다고 하자. 그냥 말로만 부탁을 하거나 설문지(보고서) 표지 위에 직접 볼펜으로 써서 부탁하는 것보다 요청을 적은 포스트잇을 표지에 붙여서 건네줬을 때 효과가 훨씬 더 큰 것으로 나타났다.

이런 간단한 행동만으로 어떻게 사람들이 내 말을 들어줄 확률이 눈에 띄게 증가할 수 있다는 것일까? 이것은 그냥 하는 소리가 아니라 로버트 치알디니를 비롯한 세 명의 저자들이 철저한 과학적 실험을 거쳐 도출해낸 결론이다(자세한 원리는 책 속에서 확인해보라). 얼핏 보기에 의심스럽기는 하지만 지금 당장 실험해볼 수 있다. 돈이 드는 것도 아니고 대단한 노력이 필요한 것도 아니다.

이 책에서 다루고 있는 기법들은 비단 직장인들에게만 해당하는 것이 아니다. 《설득의 심리학 1》에서 펼쳐 보였던 일상생활 속의 작은 호기심과 탐구정신은 이번 책에서도 여전하다. 설득은 비즈니스와 협상에만 필요한 것이 아니라 우리의 일상생활과 밀접한 관련이 있는 행동 양식이다. 호텔에 묵을 때, 홈쇼핑 방송을 볼 때, 이웃과 트러블이 있을 때 등등 설득이 필요한 상황은 무궁무진하다. 매일 얼굴을 보는 가족들도 예외가 아니다. 남편을 좀 더 고분고분하게, 아내를 좀 더 나긋나긋하게, 야생 망아지 같은 아이들을 좀 더 얌전하게 만들어서 조금 더 행복하고 만족스럽고 존중받는 삶을 누릴 수 있다면 얼마나 좋을까.

2008년 6월
윤미나

옮긴이

윤미나 – 고려대학교 영어영문학과를 졸업하고 현재 전문 번역가로 활동 중이다. 지은 책으로는 《굴라쉬 브런치》가 있고 옮긴 책으로는 《탤런트 코드》《소유의 역습, 그리드락》《제7의 감각 : 전략적 직관》《위키노믹스》 등이 있다.

김혜린 – 숙명여자대학교 중문과를 졸업한 후 현재 전문 번역가로 활동 중이다. 비즈니스 및 IT 등 산업 번역을 주로 하며, 옮긴 책으로 《시튼과 숲의 전설-신화와 우화》가 있다.

이주현 – 성균관대학교에서 영상학과 영어영문학을 공부하고 교육 컨설팅, 국제 교류 업무를 오래 했다. 지금은 디자인, 메타버스, 블록체인, IT를 비롯한 다양한 분야의 기술번역을 하고 있다.

KI신서 10907

설득의 심리학 3

1판 1쇄 발행 2015년 2월 9일
개정 2판 1쇄 발행 2023년 6월 28일
개정 2판 5쇄 발행 2024년 6월 28일

지은이 로버트 치알디니·스티브 마틴·노아 골드스타인
옮긴이 윤미나 김혜린 이주현
펴낸이 김영곤 **펴낸곳** ㈜북이십일 21세기북스

정보개발팀장 이리현   **정보개발팀** 이수정 강문형 박종수
디자인 THIS-COVER
출판마케팅영업본부장 한충희
마케팅1팀 남정한 한경화 김신우 강효원
출판영업팀 최명열 김다운 권채영 김도연
해외기획실 최연순
제작팀 이영민 권경민

출판등록 2000년 5월 6일 제406-2003-061호
주소 (10881) 경기도 파주시 회동길 201(문발동)
대표전화 031-955-2100 **팩스** 031-955-2151 **이메일** book21@book21.co.kr

(주)북이십일 경계를 허무는 콘텐츠 리더

21세기북스 채널에서 도서 정보와 다양한 영상자료, 이벤트를 만나세요!
페이스북 facebook.com/jiinpill21   포스트 post.naver.com/21c_editors
인스타그램 instagram.com/jiinpill21   홈페이지 www.book21.com
유튜브 youtube.com/book21pub

서울대 가지 않아도 들을 수 있는 명강의! 〈서가명강〉
유튜브, 네이버, 팟캐스트에서 '서가명강'을 검색해보세요!

ⓒ 로버트 치알디니, 2023

ISBN ISBN 978-89-509-5002-6 03320

* 이 책은 2015년에 출간된 《설득의 심리학 2》의 10주년 기념 전면 개정판입니다.